Lukas Slotala

Ökonomisierung der ambulanten Pflege

Gesundheit und Gesellschaft

Herausgegeben von
Ullrich Bauer
Uwe H. Bittlingmayer
Matthias Richter

Der Forschungsgegenstand Gesundheit ist trotz reichhaltiger Anknüpfungspunkte zu einer Vielzahl sozialwissenschaftlicher Forschungsfelder – z. B. Sozialstrukturanalyse, Lebensverlaufsforschung, Alterssoziologie, Sozialisationsforschung, politische Soziologie, Kindheits- und Jugendforschung – in den Referenzprofessionen bisher kaum präsent. Komplementär dazu schöpfen die Gesundheitswissenschaften und Public Health, die eher anwendungsbezogen arbeiten, die verfügbare sozialwissenschaftliche Expertise kaum ernsthaft ab.

Die Reihe „Gesundheit und Gesellschaft" setzt an diesem Vermittlungsdefizit an und systematisiert eine sozialwissenschaftliche Perspektive auf Gesundheit. Die Beiträge der Buchreihe umfassen theoretische und empirische Zugänge, die sich in der Schnittmenge sozial- und gesundheitswissenschaftlicher Forschung befinden. Inhaltliche Schwerpunkte sind die detaillierte Analyse u. a. von Gesundheitskonzepten, gesundheitlicher Ungleichheit und Gesundheitspolitik.

Lukas Slotala

Ökonomisierung der ambulanten Pflege

Eine Analyse der wirtschaftlichen
Bedingungen und deren Folgen
für die Versorgungspraxis
ambulanter Pflegedienste

VS VERLAG

Bibliografische Information der Deutschen Nationalbibliothek
Die Deutsche Nationalbibliothek verzeichnet diese Publikation in der
Deutschen Nationalbibliografie; detaillierte bibliografische Daten sind im Internet über
<http://dnb.d-nb.de> abrufbar.

1. Auflage 2011

Alle Rechte vorbehalten
© VS Verlag für Sozialwissenschaften | Springer Fachmedien Wiesbaden GmbH 2011

Lektorat: Katrin Emmerich

VS Verlag für Sozialwissenschaften ist eine Marke von Springer Fachmedien.
Springer Fachmedien ist Teil der Fachverlagsgruppe Springer Science+Business Media.
www.vs-verlag.de

Umschlaggestaltung: KünkelLopka Medienentwicklung, Heidelberg
Satz: Anke Vogel, Essenheim
Gedruckt auf säurefreiem und chlorfrei gebleichtem Papier
Printed in Germany

ISBN 978-3-531-18168-4

Inhaltsverzeichnis

Abbildungs- und Tabellenverzeichnis 7

Vorwort 9

1   Einleitung 11

2   Ökonomische Bedingungen der häuslichen Pflegeversorgung
    in Deutschland 17
2.1 Situation und Probleme im ambulanten Pflegesektor 18
    2.1.1   Entwicklung der Infrastruktur 18
    2.1.2   Versorgungsangebote und Versorgungserfordernisse 24
2.2 Die Finanzierungsbedingungen der ambulanten Pflegedienste 27
    2.2.1   Leistungsfinanzierung im Rahmen der sozialen
            Pflegeversicherung 28
    2.2.2   Leistungsfinanzierung im Rahmen der gesetzlichen
            Krankenversicherung 38
2.3 Versorgungsforschung im Spiegel einer ökonomisch induzierten
    Transformation im (ambulanten) Versorgungssektor 42
    2.3.1   Ökonomisierung und die Auswirkungen auf das
            Versorgungsgeschehen – erste systematische Forschungsbefunde .. 43
    2.3.2   Ambulante Pflegedienste unter Marktdruck – ein
            Forschungsdesiderat 48

3   Ökonomisierung der Pflege – eine theoriegeleitete Annäherung 57
3.1 Grundpositionen der Public-Health-Forschung 58
    3.1.1   Ökonomisierung als Vorgang der marktwirtschaftlichen
            Rationalisierung 59
    3.1.2   Ökonomisierung als Verkehrung der Mittel-Zweck-Beziehung ... 63
3.2 Pierre Bourdieus Feldkonzept 66
    3.2.1   Grundlogiken der Felder 67
    3.2.2   Verdrängung des Ökonomischen 69
    3.2.3   Grade der Ökonomisierung 71

3.3 Forschungsperspektive und Reformulierung der Fragestellung 74

4 Methodisches Vorgehen 79
4.1 Forschungsdesign und Begründung der Methode 79
4.2 Entwicklung und Handhabung des Gesprächsleitfadens 84
4.3 Datenerhebung und Auswertung 86
4.4 Das Sample der Untersuchung 89

5 Rekonstruktion der ökonomischen Rationalität im pflegerischen Handeln 91
5.1 Wirtschaftliche Anforderungen im ambulanten Pflegefeld 92
    5.1.1 Horizont gesetzliche Finanzierungsbedingungen 93
    5.1.2 Horizont Marktanforderungen 100
    5.1.3 Zusammenfassung 110
5.2 Ökonomische Steuerung der Pflegedienste – Handlungsstrategien des Leitungspersonals 112
    5.2.1 Handlungspraxis I: Nähe zur ökonomischen Sphäre 113
    5.2.2 Handlungspraxis II: Distanz zur ökonomischen Sphäre 143
5.3 Gestalt und Grenzen der ökonomischen Rationalisierung – eine vorläufige Bilanz 174

6 Diskussion der Ergebnisse 181
6.1 Ambulante Pflegedienste im Spannungsfeld zwischen wirtschaftlichen Anforderungen und Versorgungsqualität 181
    6.1.1 Ökonomischer Druck und die ökonomisch-integrative Selbstpräsentation der Leitungsakteure 182
    6.1.2 Verbetrieblichung der pflegerischen Arbeit 185
    6.1.3 „Darf's ein bisschen mehr sein?" – Heterogene Handlungspraxis im Spiegel von Zielkonflikten 187
6.2 Affirmation und Widerborstigkeit – feldtheoretische Schlussfolgerungen 192
    6.2.1 Kernannahmen vorliegender Ökonomisierungsansätze 192
    6.2.2 Heteronome Positionen im ökonomischen Strukturwandel 195
    6.2.3 Feldinterne Kämpfe um die legitime Versorgungsgestaltung 198

7 Schluss 201

Literaturverzeichnis 207

Abbildungs- und Tabellenverzeichnis

Abbildung 1:   Ausgaben der sozialen Pflegeversicherung für Leistungen
der ambulanten Pflege. Quelle: Statistisches Bundesamt
(2010c) 29

Abbildung 2:   Ausgaben im Bereich der gesetzlichen Krankenversicherung
für häusliche Krankenpflege. Quelle: Statistisches
Bundesamt (2010c) 39

Abbildung 3:   Fünf Grade der Ökonomisierung (eigene Darstellung
nach Schimank/Volkmann 2008) 72

Tabelle 1:   Ambulante Pflegedienste und Pflegebedürftige im
Zeitvergleich. Entwicklung zwischen 1999 und 2009. 20

Tabelle 2:   Ambulante Pflegedienste und Trägerschaft im
Zeitvergleich. Entwicklung zwischen 1999 und 2009. 21

Tabelle 3:   Häusliche Krankenpflege/Behandlungspflege der
Versicherten der gesetzlichen Krankenversicherung.
Leistungsfälle und Tage je Fall im Zeitvergleich.
Entwicklung zwischen 1999 und 2007. 21

Tabelle 4:   Ambulante Pflegedienste und Personal im Zeitvergleich.
Entwicklung zwischen 1999 und 2009. 22

Tabelle 5:   Ausgabenentwicklung in der ambulanten Pflege
zwischen 2000 und 2008 33

Tabelle 6:   Ausgaben für Leistungen der Hilfe zur Pflege nach
SGB XII im Zeitvergleich. Entwicklung zwischen
2003 und 2008. 34

Tabelle 7:   Veränderung der Sachleistungsbeträge in der ambulanten
Pflege nach Einführung des PfWGes. Höchstbeträge
pro Monat 36

Tabelle 8:   Pflegebefragung im Versorgungsbereich ambulante Pflege:
Das Sample (Pk = Pflegekraft / Pdl = Pflegedienstleitung /
Gf = Geschäftsführung / Sbst = Inhaber einer Stabsstelle /
VPA = Verbandspolitischer Akteur) 89

Tabelle 9:   Fall Pdl Meier: ökonomische Rationalisierung im
Pflegedienst 115

Tabelle 10:   Fall Sbst Dietz: ökonomische Rationalisierung im
                 Pflegedienst.. 134
Tabelle 11:   Typen der Handlungspraxis von Leitungsakteuren im
                 Kontext des ökonomischen Steuerungshandelns 190

Vorwort

„Ökonomisierung" avanciert zu einem der Schlüsselbegriffe unserer Zeit. Er soll einen Bedeutungsgewinn der Ökonomie bis hin zu deren Primat markieren, und zwar dort, wo wirtschaftliche Gesetze bislang aufgrund wohlfahrtsstaatlicher Standards nur eine nachgeordnete Rolle gespielt haben: in der Wissenschaft, im öffentlichen Dienst, beim Militär oder im Bildungs- und Gesundheitswesen. Eine Kernthese der seit den 1990er Jahren geführten Ökonomisierungsdiskussion lautet, dass der an Schub gewinnende und sich immer deutlicher abzeichnende Wandel der ökonomischen Verhältnisse die davon betroffenen Institutionen und Akteure vor völlig andere Herausforderungen stellt. Die neuen Steuerungsinstrumente führen die Verknappung der öffentlichen Mittel fort und zielen auf mehr Wettbewerb, Effizienz und Marktdruck. Durch ihren Einsatz sollen Schulen, Krankenhäuser, Universitäten oder öffentliche Medienanstalten mehr und mehr demselben betriebswirtschaftlichen Paradigma unterliegen, das bisher nur für Unternehmen auf dem „freien Markt" typisch war.

Anliegen des Buchs ist es, an dieser Entwicklung anzusetzen und am Beispiel der Umbrüche in der ambulanten Pflegeversorgung eine differenzierte Perspektive auf den wirtschaftlich induzierten Wandel und dessen Konsequenzen zu eröffnen. Die Idee zu dieser Forschungsarbeit steht eng verbunden mit meinem Doktorvater Ullrich Bauer, der mich und das vorliegende Projekt im Verlauf der zurückliegenden Jahre gewinnbringend gefördert und nachhaltig mitgeprägt hat. Danke für all dies! Bedanken möchte ich mich außerdem bei Doris Schaeffer für ihre wichtigen kritischen Eingaben. Zu Dank bin ich zudem den Verantwortlichen der Hans-Böckler-Stiftung verpflichtet, die mich in das Stipendienprogramm aufgenommen und mir den Zugang zu vielfältigen ideellen Unterstützungs- und Bildungsangeboten der Stiftung eröffnet haben. Andreas Büscher und Uwe Bittlingmayer haben mir dankeswerter Weise zusätzliches Interviewmaterial aus ihren eigenen Arbeitszusammenhängen zur Verfügung gestellt. Für die vielen gründlichen Korrekturarbeiten danke ich Sabine Kirschenhofer, Sabine Schäfer, Eva-Maria Gerlach und Kathrin Lottmann. Schließlich und ganz besonders möchte ich Anke Gerlach für die unverzichtbare fachliche und persönliche Unterstützung danken.

L. S.

1 Einleitung

„In vielen Bereichen des öffentlichen Sektors unserer Gesellschaft finden gegenwärtig Veränderungen statt, die mit marktwirtschaftlichen Instrumenten gesteuert werden sollen. Das betrifft auch die Krankenversorgung. Grundlage der Krankenversorgung sind freilich immer ökonomische Determinanten. Doch wo sind die ökonomischen Grenzen, wo werden politische oder ethische Fragen gesellschaftsbestimmend?"

HANS-ULRICH DEPPE (2002)

Die Sicherstellung einer bedarfsgerechten Pflegeversorgung zählt zu den zentralen Herausforderungen der deutschen Gesundheitspolitik. Stetig steigende Pflegebedarfszahlen sowie immer komplexer werdende Anforderungsprofile der Betroffenen machen die Notwendigkeit eines Auf- und Ausbaus entsprechender Versorgungsangebote seit Jahren offensichtlich. Moderne pflegerische Versorgungskonzepte sollten sich zugleich daran messen lassen können, inwiefern sie den Wunsch vieler Pflegebedürftiger nach einem Leben in den eigenen vier Wänden verwirklichen können. Ambulanten Pflegediensten kommt hierbei eine exponierte Stellung zu. Im Sinne der ihnen zuerkannten Schlüsselfunktion sollen sie durch präventive, beratende oder behandelnde Interventionen die Pflegebedürftigen und ihre Angehörigen professionell unterstützen und deren Autonomie im häuslichen Umfeld bewahren. Mit der Vorhaltung einer ausreichenden Zahl leistungsfähiger ambulanter Pflegedienste kann zudem der (heim-)stationäre Versorgungsbereich entlastet und so der prognostizierte Anstieg der Gesamtkosten der Pflegeversorgung insgesamt abgeschwächt werden.

Einen wichtigen Wendepunkt in der jüngeren Geschichte der ambulanten Pflege markiert die Einführung der sozialen Pflegeversicherung im Jahr 1995, mit Hilfe derer die Finanzierung von Pflegebedürftigkeit neu geregelt und professionelle Pflege auf eine eigenständige wirtschaftliche Grundlage gestellt wurde. Durch diesen Aufbau einer fünften Säule im deutschen Sozialversicherungssystem konnte besonders auch die ambulante Pflege erstmalig aus ihrem Schattendasein befreit werden. Binnen weniger Jahre hat eine bemerkenswerte Expansion pflegerischer Versorgungseinrichtungen eingesetzt. Inzwischen existieren in Deutschland rund 12.000 ambulante Pflegedienste, in denen jährlich mehr als eine halbe Million pflegebedürftiger Menschen langfristig betreut werden. Hinzu kommen über zwei Millionen Fälle, die im selben Zeitraum ambulante Leistungen der häuslichen Krankenpflege nach dem fünften Sozialgesetzbuch erhalten. Dementsprechend sind die Beschäftigtenzahlen in den zurückliegenden

Jahren rasant angestiegen. Heute arbeiten bereits rund 270.000 Personen in der ambulanten Pflege, ein Wachstum der Arbeitsplätze von 46 % gegenüber 1999.[1]

Obschon die ambulante Pflege heute sozialrechtlich und infrastrukturell längst aufgewertet scheint, zeigt die differenzierte Betrachtung, dass die Leistungs- und Finanzierungsprinzipien der Pflegeversicherung sehr deutlich von einem Kurswechsel in der Gesundheitspolitik gekennzeichnet und daher mit erheblichen Konsequenzen für die an der Versorgung Beteiligten verbunden sind. Dieser Wechsel ist Ausdruck einer wohlfahrtsstaatlichen Wende, bei der die Steuerung und Verteilung bislang staatlich garantierter Güter und Dienstleistungen mehr und mehr an die Logik des Marktes angepasst werden. Der ökonomisch induzierte Strukturwandel spiegelt sich im pflegerischen Versorgungsbereich vor allem in der Limitierung der öffentlichen Finanzierung von Pflegeleistungen wider. Anders als im Krankenversicherungsrecht wurde die Pflegeversicherung lediglich als eine Grundsicherung angelegt und mit der Intention verknüpft, einen „nachfrageorientierten Pflegemarkt" (vgl. BMG 2001: 59) zu befördern, in dem Leistungsanbieter und Pflegebedürftige Fragen zum Preis und Leistungsumfang untereinander regeln sollten. Sie ist damit Ausdruck einer „Abkehr [vom Prinzip] einer solidarischen Absicherung von Lebensrisiken" (Gerlinger/Röber 2009: 21) und dient letztlich vor allem einer Begrenzung der öffentlichen Ausgaben im Pflegebereich (Dammert 2009; Simon 2003a). Mit anderen Worten, Pflegedienste sind auf die Zuzahlungsbereitschaft und -fähigkeit der Pflegebedürftigen und ihrer Angehöriger angewiesen – und dies in einem inzwischen erheblichen Maß. Die Zuzahlungsquote bei der Inanspruchnahme von Versorgungsleistungen – ein zentraler Indikator des marktwirtschaftlichen Wandels – liegt bei der Langzeitpflege heute bei rund 30 % und ist damit weitaus größer als innerhalb des Leistungsspektrums der gesetzlichen Krankenversicherung. Allein in der ambulanten Pflege übertrifft der Anstieg bei den privaten Ausgaben den üblichen Erwartungshorizont um ein Vielfaches: Die Wachstumsrate der privaten Ausgaben für ambulante Pflege lag zwischen 2000 und 2008 bei 133 % und damit um mehr als das Achtfache höher als der Ausgabenzuwachs in der Pflegeversicherung im gleichen Zeitraum.[2]

Bislang fehlen empirische Untersuchungen, die sich mit den Auswirkungen der „neuen" wirtschaftlichen Rahmenbedingungen auf das Versorgungsgeschehen in der ambulanten Pflege beschäftigen. Welche Implikationen der Grundsicherungscharakter der Pflegeversicherung auf das Leistungsgeschehen in der häuslichen Pflege hat, inwieweit das Vorhaben der Marktkonformität pflegerischer Dienste in die Praxis umgesetzt ist und welche neuen Herausforderungen sich für die Beschäftigten im Zuge einer wachsenden Abhängigkeit der Pflegeangebote von den privaten Zuzahlungen der Pflegebedürftigen ergeben, bleiben

---

1   Eigene Berechnungen nach dem Statistischen Bundesamt (2010a; 2011).
2   Eigene Berechnungen nach dem Statistischen Bundesamt (2002; 2010b).

damit weithin offene Fragen. Tatsächlich ist vor dem Hintergrund derart veränderter Versorgungsstrukturen ein solcher Mangel an empirischen Erkenntnissen zur Begleitung und Überprüfung als hoch problematisch einzuschätzen. Ein wichtiger Beitrag der Public-Health-Forschung zur Optimierung der Versorgungsstrukturen bleibt damit fast gänzlich ungenutzt. Dabei sind marktkonforme Steuerungsprinzipien keineswegs allein auf die ambulante Pflege beschränkt. Längst hat der gesellschaftliche Mega-Trend Ökonomisierung auch die anderen Bereiche des deutschen Gesundheitswesens erreicht und nach Meinung vieler Experten[3] zu massiven Veränderungen in der Versorgungspraxis geführt. Dazu zählen Entwicklungen wie die steigende Kostenprivatisierung in der gesetzlichen Krankenversicherung, die Einführung vielfältiger rigider Finanzierungsinstrumente zur Ausgabenbegrenzung auf Seiten der Leistungsanbieter, die Deregulierung von Vertragsstrukturen oder die Privatisierungswelle im Krankenhausbereich (z.B. Bauer 2006; Elsner/Gerlinger/Stegmüller 2004). Eine wichtige These dieser bisher nur an den Rändern der Versorgungsforschung geführten Diskussion beinhaltet die Vermutung, dass die seit den 1990er Jahren voranschreitende wohlfahrtsstaatliche Transformation Fragen nach ihren Konsequenzen für die Versorgungspraxis immer virulenter macht. Eine Intensivierung der Marktlogik im Gesundheitssystem bedeutet, dass Geld als Steuerungsmedium einen immer größeren Einfluss auf den Versorgungszugang, die Bedingungen und Beschränkungen der gesundheitlichen Versorgungsangebote und letztlich auf das Handeln der Health Professionals haben könnte. Aber stimmt das?

In dem Maße, in dem heute von der Vorstellung Abschied genommen werden muss, Geld spiele in der Praxis der gesundheitlichen Versorgung keine Rolle, wird das Thema Ökonomisierung gleich in vielfacher Weise für die gesundheits- und sozialwissenschaftlich orientierte Forschung relevant. Eine systematische Kostenprivatisierung steht beispielsweise unverbunden dem Anspruch gegenüber, dass jedem Kranken und Hilfsbedürftigen unabhängig von seinem sozialen beziehungsweise ökonomischen Status eine bedarfsgerechte und an den je aktuellen Möglichkeiten orientierte Gesundheitsversorgung garantiert werden soll. Nicht weniger dringliche Fragen dürften an der beruflichen Praxis der Health Professionals ansetzen. Einerseits sind Ärzte und Pflegende an die Aufgabe gebunden, im Sinne des sachlichen Bedarfsprinzips zum Wohle des Kranken und Hilfsbedürftigen zu handeln und dabei jedwede ökonomischen Interessen dezidiert außen vor zu lassen. Andererseits soll die Versorgungsarbeit in zusehends nach betriebswirtschaftlichen Maßstäben ausgerichteten Einrichtungen stattfinden. Wie also wird die betriebswirtschaftliche Logik in der Versorgungspraxis überhaupt sichtbar? Wie verträgt sich diese systemfremde Logik mit dem traditionellen Berufsverständnis des Gesundheitspersonals? Welche Konse-

---

3   Im Sinne der Lesbarkeit wird in der Arbeit auf eine männlich/weiblich Formulierung verzichtet.

quenzen haben die ökonomischen Bedingungen für die Versorgungsentscheidungen seitens der Akteure?

Das Erkenntnisinteresse der vorliegenden Arbeit ist es, dieses Forschungsdesiderat aufzugreifen und nach dem Ausmaß und den Folgen der Ökonomisierung auf der Ebene des pflegerischen Handelns in der ambulanten Pflege zu fragen. Damit sollen Erkenntnisse darüber gewonnen werden, in welchem Maße die
„neuen" Finanzierungsbedingungen Einfluss auf die Qualität der professionellen
Pflegeversorgung nehmen. Der Zusammenhang zwischen der zunehmenden
Marktausrichtung und der Versorgungspraxis in der ambulanten Pflege wird im
Folgenden im Mittelpunkt stehen. Ausgangspunkt der qualitativen Untersuchung
bildet die Frage nach den Folgen der derzeitigen ökonomischen Bedingungen in
der häuslichen Pflegeversorgung auf das Leistungsgeschehen der ambulanten
Pflegedienste. Bevor jedoch der empirische Teil der Arbeit in den Vordergrund
gestellt wird, sollen in einem ersten Arbeitsschritt zunächst die ökonomischen
Bedingungen der ambulanten Pflege in Deutschland einer differenzierten Analyse unterzogen werden (Kapitel 2). Ausgehend von einer kritischen Betrachtung
der quantitativen und qualitativen Entwicklungsschritte, die der Versorgungsbereich in Deutschland bislang genommen hat, werden die beiden aus Sicht der
ambulanten Pflegedienste wichtigsten gesetzlichen Finanzierungsquellen für
Leistungen der häuslichen Pflege in den Analysefokus rücken, nämlich die soziale Pflegeversicherung und die gesetzliche Krankenversicherung. In diesem Kontext steht die Zusammenstellung von Befunden der Public-Health-Forschung, die
erste Hinweise auf etwaige Effekte der Ökonomisierung auf die professionelle
Versorgungspraxis liefern können. Das Ergebnis dessen wird einem Forschungsdesiderat zusammengefasst: Abgesehen von wenigen Teilbefunden, die auf einen
hohen ökonomischen Druck auf Seiten der Pflegedienste hindeuten, fehlen immer noch differenzierte Befunde zu den ökonomisch bedingten Anpassungsprozessen der Pflegedienste und ihren Konsequenzen für die Versorgungspraxis.

Darauf aufbauend wird die theoretische Rahmung der Ökonomisierungstendenzen im Gesundheitswesen ausgearbeitet (Kapitel 3). Dazu werden verschiedene Interpretationsansätze diskutiert, die innerhalb der gesundheits- und sozialwissenschaftlichen Diskussion Aktualität für sich beanspruchen und den Stand
der Theorieentwicklung für den Gegenstand „Ökonomisierung von Gesundheit"
insgesamt abbilden können. Ökonomisierung muss hiernach als ein systematischer Transformationsprozess eingeordnet werden, der die Unterordnung des
Gesundheitswesens unter die Regeln des Markts bedeutet und die Handlungsgrundlagen der Health Professionals nachhaltig an ökonomische Gesetze bindet.
Hierauf aufbauend erfolgt die Spezifizierung der Forschungsperspektive und
Reformulierung der Fragestellung.

Nachdem der methodische Rahmen der empirischen Untersuchung ausgearbeitet und das Sample der Befragten präsentiert wurde (Kapitel 4), folgt die Er-

gebnisdarstellung (Kapitel 5). Die Befunde bestätigen die theoretischen Vorannahmen und zeigen, dass die Versorgungspraxis der ambulanten Pflegedienste überaus deutlich durch die herrschenden wirtschaftlichen Bedingungen strukturiert wird. Besonders das Leitungspersonal ist gefordert, die Pflegedienste zu wirtschaftlich erfolgreichen Betrieben umzubauen und daher zum Teil restriktive Sparmaßnahmen umzusetzen. Davon ausgehend kann mit den Untersuchungsergebnissen jedoch ein differenziertes Bild offen gelegt werden, das sich teilweise im Gegensatz zu den theoretischen Vorannahmen befindet. Die Anpassungsdynamiken an die marktwirtschaftlichen Anforderungen sind demnach auch von Unruhen, Konflikten und Widerständen gekennzeichnet, die in den Pflegeteams auftreten. Die Handlungspraxis des Leitungspersonals ist keineswegs „durchökonomisiert", sondern zum Teil von der Bemühung geprägt, wirtschaftliche Zumutungen zurückzuweisen, wenn diese die Qualität der pflegerischen Versorgung zu beschädigen drohen.

Im sechsten Kapitel folgt die Diskussion der Ergebnisse. Aufbauend auf der Zusammenführung der empirischen Befunde erfolgt ihr konzeptioneller Rückbezug. Hierbei sollen die Annahmen über die Auswirkungen der zunehmenden Steuerung des Gesundheitswesens über Geldanreize mit den vorliegenden Ergebnissen verglichen werden. Im Rahmen der feldtheoretischen Perspektive Pierre Bourdieus wird dazu ein konzeptioneller Kontrapunkt in die Diskussion eingebracht, demgemäß Ökonomisierung nicht als ein linearer Prozess der ökonomischen Affirmation einzuordnen ist, sondern der vielmehr die Vielschichtigkeit und die Ambivalenzen der Vermarktlichung unterstreicht. Die Arbeit endet mit einer summierenden Betrachtung der gewonnenen Analyseergebnisse (Kapitel 7).

2 Ökonomische Bedingungen der häuslichen Pflegeversorgung in Deutschland

„Jeder kann, oft überraschend, pflegebedürftig werden. Bereits heute gibt es in Deutschland rund 2,2 Millionen pflegebedürftige Menschen. Aufgrund des zunehmenden Anteils älterer Menschen an der Gesamtbevölkerung ist die Tendenz steigend. Da die gesetzliche Pflege-Pflichtversicherung nur die Grundversorgung absichert, ist eine zusätzliche private Vorsorge sinnvoll. Denn auch in Zukunft werden die tatsächlichen Pflegekosten in der Regel den Pflegekassenanteil übersteigen."

BMG (2010A) – Auszug aus der Webseite des Bundesministeriums für Gesundheit v. 18. Januar 2010 -

„Damit orientiert sich die Leistungsgewährung in der sozialen Pflegeversicherung – im Unterschied zur gesetzlichen Krankenversicherung – stark am Konzept der Subsidiarität. ... Insofern verkörpert die Pflegeversicherung auch eine Abkehr vom Solidarprinzip."

Gerlinger/Röber (2009)

Die Entwicklung der Versorgungsinfrastruktur in der ambulanten Pflege steht eng verbunden mit dem Inkrafttreten des Pflegeversicherungsgesetzes im Jahr 1995, mit dem die Finanzierung der Pflege langfristig sichergestellt und die Versorgung an den gewandelten Problemlagen der Bevölkerung und deren Präferenzen angepasst werden sollte (vgl. ex. BMA 1997). Eine qualitative Betrachtung der seitdem entstandenen Versorgungsangebote legt jedoch zahlreiche Schwächen bloß. Diese liegen vor allem in den Bereichen der Leistungsprofile der Pflegedienste, die immer noch nicht am Bedarf und den Bedürfnissen der Pflegebedürftigen angepasst sind (Hasseler/Görres 2005; Schaeffer 2002; Schaeffer et al. 2008). Um den aktuellen und zukünftigen Herausforderungen gerecht zu werden, ist deshalb eine qualitative Weiterentwicklung des, in seiner derzeitigen Größenordnung noch recht jungen, Versorgungsfelds unabdingbar. In diesem Zusammenhang ist auch die Bedeutung der Finanzierungsbedingungen für ambulante Pflegedienste grundlegend zu überprüfen, in deren Rahmen die Absicherung und Gewährleistung einer bedarfs*deckenden* Pflege teilweise den freien Marktkräften überlassen ist.

Im folgenden Abschnitt soll zunächst die bisherige Entwicklung und gegenwärtige Angebotsstruktur im Bereich der ambulanten Pflege differenziert beleuchtet und diese kritisch vor dem Hintergrund der gegenwärtigen Herausforderungen im Bereich der pflegerischen Versorgung diskutiert werden (Kap. 2.1). Im Besonderen gilt der Analysefokus sodann den Finanzierungsbedingungen für

Leistungen der ambulanten Pflege, die sich in zentralen Punkten deutlich von den typischen Leistungsprinzipien der gesetzlichen Krankenversicherung unterscheiden (Kap. 2.2). Unter Berücksichtigung vorliegender Forschungsergebnisse soll dabei die Frage beantwortet werden, welche Steuerungswirkung von den derzeitig herrschenden finanziellen Rahmenbedingungen für die Arbeit der Pflegedienste ausgeht. Dabei wird es darum gehen, ein Forschungsdesiderat herauszuarbeiten und die Auseinandersetzung in den breiteren gesundheitswissenschaftlichen Ökonomisierungsdiskurs zu stellen (Kap. 2.3).

2.1 Situation und Probleme im ambulanten Pflegesektor

2.1.1 Entwicklung der Infrastruktur

Die bisherige Nachkriegsgeschichte der ambulanten Pflege charakterisieren drei Entwicklungsphasen. Zunächst kam der ambulanten Pflege nur eine randständige Bedeutung in der gesundheitlichen Versorgung zu. Diese Situation, die bis in die 1970er Jahre anhielt, wurde mit der Aufnahme ausgewählter Leistungen der häuslichen Pflege in den Leistungsrahmen der gesetzlichen Krankenversicherung abgelöst. In der Folge begann ab Mitte der 1970er Jahre eine Aufbauphase pflegerischer Infrastruktur – meist handelte es sich dabei um private Pflegedienste und „Sozialstationen" (Kreutzer 2009). Während zu Beginn der 1970er Jahre lediglich 3 Mill. DM für die häusliche Krankenpflege aufgewendet wurden, stiegen die Ausgaben im Zuge des Leistungsverbesserungsgesetzes (1973) zunächst bis 1975 auf 24 Mill. DM und bis 1980 auf 182 Mill. DM an. Durch das Krankenhaus-Kostendämpfungsgesetz von 1981 wurde der Leistungskatalog im Bereich der ambulanten Pflege ausgeweitet. Infolge dessen sind 1992 aus den Budgets der Krankenkassen bereits 990 Mill. DM für häusliche Pflegeleistungen geflossen, die sich auf ein Netz von ca. 3.900 Sozial- und Gemeindestationen verteilt haben (Simon 2003b: 247f, 256f).

Ein zentrales Ziel der Leistungsausweitung in den 1970er und 80er Jahren bestand darin, die Krankenhäuser von der Versorgung Pflegebedürftiger zu entlasten und den gesamten Bereich der häuslichen Pflege aus seinem sozialversicherungsrechtlichen Schattendasein zu befreien. Orientierungspunkt beim Aufbau der Pflegeangebote bildete jedoch die medizinische Akutversorgung, gemäß derer lediglich medizinisch als krank eingestufte Personen kurzzeitige pflegerisch-ambulante Interventionen erfahren konnten. Diese Beschränkung auf akute Krankheitsfälle entpuppte sich jedoch alsbald als nicht zielführend, um den zunehmenden Bedarf an längerfristiger Pflege abdecken zu können. Der bei den älteren Personengruppen vorhandene Pflegebedarf konnte zumeist nämlich kaum durch an der Akutversorgung orientierten ambulanten Pflegeleistungen abge-

deckt werden, weil die betroffenen Personengruppen weniger eine kompensato-
risch-defizitorientierte Kurzzeitpflege als vielmehr ressourcenorientierte kontinu-
ierliche Pflege in Form von Anpassung und Unterstützung zur Bewältigung ihres
Alltags benötigten (Beikirch/Korporal 2003: 611ff; Schaeffer 2002: 23f).
Darüber hinaus entwickelte sich das Phänomen der Pflegebedürftigkeit in
Deutschland zusehends zu einer steigenden Belastung für die Sozialhilfeträger:

> „Pflegebedürftigkeit war ein wirtschaftliches Risiko ersten Ranges, da es im Rah-
> men des sozialstaatlichen Sicherungssystems erst dann aufgefangen wurde, wenn
> der Pflegebedürftige sein Erspartes oder Vermögen für die Finanzierung der ambu-
> lanten oder stationären Pflege aufgebraucht hatte und zum Sozialhilfeempfänger
> geworden war." (Simon 2003b: 258)

Eine grundlegende Neuordnung der pflegerischen Leistungs- und Finanzierungs-
strukturen fand Mitte der 1990er Jahre im Zuge der Einführung der Pflegeversicherung statt. Mit ihrer Inkraftsetzung zum 1. Januar 1995 wurde eine völlig
neue Finanzierungsgrundlage geschaffen und damit der Zugang zu professionellen Pflegeleistungen erleichtert. Im Rahmen dieser Reform erfuhr der gesamte
Versorgungsbereich der Pflege eine sozial- und leistungsrechtliche Aufwertung.
So konnte auch die ambulante Pflege stärker an den Bedürfnissen der Pflegebedürftigen ausgerichtet werden. Nach und nach sollte die ambulante Pflege – im
Sinne der beabsichtigten Ambulantisierung des Versorgungsgeschehens – eine
exponierte Stellung in der pflegerischen Versorgung sowie auch in der insgesamt
ambulant auszurichtenden Gesundheitsversorgung einnehmen (Rothgang 1997).

Trägerstruktur

Die gesundheitspolitische Aufwertung des pflegerischen Leistungsbereichs spie-
gelte sich alsbald auch in quantitativer Dimension wider. So ist die Zahl der
Pflegedienste und Sozialstationen innerhalb von nur wenigen Jahren rasant angestiegen. 1991 standen nur knapp 4.000 ambulante Dienste den Pflegebedürftigen
zur Verfügung. Ende 1996 gab es schon mehr als 11.000 ambulante Dienste (vgl.
Statistisches Bundesamt 1998). Somit hat die Versorgungsdichte, und hierbei
insbesondere in städtischen Gebieten, deutlich zugenommen (BMFSFJ 2001).
Eine im Vergleich mit der Entwicklung in der ambulanten Pflege weitaus gerin-
gere Expansion konnte hingegen in dem nicht minder bedeutsamen teilstationären Pflegebereich (Kurzzeit-, Tages- und Nachtpflege) verzeichnet werden,
wenngleich auch hier ein Ausbau erfolgt ist (Schaeffer 2002: 27). Der Ausbau
der Infrastruktur im Bereich der häuslichen Pflege hat es insgesamt vielen Pflegebedürftigen überhaupt erst möglich gemacht, ihren persönlichen Präferenzen
zu folgen und länger in ihrer gewohnten Umgebung zu verbleiben.

Betrachtet man die Entwicklung der Pflegedienste seit der Etablierung der Pflegeversicherung bis heute, so fällt auf, dass der quantitative Ausbau der Angebote immer weiter vorangegangen ist. Die relativ hohen Wachstumsraten seit den späten 1990er Jahren beziehen sich jedoch weniger auf die absolute Anzahl der Pflegedienste, als vielmehr auf deren Kapazitäten. Der Trend geht zu größeren Pflegediensten, die größere Patientenzahlen bewältigen können (vgl. Tabelle 1).

Tabelle 1: Ambulante Pflegedienste und Pflegebedürftige im Zeitvergleich. Entwicklung zwischen 1999 und 2009.

	Ambulante Pflegedienste	
Jahr	*ambulante Pflegedienste absolut*	*durch ambulante Pflegedienste versorgte Pflegebedürftige*
1999	10820	415289
2009	12026	555198
Trend	**+ 11 %**	**+ 34 %**

Quelle: Eigene Darstellung und Berechnung nach dem Statistischen Bundesamt (2011)

Bemerkenswert ist darüber hinaus die Entwicklung und Verteilung der Trägerschaften in der ambulanten Pflege. Viel stärker als beispielsweise im Krankenhaussektor ist das Verhältnis zwischen freigemeinnützigen und privaten Pflegediensten inzwischen zugunsten der Privaten ausgeschlagen. Der Marktanteil privater Pflegedienste lag 1999 bei 51 % und ist bis 2009 auf 61 % angewachsen. Der Anteil der freigemeinnützigen Pflegedienste betrug 2009 hingegen 37 %. Öffentliche Träger hatten im gleichen Jahr – entsprechend dem Vorrang der freigemeinnützigen und privaten Träger nach dem SGB XI – einen Anteil von lediglich rund 2 % (eigene Berechnungen nach dem Statistischen Bundesamt 2011).

Bei einer Bewertung nach der Anzahl der versorgten Pflegebedürftigen sind hingegen die freigemeinnützigen Träger immer noch größter Anbieter. 51 % der Pflegebedürftigen werden von ihnen versorgt, 47 % durch private Pflegedienste und 2 % durch öffentlich getragene Pflegedienste (eigene Berechnungen nach dem Statistischen Bundesamt 2011). Betrachtet man allerdings den Trend in den zurückliegenden Jahren, lassen die deutlichen Zuwachsraten bei den Privaten durchaus die Schlussfolgerung zu, dass die Privaten auch gemessen an der Anzahl der Pflegebedürftigen bald zum „Marktführer" aufsteigen könnten (vgl. Tabelle 2, Abbildung 1 u. 2).

Tabelle 2:   Ambulante Pflegedienste und Trägerschaft im Zeitvergleich. Entwicklung zwischen 1999 und 2009.

	ambulante Pflegedienste Träger insgesamt		*nicht-private ambulante Pflegedienste*		*private ambulante Pflegedienste*	
Jahr	*ambulante Pflegedienste*	*Pflegebedürftige*	*ambulante Pflegedienste*	*Pflegebedürftige*	*ambulante Pflegedienste*	*Pflegebedürftige*
1999	10820	415289	5316	267485	5504	147804
2009	12026	555198	4628	293657	7398	258930
Trend	**+ 11 %**	**+ 34 %**	**- 13%**	**+ 10 %**	**+ 34 %**	**+ 75 %**

Quelle: Eigene Darstellung und Berechnung nach dem Statistischen Bundesamt (2011); Rundungsfehler aufgrund unterschiedlicher Datensätze.

Durch ambulante Pflegedienste versorgte Pflegebedürftige und Empfänger von Leistungen der häuslichen Krankenpflege

Im Jahr 2009 wurden insgesamt 555.198 pflegebedürftige Personen im Sinne SGB XI durch ambulante Pflegedienste versorgt. Das entspricht einem Zuwachs von 34 % zum Vergleichsjahr 1999 (vgl. Tabelle 2). Von den durch ambulante Pflegedienste betreuten Pflegebedürftigen waren etwas mehr als die Hälfte (rund 55 %) der Pflegestufe I zugeordnet, 34 % der Pflegestufe II und 11 % der Pflegestufe III (eigene Berechnungen nach dem Statistischen Bundesamt 2011).

Tabelle 3:   Häusliche Krankenpflege/Behandlungspflege der Versicherten der gesetzlichen Krankenversicherung. Leistungsfälle und Tage je Fall im Zeitvergleich. Entwicklung zwischen 1999 und 2007.

	Häusliche Krankenpflege/Behandlungspflege				
Jahr	*1999*	*2001*	*2003*	*2005*	*2007*
Leistungsfälle	2.047.231	1.779.348	1.895.648	1.914.739	2.306.640
Leistungstage je Fall	65,14	63,87	65,99	58,53	61,67

Quelle: Eigene Darstellung und Berechnung nach dem Statistischen Bundesamt (2010d).

Dazu kommen 2.306.640 Leistungsfälle, die 2007 im Rahmen des SGB V häusliche Krankenpflege erhalten haben. Gegenüber dem Vergleichsjahr 1999 ist die absolute Anzahl der Leistungsfälle um 12 % gestiegen. Die durchschnittliche Leistungsdauer betrug dabei rund 62 Leistungstage (vgl. Tabelle 3).

Beschäftigte in ambulanten Pflegediensten

Der quantitative Ausbau ambulanter Pflegedienste und die Zuwächse bei den versorgten Pflegeempfängern spiegeln sich auch in der Entwicklung der Beschäftigtenzahlen wider. 2009 waren 268.891 Menschen in der ambulanten Pflege berufstätig. Das sind rund 46 % mehr Beschäftigte als noch 1999. Auffällig ist dabei, dass die Zuwächse vor allem den Bereich der Teilzeitbeschäftigung betreffen. So haben knapp zwei von drei Angestellten in der ambulanten Pflege einen Teilzeitvertrag. Die Entwicklung bei den Beschäftigtenzahlen kann der Tabelle 4 entnommen werden.

Tabelle 4: Ambulante Pflegedienste und Personal im Zeitvergleich. Entwicklung zwischen 1999 und 2009.

	Personal		
Jahr	*absolut*	*Vollzeit*	*Teilzeit*
1999	183782	56914	117069
2009	268891	71964	189827
Trend	+ 46 %	+ 26 %	+ 62 %

Quelle: Eigene Darstellung und Berechnung nach dem Statistischen Bundesamt (2011); Praktikanten, Auszubildenden und Zivildienstleistende sind nur bei der Summe der Beschäftigten insgesamt berücksichtigt.

Die Einsatzbereiche der Beschäftigten verteilen sich wie folgt:
- 69,8 % der Beschäftigten hatten ihren Arbeitsschwerpunkt in der direkten Pflege.
- 10,7 % der Beschäftigten waren in einer Leitungs- oder Verwaltungsposition tätig.
- 13,6 % der Beschäftigten erbrachten hauswirtschaftliche Versorgungsleistungen.
- 5,8 % der Beschäftigten verteilten sich auf „sonstige Bereiche" wie Ausbildung, Praktikum, Zivildienst etc. (Statistisches Bundesamt 2011).

Pflegebedarfsprognosen

Ausgehend vom bemerkenswerten quantitativen Ausbau der Kapazitäten im Bereich der ambulanten Pflegedienste seit den 1990er Jahren muss mit Blick auf die prognostizierte Pflegebedarfsentwicklung in Deutschland dennoch von einem weiter steigenden Bedarf an ambulanten Pflegeangeboten ausgegangen werden. So weisen entsprechende Prognosen darauf hin, dass der Bedarf an professionellen ambulanten Pflegeangeboten ansteigen wird. Insbesondere infolge des demographischen Umbaus hin zu einer älter werdenden Bevölkerung, neben den sich verändernden Familienstrukturen, wird der Pflegebedarf in den nächsten Jahrzehnten mengenmäßig überaus deutlich ansteigen, wenngleich die jeweiligen Vorausberechnungen im Einzelnen von unterschiedlichen Wachstumsraten ausgehen.[4] Während beispielsweise Rothgang (2001: 19ff) davon ausgeht, dass innerhalb des Zeitraums zwischen den Jahren 2000 bis 2040 die Anzahl der pflegebedürftigen Person im Sinne der derzeit gültigen sozialrechtlichen Definition von Pflegebedürftigkeit um knapp 61 % zunehmen wird, prognostiziert das Statistische Bundesamt (zitiert nach Rothgang 2001: 21) innerhalb des gleichen Zeitraums einen Anstieg von etwa 76 %. Auf der Grundlage eines optimistischeren theoretischen Modells über die allgemeine Morbiditätsentwicklung[5] in der Bevölkerung kann wiederum ein Anstieg von knapp 40 % angenommen werden (vgl. Enquête-Kommission 2002: 235).[6]

Bei der Zielgruppe der hochbetagten und multimorbiden Menschen muss aller Voraussicht nach im Falle von Pflegebedürftigkeit eine Präferenz der Versorgung in der gewohnten häuslichen Umgebung prognostiziert werden. Aktuelle Umfragen legen zumindest offen, dass ungefähr zwei von drei Personen ein Pflegearrangement im häuslichen Umfeld einem (teil-)stationären Pflegesetting vorziehen (vgl. Deutscher Altenpflege-Monitor 2007).

„Und wenn wir die Menschen fragen, dann wird deutlich, dass die häusliche Versorgung auch immer noch als Idealform der Versorgung betrachtet wird. Demgegenüber wird die Versorgung durch ein Pflegeheim eher negativ beurteilt und gilt als Ersatzlösung." (Blinkert/Klie 2008: 239).

---

4   Es soll weiterhin darauf hingewiesen werden, dass hier nicht von einer quasi unveränderbaren Kausalkette zwischen dem demographischen Wandel und einem Anstieg beim pflegerischen Versorgungsbedarf gesprochen werden muss. So werden Interventionsansätze diskutiert, wonach jener Anstieg des Versorgungsbedarfs zumindest abgeschwächt werden kann (vgl. Schwartz/Walter 2003: 172f; Winter 2003: 21).

5   Gemeint ist das Modell der „komprimierten Morbidität" (Fries 1983; zitiert nach Schwartz/ Walter 2003: 172).

6   Für einen umfassenderen Überblick über die verschiedenen Prognosen vgl. Enquête-Kommission (2002: 235-237).

Zudem ist die Bedeutung der ambulanten Pflegeangebote angesichts einer seit Jahren sinkenden Verweildauer im Krankenhaus sowie der gesundheitspolitischen Bestrebungen, die Kosten der Versorgung möglichst gering zu halten, zu sehen. So wird der Ausbau ambulanter Pflegeangebote sicherlich auch in naher Zukunft als eine passgerechte Lösung gehandelt, um den kostenintensiven stationären Bereich zu entlasten und so zu einer Kostenreduktion beizutragen (Ludwig/Schaeffer 2004).

Ausgehend von einer quantitativen Betrachtung der Entwicklungen im ambulanten Pflegebereich gilt es im folgenden Abschnitt, sich dessen qualitativen Aspekten zu widmen und die bestehende ambulante Pflegeinfrastruktur in ihrer versorgungsinhaltlichen Ausgestaltung vor dem Hintergrund bestehender Versorgungsherausforderungen auf ihre Bedarfsangemessenheit kritisch auszuleuchten.

2.1.2 Versorgungsangebote und Versorgungserfordernisse

Mit der Einführung des Pflegeversicherungsgesetzes hat es nicht nur eine deutliche quantitative Ausweitung des ambulanten Pflegesektors gegeben. Auch in qualitativer Hinsicht lassen sich einige Veränderungen im Bereich der ambulanten Pflegeangebote festhalten. Die Bereitstellung pflegerischer Leistungen im Rahmen des Pflegeversicherungsgesetzes wurde beispielsweise nicht länger ausschließlich an die Bedingung des Krankheitsfalls gekoppelt. Das Leistungsspektrum konnte damit sehr viel stärker an der Bedarfssituation der Leistungsempfänger ausgerichtet werden, deren Hilfs- und Pflegebedarf eben nicht immer an eine Krankheit gebunden ist (Garms-Homolová/Schaeffer 1992). Zu den typischen Leistungen der ambulanten Pflegedienste zählen fortan Leistungen der Grund- und Behandlungspflege, Beratungs- und Anleitungsleistungen sowie auch die Übernahme hauswirtschaftlicher Aufgaben (Beikirch/Korporal 2003). Sie „sollen den Pflegebedürftigen helfen, trotz ihres Hilfebedarfs ein möglichst selbstständiges und selbstbestimmtes Leben zu führen, das der Würde des Menschen entspricht." (§ 2 SGB XI)

Gemessen am bestehenden und zukünftigen Versorgungsbedarf in der Pflege ist die qualitative Weiterentwicklung der ambulanten Pflegedienste allerdings noch lückenhaft. Neben der Behebung der zweifelsohne immer noch vorhandenen Versorgungsbrüche und -diskontinuitäten beim Übergang vom Krankenhaus in die ambulante Versorgung (Uhlmann et al. 2005; Wingenfeld 2005) zählen zu den Reformerfordernissen vor allem eine Ausweitung und Spezialisierung des Leistungsangebots und eine daran orientierte Qualifizierung des Pflegepersonals (Ewers 2002; Moers/Schaeffer 2002), die Behebung von Defiziten bei Beratungs- und Anleitungsleistungen (Büscher et al. 2010; Müller-Mundt 2008), die Konzeptualisierung und Übernahme von Steuerungs- und Koordinationsaufga-

ben (Hassler 2003; Schaeffer/Ewers 2006), die Integration präventiver und reha-
bilitativer Ansätze (Bartholomeyczik 2006) sowie der Ausbau von Qualitätssi-
cherungsmaßnahmen (Habermann/Biedermann 2007; Igl et al. 2002).
    Besonders dem Anspruch einer bedarfsgerechten Ausdifferenzierung im
Leistungsangebot wird die Praxis der ambulanten Pflegedienste kaum gerecht.

„Zum einen ist eine qualitative Weiterentwicklung und Ausdifferenzierung (bzw.
Spezialisierung) des Angebots- und Leistungsprofils weitgehend ausgeblieben. Dies
wird u.a. daran sichtbar, dass sich die seinerzeit prognostizierte Entstehung von spezialisierten Pflegeangeboten, die der gesamten Breite an unterschiedlichen Bedarfslagen im ambulanten Sektor entsprechen, nicht realisiert hat. Statt dessen haben sich
die Angebots- und Leistungsprofile ambulanter Pflegedienste immer weiter angeglichen. Zudem sind sie relativ eng konturiert und werden vielen Patientengruppen und
Bedarfslagen nicht gerecht ..." (Schaeffer/Wingenfeld 2008: 301)

Die Enquête-Kommission des Landtags von Nordrhein-Westfalen (2005: 135)
spricht in diesem Zusammenhang auch von einer „Homogenisierung" der Pflege.
Die Versorgungsangebote der Pflegedienste sind oftmals nicht bedarfsgerecht,
weil diese auf Nutzer mit speziellen Problemlagen nur unzureichend ausgerichtet
sind, so beispielsweise bei dementiell Erkrankten, chronisch Kranken im fortge-
schrittenen Krankheitsverlauf, Schwerkranken, Sterbenden oder Migranten (vgl.
auch Ewers 2006; Ewers/Schaeffer 1999; Schaeffer 2002; Rüsing et al. 2008;
Tiesmeyer 2003). Diese Angebotslücken scheinen angesichts jüngster Entwicklungen im Krankenhausbereich weiter anzuwachsen. Infolge der Reform zur
prospektiven Finanzierung im Krankenhausbereich setzte eine rapide Senkung
der Verweildauer ein und die ambulanten Dienste wurden vermehrt mit schwer
kranken Patienten konfrontiert (Ludwig/Schaeffer 2004). Die hierfür notwendigen
klinischen Spezialkompetenzen bei der Versorgung von Patienten mit komplexem
und technikintensivem Pflegebedarf sind derzeit in Qualifikation und Ausbildung
ambulant Pflegender noch nicht ausreichend berücksichtigt (Ewers 2003). Weitere
qualifikatorische Anforderungen werden bei der Pflege Schwerstkranker in den
Bereichen Schmerzkontrolle, Symptomkontrolle und Monitoring erforderlich
(Moers/Schaeffer 2002).
    Das familiäre beziehungsweise soziale System ist nach wie vor eine wesent-
liche Unterstützungsinstanz in der häuslichen Versorgung chronisch Kranker
beziehungsweise pflegebedürftiger Menschen (Blinkert/Klie 2006; Görres 1993;
Kruse 1994). Der Anteil der zu Hause Versorgten liegt bei rund 70 %. Von den
Angehörigen, die bei der häuslichen Pflege helfen – hierbei handelt es sich vor
allem um Ehe-/Lebenspartner und Kinder –, nehmen rund zwei Drittel professionelle Hilfe in Anspruch (Blinkert 2007: 228). Der zielgruppenspezifischen Beratung der Angehörigen, einer systematischen Einschätzung ihrer Möglichkeiten

und Grenzen sowie der Unterstützung beim Erwerb gegebenenfalls erforderlicher pflegerischer Kenntnisse und Fertigkeiten sollte demnach ebenfalls eine zentrale Bedeutung im Leistungsportfolio der ambulanten Pflegedienste zukommen (exemplarisch dazu Büker 2008; Müller-Mundt 2008). Aber auch die Anleitung der Patienten selbst, sofern diese noch Selbstpflegepotentiale und Eigenaktivität besitzen, ist eine wesentliche Voraussetzung für die Sicherstellung der häuslichen Pflege. Die gesetzlich verankerte und angebotene Beratung und Anleitung reicht hierfür häufig nicht aus und stößt auf Resonanz- und Akzeptanzprobleme (Büscher et al. 2010). Nötig sind niedrigschwellige, in den häuslichen Alltag integrierte Maßnahmen. Die Verbesserung der Kooperation zwischen informellen und professionellen Helfern sowie die Anleitung und Beratung der informellen Helfer und der Pflegebedürftigen wird somit zur weiteren bedeutsamen Herausforderung nicht nur für die ambulante Pflege (Ludwig/Schaeffer 2004; Müller-Mundt/Schaeffer 2001).

Grundsätzlich könnte die ambulante Pflege zu einem gewichtigen Akteur bei der zentralen Steuerung und Koordination im Versorgungsgeschehen avancieren (Schaeffer/Ewers 2006). Gerade vor dem Hintergrund eines sich verändernden Krankheitspanoramas hin zu chronischen Leiden sind ambulante Pflegedienste vor die wesentliche Versorgungsherausforderung gestellt, die Versorgungsabläufe an den spezifischen Bedarfslagen von chronisch Kranken auszurichten. Dem hier angesprochenen Bedarf an sektorenübergreifenden und am „care"-Paradigma orientierten Versorgungskonzepten hinkt die Versorgungsrealität allerdings noch weit hinterher (Schaeffer 2004). Während die Regelversorgung häufig an einem rein biomedizinischen, an somatischen Fragen orientierten Paradigma festhält, stehen chronisch Kranke vor weitaus vielfältigeren Bewältigungs- und Anpassungsanforderungen.

> „Im Grunde lebt das Versorgungssystem immer noch in der Vorstellung vom Patienten, der plötzlich erkrankt, behandelt wird und im Erfolgsfalle wieder entlassen, im schlechten Falle zum ‚Pflegefall' wird. Mit dieser Logik eines regelmäßig sequentiellen Krankheitsverlaufs, wie er für Infektionskrankheiten und Unfälle typisch ist, sind chronisch Kranke nicht optimal zu behandeln. Vielmehr kommt es dann zu einer Konzentration auf Krisenintervention bei dramatischen Ereignissen und eben gerade nicht zu einer Orientierung auf langfristige Betreuung und Unterstützung für das Leben mit ‚bedingter Gesundheit'." (Rosenbrock 2002a: 15)

Sollen hierfür geeignete Versorgungsleistungen bereitgestellt werden, bedarf es integrierter, kontinuierlicher und interdisziplinärer Versorgungskonzepte, die sich konsequent an der Bedarfssituation und den Bedürfnissen der Nutzer orientieren und nicht etwaigen Institutions- oder Professionslogiken folgen (Hurrelmann/Laaser 2003; Rosenbrock 2002a; Schaeffer/Moers 2000).

Ein solches zukunftsweisendes Versorgungskonzept ist beispielsweise das der Familien-Gesundheitsschwester (WHO 2000), dass von der Europäischen Region der WHO im Rahmen von „Gesundheit 21" (WHO 1999) entwickelt wurde. Ambulanten Pflegediensten könnte hiernach in Kooperation mit niedergelassenen Ärzten eine Schlüssel- und Lotsenfunktion im gesundheitlichen Versorgungssystem zukommen, sowohl hinsichtlich der Förderung und des Schutzes der Gesundheit der Bevölkerung während der gesamten Lebensspanne, als auch bei der Versorgung im Krankheitsfall (vgl. z.b. Cotroneo/Zimmer/Zegelin-Abt 1999; Seitz et al. 2008).[7]

Im Zusammenhang mit einer qualitativen Weiterentwicklung der ambulanten Pflege wird häufig zudem die Bedeutung der wirtschaftlichen Rahmenbedingungen diskutiert (z.b. Brömme 1999; Ewers/Schaeffer 1999; Gerlinger/Röber 2009; Hallensleben 2004). Die soziale Pflegeversicherung, eigens zur Finanzierung von Pflegebedürftigkeit in Kraft getreten, hat zwar einen wichtigen Schub beim Aufbau einer breiten Infrastruktur gegeben und stellt einen zentralen Ankerpunkt für die finanzielle Absicherung von Pflegebedürftigkeit dar. Allerdings bergen die grundsätzlichen Leistungsprinzipien des Pflegeversicherungsgesetzes, wie daneben auch die Finanzierungsbedingungen im Rahmen von Leistungen der häuslichen Krankenpflege, zahlreiche, für die Qualitätssituation problematische Besonderheiten, wie eine genauere Betrachtung verdeutlichen wird. Im Folgenden soll deshalb die Finanzierungssituation der ambulanten Pflegedienste im Einzelnen beleuchtet werden.

2.2 Die Finanzierungsbedingungen der ambulanten Pflegedienste

Die Finanzierung von ambulanten Pflegeleistungen ist im Wesentlichen in drei verschiedenen Ressorts der sozialen Sicherung geregelt: durch das Pflegeversicherungsrecht (Elftes Sozialgesetzbuch), das Krankenversicherungsrecht (Fünftes Sozialgesetzbuch), und die Hilfe zur Pflege (Zwölftes Sozialgesetzbuch – ehemals Bundessozialhilfegesetz). Diese drei Finanzierungsquellen sind an unterschiedliche Voraussetzungen, Begriffe und Verfahren gebunden. Zu unterscheiden sind Leistungen der *häuslichen Krankenpflege*, der *häuslichen Pflege*, der *Haushaltshilfe* und der *häuslichen Pflegehilfe*. Die Finanzierung ambulanter Pflegedienste erfolgt in einem zunehmenden Maße aber auch durch private Haushalte. Im Folgenden werden die Finanzierungsbedingungen im Rahmen der sozialrechtlichen Sicherungssysteme anhand ihrer zentralen Leistungsmerkmale

---

7   So konnten erste Studien beispielsweise zeigen, dass Pflegebedürftigkeit und Multimorbidität im höheren Alter und bei Hochaltrigen durch entsprechenden gesundheitsfördernde und präventive Interventionen hinausgezögert, abgeschwächt oder vermieden werden kann (Kruse 2004).

vorgestellt und ihre Implikationen für die Leistungsfinanzierung im Bereich der ambulanten Pflegedienste diskutiert.

2.2.1 Leistungsfinanzierung im Rahmen der sozialen Pflegeversicherung

Die soziale Pflegeversicherung stellt die größte Einnahmequelle für ambulante Pflegedienste dar. Ihre Einführung bedeutete das vorläufige Ende einer etwa 20 Jahre andauernden Debatte über die verschiedenen Absicherungsvarianten bei Pflegebedürftigkeit in Deutschland. Mit dem Gesetz zur sozialen Absicherung des Risikos der Pflegebedürftigkeit (PflegeVG), das am 26. Mai 1994 in Kraft getreten ist, sollten vor allem die kommunalen Sozialhilfeträger entlastet werden, die bis dato die anfallenden Pflegeleistungen mit finanzieren mussten, sofern die Pflegebedürftigen oder ihre Angehörigen die anfallenden Kosten der Langzeitpflege nicht selbst tragen konnten.[8] Weitere Hintergründe für die Einführung der sozialen Pflegeversicherung lagen in dem bis dato völlig unterentwickelten Angebot an pflegerischen Versorgungsstrukturen und teilweise hiermit korrespondierend in einer oftmals quasi notgedrungenen Versorgung der Pflegebedürftigen in Krankenhäusern, was erhebliche Kostenbelastungen auf Seiten der Krankenkassen zur Folge hatte (Rothgang 1997: 9; Simon 2005: 231f).

Für das Jahr 2008 beziffern sich die Ausgaben in der sozialen Pflegeversicherung bereits auf 19,14 Mrd. Euro (BMG 2010b). Diese verteilen sich im Wesentlichen auf Pflegesachleistungen und Geldleistungen zur Finanzierung der pflegerischen Versorgung durch Professionelle und Angehörige. Damit erhalten bereits mehr als 2,25 Millionen Personen Leistungen der sozialen Pflegeversicherung.[9]

Bei den Ausgaben der sozialen Pflegeversicherung handelt es sich um folgende Posten (vgl. BMG 2010b):

- 9,05 Mrd. € (47,3 % der Ausgaben) wurden für Leistungen der vollstationären Pflege ausgegeben.
- 4,24 Mrd. € (22,2 % der Ausgaben) wurden für Geldleistungen ausgegeben (Pflegegeld).

---

8 In der Folge gingen die Ausgaben bei der Sozialhilfe für Pflege zunächst zwischen 1995 und 2000 von 8,9 Mrd. € auf 2,88 € zurück (Statistisches Bundesamt 1996).

9 Die „soziale" Pflegeversicherung hat mit Blick auf die hierzu abweichende begriffliche Differenzierung in „gesetzliche" und „private" Sozialversicherungen ihren Ursprung darin, dass mit dem PflegeVG erstmalig eine allgemeine Versicherungspflicht eingeführt wurde. Kontrastierend zum Krankenversicherungsrecht unterliegen fast alle Bürger der Pflege-Versicherungspflicht. Zu unterscheiden ist fortan zwischen der „sozialen Pflegeversicherung" für gesetzlich Krankenversicherte und der „privaten Pflegeversicherung" für privat Krankenversicherte. Beide Bereiche werden zusammengefasst unter dem Label „gesetzliche Pflegeversicherung" (vgl. Simon 2005: 232).

- 2,60 Mrd. € (13,6 % der Ausgaben) wurden für Pflegesachleistungen im häuslichen Bereich ausgegeben.
- die restlichen ca. 3 Mrd. € verteilen sich unter anderem auf Leistungen zur sozialen Sicherung der Pflegepersonen, Kurzzeit-, Tages- und Nachtpflege, Pflegeurlaub, Pflegemittel und technische Hilfen, Kosten für Verwaltung und den MDK.

Ausgabenentwicklung im Bereich ambulante Pflege

Der Blick auf die Ausgabenentwicklung für die ambulante Pflege verrät, dass die Leistungsausgaben der Pflegeversicherung, als wichtigstem Finanzier der ambulanten Pflegedienste, seit 1995 kontinuierlich angestiegen sind (vgl. Abbildung 3). 2008 wurden aus den Mitteln der Pflegeversicherung bereits rund 3 Mrd. € im Bereich der ambulanten Pflege ausgegeben (vgl. Statistisches Bundesamt 2010c).

Abbildung 1:   Ausgaben der sozialen Pflegeversicherung für Leistungen der ambulanten Pflege. Quelle: Statistisches Bundesamt (2010c)

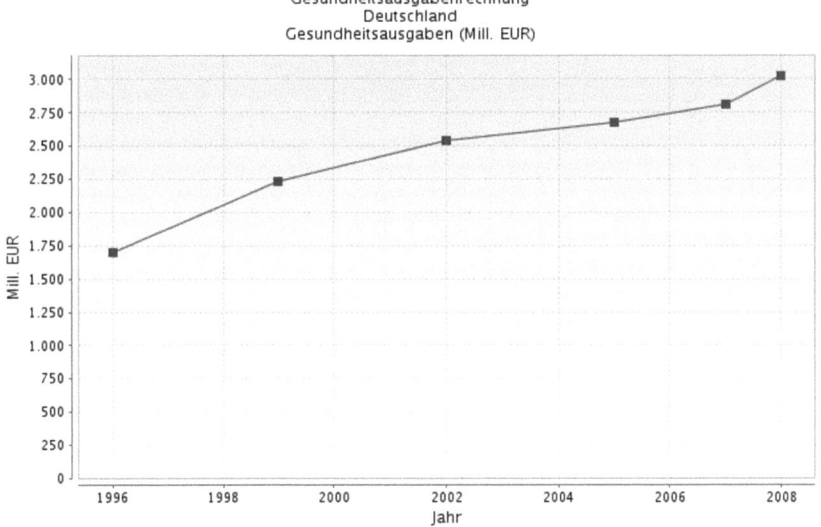

Leistungsgrundsätze und Finanzierung

Die grundlegenden Leistungsprinzipien der sozialen Pflegeversicherung ähneln in Teilen den Prinzipien der gesetzlichen Krankenversicherung. In einigen Bereichen weisen sie allerdings auch relativ große Unterschiede auf. Simon (2005: 233f) fasst die folgenden Prinzipien zusammen:

- Einkommensabhängige Beitragsfinanzierung
  Die Beitragserhebung der Pflegeversicherung erfolgt ebenso wie in der gesetzlichen Krankenversicherung mittels einkommensabhängiger Beiträge der Versicherten. Für Familienangehörige und Lebenspartner ist eine Beitragsbefreiung möglich.
- Paritätische Finanzierung
  Der Beitrag wird gemeinsam von Versicherten und Arbeitgebern entrichtet.[10]
- Beitragsbemessungsgrenze
  Die über einer bestimmten Einkommenshöhe anfallenden Einkommen werden zur Beitragsfinanzierung nicht mehr herangezogen. Die Grenze liegt zur Zeit bei 44.100 € im Jahr. (BMG 2009)
- Selbstverwaltungsprinzip
  Die soziale Pflegeversicherung ist eine selbstverwaltete Körperschaft des öffentlichen Rechts. Als Selbstverwaltungsorgan für die soziale Pflegeversicherung ist die jeweilige gesetzliche Krankenkasse zuständig.
- Sachleistungsprinzip
  Die Leistungsfinanzierung erfolgt zwischen der Pflegekasse und dem Leistungserbringer. Der Versicherte erhält also eine pflegerische Leistung, ohne dafür direkt zu bezahlen. Im Unterschied zur gesetzlichen Krankenversicherung kann der Versicherte jedoch anstelle einer Sachleistung auch Geldleistungen beziehungsweise Kombinationsleistungen erhalten.
- Feststellung des Versorgungsbedarfs durch den MDK
  Im Unterschied zur gesetzlichen Krankenversicherung wird der individuelle Versorgungsbedarf nicht autonom durch die Professionellen der Gesundheitsversorgung definiert, sondern durch den Medizinischen Dienst der Krankenversicherung (MDK), der als Institution innerhalb der Trägerschaft der Pflegekasse der Kostenträgerseite zugeordnet ist.

---

10   Dieses Prinzip wurde jedoch erstmalig teilweise aufgehoben, indem ein gesetzlicher Wochenfeiertag in einen Arbeitstag ohne entsprechende Lohnanpassung umgewandelt wurde, um den fälligen Arbeitgeberanteil durch einen folgerichtig unbezahlten Arbeitstag zu kompensieren (vgl. Rosenbrock/Gerlinger 2006: 201).

- Finanzierung einer Grundversorgung
  Im Unterschied zur gesetzlichen Krankenversicherung umfassen die zu be-
  anspruchenden Leistungen der sozialen Pflegeversicherung lediglich eine
  Grundversorgung.

Leistungsvoraussetzung ist die Feststellung einer Pflegebedürftigkeit, die nach
spezifischen, gesetzlich festgesetzten Kriterien definiert ist.[11] Als pflegebedürftig
gelten Personen, „die wegen einer körperlichen, geistigen oder seelischen
Krankheit oder Behinderung für die gewöhnlichen und regelmäßigen wiederkehrenden Verrichtungen im Ablauf des täglichen Lebens auf Dauer, voraussichtlich
für mindestens sechs Monate, in erheblichem oder höherem Maße der Hilfe be-
dürfen." (§ 14 Abs. 1 SGB XI) Die Prüfung der Pflegebedürftigkeit obliegt dem
MDK, der in jedem Einzelfall die prinzipielle Pflegebedürftigkeit feststellt/prüft
und hieran anknüpfend eine Zuordnung in eine von drei Pflegestufen vornimmt.
Die Bereiche, für die Hilfe gewährt werden kann, sind Körperpflege, Ernährung,
Mobilität und Hauswirtschaft. Die Pflegestufen richten sich nach dem Zeitbedarf
für Unterstützungsleistungen bei der Grundpflege. Während für die Pflegestufe I
ein täglicher Hilfebedarf von mindestens 90 Minuten (davon 45 Minuten für die
Grundpflege) notwendig ist, sind es für die Pflegestufe II mindestens 180 Minuten (davon 120 Minuten für die Grundpflege) und bei der Pflegestufe III mindestens fünf Stunden (davon vier Stunden für die Grundpflege). In besonders
schweren Fällen kann der Leistungsumfang auch höher als jener der Pflegestufe
III ausfallen – dies jedoch nur bis zu einem bestimmten Gesamtprozentsatz pro
Pflegekasse (vgl. Simon 2005: 238f).
  Der finanzielle Leistungsumfang im Rahmen der Pflegeversicherung er-
streckt sich zum einen auf Pflegesachleistungen. Die Budgets für die Sachleistungen sind den Pflegestufen entsprechend gestaffelt und werden in Folge des
Pflegeversicherungs-Weiterentwicklungsgesetzes von 2008 (PfWG) mittlerweile
jährlich erhöht. Für 2010 werden bei der Pflegestufe I in der ambulanten Pflege
Pflegesachleistungen in der Höhe bis zu 440 € erstattet, bei der Pflegestufe II
sind es bis zu 1040 € und bei der Pflegestufe III bis zu 1510 € beziehungsweise
in besonderen Härtefällen auch bis zu 1918 € (vgl. § 36 SGB XI).
  Für Pflegebedürftige, die einen Verbleib in ihrem häuslichen Umfeld favorisieren, bietet die Pflegeversicherung verschiedene Unterstützungsvarianten an.
Pflegebedürftige, die ausschließlich von Angehörigen versorgt werden, erhalten
ein sogenanntes Pflegegeld, das in der Höhe ebenfalls entsprechend den Pflegestufen gestaffelt ist. Für 2010 wird bei der Pflegestufe I in der ambulanten Pflege
Pflegegeld in der Höhe bis zu 225 € erstattet, bei der Pflegestufe II sind es bis zu

---

11 Hiervon deutlich abzutrennen ist die pflegewissenschaftliche Diskussion rund um den Begriff
der Pflegebedürftigkeit (vgl. Bartholomeyczik 2004: 390f).

430 € und bei der Pflegestufe III bis zu 685 € (vgl. § 37 SGB XI). Möglich ist ferner eine Mischung aus Pflegegeld und Pflegesachleistungen (Kombinations- leistung).

Als Vergütungsform in der ambulanten Pflege hat sich mittlerweile ein Leis- tungsmodulsystem beziehungsweise Leistungskomplexsystem durchgesetzt (Ger- linger/Röber 2009: 79). Einzelne Pflegeleistungen, die typischer Weise zusammen erbracht werden, werden zu Leistungspaketen zusammengefasst und pauschal ver- gütet.[12] Für die Erstattungshöhe eines Komplexes/Moduls ist der durchschnittliche Zeitaufwand entscheidend. Eine Vergleichbarkeit der Leistungspakete und ihrer Kosten ist jedoch sehr schwierig, weil die Vereinbarungen darüber auf Länderebe- ne beziehungsweise zwischen den einzelnen Kostenträgern und Trägern getroffen werden und somit nach Inhalt und Preis sehr stark variieren (Holl-Manoharan/ Rehbein 2009). Die Vergütungsverhandlungen können grundsätzlich zwischen einzelnen Trägern der Pflegedienste und den Kostenträgern oder auf der Regional- und Landesebene in sogenannten Pflegesatzkommissionen geführt werden. Weil die Versicherungsleistungen der Pflegeversicherung von vornherein begrenzt sind (Pflegestufen), hat eine Erhöhung der Vergütungssätze jedoch keine Erhöhung der Beitragssätze in der sozialen Pflegeversicherung zu Folge. Diese müssen vielmehr von den Pflegebedürftigen beziehungsweise den Sozialhilfeträgern getragen wer- den (Gerlinger/Röber 2009: 79ff.; Holl-Manoharan/Rehbein 2009).

Ausgewählte Besonderheiten der Leistungsfinanzierung im Rahmen der Pflegeversicherung

Die Einführung der Pflegeversicherung gleicht zweifelsohne einem Meilenstein in der Absicherung und Finanzierung von Pflegebedürftigkeit. Zugleich birgt die Pflegeversicherung einige Besonderheiten in sich, die sie deutlich von den Leis- tungsprinzipien in der gesetzlichen Krankenversicherung unterscheiden und damit Leistungsanbieter und Leistungsempfänger vor völlig neue Herausforderungen stellen. Im Folgenden sollen einzelne Spezifika der Pflegeversicherung ausgewählt und hinsichtlich der Implikationen für ambulante Pflegedienste diskutiert werden.

Grundsicherungscharakter der Pflegeversicherung
Anders als im Krankenversicherungsrecht ist die Pflegeversicherung lediglich als eine Grundsicherung angelegt, die ausdrücklich nicht den gesamten anfallenden Pflegebedarf im häuslichen oder stationären Bereich abdecken soll (Simon 2003a). Gesundheitspolitische Intention war es vielmehr, der Pflegeversicherung

---

12   Solche Leistungskomplexe heißen beispielsweise „kleine Körperpflege", „große Körperpfle- ge", „Hilfe bei der Nahrungsaufnahme", „Begleitung aus der Wohnung"

den Charakter einer *ergänzenden* Finanzierungshilfe zur Pflege zu geben, die Pflegebereitschaft der Angehörigen und Nachbarn finanziell zu unterstützen und einen Anreiz für den Verbleib im häuslichen Umfeld zu bieten (vgl. § 3 SGB XI). Pflegerische Hilfen sind im Rahmen des staatlich-solidarischen Sicherungssystems demnach nur zum Teil garantiert und müssen privat ergänzt werden. Die gesundheitspolitische Intention in der Limitierung öffentlicher Mittel liegt ausdrücklich auf der Schaffung eines „nachfrageorientierten Pflegemarkts", in dem Leistungsanbieter und Nachfrager Fragen zum Preis und Leistungsumfang, der den gesetzlichen Rahmen übersteigt, untereinander regeln sollen (vgl. BMG 2001: 59). Bei der finanziellen Absicherung der Pflegebedürftigkeit kann insofern ohne Weiteres von einer „Abkehr vom Solidarprinzip" (Gerlinger/Röber 2009: 20) gesprochen werden.

„Eine am individuellen Bedarf orientierte Pflege bleibt damit auf Leistungen der Familienangehörigen oder auf Leistungen von nachbarschaftlichen oder anderen Netzwerken angewiesen; sofern es zur professionellen Hilfe keine Alternative gibt, müssen Familieneinkommen bzw. -vermögen zur Kostendeckung mit herangezogen werden." (Gerlinger/Röber 2009: 19)

Welche Dimension die Limitierung der staatlich-solidarischen Pflegefinanzierung im Rahmen der sozialen Pflegeversicherung für ambulante Pflegeleistungen inzwischen angenommen hat, wird bei der Betrachtung der Kostenentwicklung in der ambulanten Pflege, differenziert nach Ausgabenträger, besonders gut sichtbar. (vgl. Tabelle 5).

Tabelle 5: Ausgabenentwicklung in der ambulanten Pflege zwischen 2000 und 2008.

	2000 (in Mrd. €)	*2008 (in Mrd. €)*	*Trend*
Soziale Pflegeversicherung	2,6	3,0	+ 15 %
Gesetzliche Krankenversicherung	1,9	2,6	+ 37 %
Private Haushalte, private Organisationen o.E.	0,9	2,1	+ 133 %
Öffentliche Haushalte	0,2	0,5	+ 150 %
Sonstige Ausgabenträger	0,2	0,3	+ 50 %
Insgesamt	5,8	8,6	+ 48 %

Quelle: Eigene Berechnungen und Darstellung nach dem Statistischen Bundesamt (2002, 2010b).

Diese Zahlen des Statistisches Bundesamtes dokumentieren eindrücklich, dass der Ausgabenanstieg in der ambulanten Pflege zwischen 2000 und 2008 in erster Linie von den privaten Haushalten (+ 133 %) getragen wurde, während die relative Kostenbeteiligung der Pflegeversicherung an den Gesamtausgaben im gleichen Zeitraum deutlich zurückgegangen ist (von 45 % im Jahr 2000 auf 35 % im Jahr 2008). Summa summarum lag die Eigenbeteiligungsquote der privaten Haushalte an den ambulanten Pflegekosten im Jahr 2008 bereits bei 24 %. Berücksichtigt man bei der Einschätzung der privaten Pflegekosten zudem die unentgeltliche Angehörigenpflege, werden die Leistungsgrenzen der Pflegeversicherung im Verhältnis zum eigentlichen Versorgungsbedarf in noch deutlicheren Konturen erkennbar:

> „Der Umfang dieser Pflegearbeit [häusliche Pflegearbeit von pflegenden Angehörigen; Anm. d. Autors] ist so groß, dass die *Schaffung von 3,2 Millionen Erwerbsarbeitsplätzen in Vollzeit möglich wäre*. Der Wert dieser Arbeit kann mit 44 Milliarden Euro angesetzt werden, wenn man ein mittleres Lohnniveau unterstellt." (Backes/Amrhein/Wolfinger 2008: 44; Hervorhebung im Original)

Ist der Pflegebedürftige beziehungsweise das Angehörigensystem nicht in der Lage, die anfallenden Versorgungsleistungen samt ihrer Finanzierung selbst zu erbringen, können subsidiär Leistungen der Sozialhilfe abgerufen werden. Und auch hier wird der gleiche Trend erkennbar. Demnach stiegen die Ausgaben der Sozialhilfeträger für die Hilfe zur Pflege, nach einem anfänglichen Rückgang im Zuge der Einführung der Pflegeversicherung bis 1999, zwischen 2000 und 2008 von 2,88 Mrd. € auf 3,26 Mrd. € um 13,2 % an (vgl. Tabelle 6).

Tabelle 6:   Ausgaben für Leistungen der Hilfe zur Pflege nach SGB XII im Zeitvergleich. Entwicklung zwischen 2003 und 2008.

	Hilfe zur Pflege nach SGB XII – Bruttoausgaben				
Jahr	*2000*	*2002*	*2004*	*2006*	*2008*
Milliarden €	2,88	2,94	3,14	3,12	3,26
Trend		+ 2,08 %	+ 6,8	- 0,64 %	+ 4,49 %

Quelle: Eigene Darstellung und Berechnung nach dem Statistischen Bundesamt (1996, 2010e)

Den größten Ausgabenposten bei der Hilfe zur Pflege stellt mit rund 2,5 Mrd. € (ca. 70 %) die stationäre Pflege dar. In den Bereich der häuslichen Pflege fließt mit rund 640 Mio. € ca. jeder fünfte Euro aus dem Finanztopf der Hilfe zur Pflege (vgl.

Statistisches Bundesamt 2009c: 43). Zugleich bleibt festzuhalten, dass der Ausgabenanstieg zwischen 2000 und 2008 vor allem auf den Bereich der Sozialhilfeleistungen für ambulante Pflege zurückgeht (Drähter/Rehbein 2009: 292).

Zusammenfassend betrachtet zeigt die Analyse (a) der Ausgabenentwicklung bei den privaten Haushalten, (b) der wirtschaftlichen Bewertung der Angehörigenpflege sowie (c) des Umfangs der Kostenbeteiligung im Rahmen der Sozialhilfe die objektiven Grenzen der sozialen Pflegeversicherung bei der Absicherung von Pflegebedürftigkeit. Obschon die im Dunkeln liegenden Ausgaben für „illegale" Pflegehilfen aus dieser Berechnung ausgeschlossen geblieben sind, zeichnet sich bereits jetzt ein deutlicher Trend zur Kostenprivatisierung in der Pflege ab. Insofern bleibt die Aufgaben der Sicherstellung und Finanzierung einer bedarfs*gerechten* Pflegeversorgung, trotz der Pflegeversicherung, auch heute eine im hohen Maße privat zu stemmende Angelegenheiten.

Ausgehend davon wirft der Grundsicherungscharakter der Pflegeversicherung beziehungsweise die damit verbundene Kaufkraftabhängigkeit beim Zugang zu pflegerischen Leistungen, die für einen freien Markt charakteristisch ist, viele Fragen auf. Dazu zählen auch diejenigen nach den wirtschaftlichen Konsequenzen für die professionellen Leistungsanbieter, die angesichts der „Teilkasko"-Finanzierungsgarantie durch die Pflegeversicherung im wachsenden Maß auf private Zuzahlungen der Betroffenen angewiesen sind. Zu fragen ist, wie sich dies in der Pflegepraxis bemerkbar macht, in welcher Form kaufkraftabhängige Leistungsangebote also überhaupt angeboten und angenommen werden und welche Bedeutung dem Thema „Geld" in den Pflegearrangements zwischen den Professionellen und den Pflegebedürftigen/den Angehörigen zukommt.

Unzureichende Leistungsdynamisierung

Zum Grundsicherungscharakter der Pflegeversicherung kommt hinzu, dass die Vergütungssätze für Pflegesachleistungen beziehungsweise Pflegegeld zwischen 1995 und 2008 eingefroren waren. Das heißt, dass die 1995 bei Einführung der Pflegeversicherung festgeschriebenen Leistungssätze für die jeweiligen Pflegestufen während eines Zeitraums von über zehn Jahren nicht an die reale Kaufkraftentwicklung in der Bundesrepublik Deutschland angeglichen wurden. Dem so über Jahre fortgeschriebenen Kaufkraftverlust im Rahmen der Leistungen der Pflegeversicherung wurde erst mit dem PfWG 2008 begegnet. Danach wurde zum einen eine stufenweise Leistungsanhebung zwischen 2008 und 2012 vereinbart (vgl. Tabelle 7) und zum anderen Kriterien für eine Leistungsdynamisierung ab 2014 festgeschrieben.

Tabelle 7: Veränderung der Sachleistungsbeträge in der ambulanten Pflege
nach Einführung des PfWGes. Höchstbeträge pro Monat.

	Sachleistungsbeträge in der ambulanten Pflege (Höchstbeträge pro Monat in €)				
Jahr	*1995-2007*	*2008*	*2010*	*2012*	*Anstieg in Prozent*
Pflegestufe I	384	420	440	450	+ 17 %
Pflegestufe II	921	980	1040	1100	+ 19 %
Pflegestufe III	1432	1470	1510	1550	+ 8 %
Pflegestufe III (Härtefälle)	1918	1918	1918	1918	+ 0 %

Quelle: Eigene Darstellung und Berechnung nach BMG (2009)

Mit dem PfWG sollte gerade die häusliche Pflege gestärkt werden, indem in erster
Linie diejenigen Versicherungsleistungen angehoben wurden, die sich auf die ambulante Pflege beziehen (Drähter/Rehbein 2009: 290f). Gerlinger/Röber (2009:
136f) äußern jedoch Skepsis bezüglich der Frage, inwieweit die beschlossene Leistungsanhebung und die angepeilte Leistungsdynamisierung ab 2014 tatsächlich zu
einer Aufwertung der Pflegeversicherungsleistungen führen wird. Die im PfWG
festgeschriebenen Kriterien für die Leistungsdynamisierung ab 2014 seien dafür zu
vage. Zudem wird eine Obergrenze für die Anhebung der Vergütungssätze festge-
legt (nicht höher als die Bruttolohnentwicklung).

„Es ist also durchaus möglich, wenn nicht wahrscheinlich, dass die Dynamisierung
eher unzureichend ausfällt. In jedem Fall werden weder die stufenweise Anhebung
der Leistungsbeträge zwischen 2008 und 2012 noch deren daran anschließende Dynamisierung dazu führen, dass der seit 1995 eingetretene Kaufkraftverfall der Pflegeversicherungsleistungen wieder rückgängig gemacht wird." (ebd.)

Es ist davon auszugehen, dass der kontinuierliche Kaufkraftverlust von hoher
Bedeutung für die Praxis der ambulanten Pflegedienste ist. Angesichts der jährlich ausgebliebenen Leistungsanpassungen liegt dabei die Vermutung nahe, dass
die Pflegedienste vor wachsende Finanzierungsprobleme gestellt sind. Fehlende
Budgeterhöhungen wirken über die Zeit schließlich wie Budgetkürzungen.

Verengter Pflegebedürftigkeitsbegriff
Immer wieder im Mittelpunkt der pflegewissenschaftlichen Diskussion steht darüber hinaus der Pflegebedürftigkeitsbegriff im SGB XI (Hasseler/Görres 2005;

Klie 2001; Simon 2003a,b; Wingenfeld/Büscher/Schaeffer 2007). Anlass für diesen Fokus ist die sozialrechtliche Engführung der Leistungsansprüche im Rahmen der Pflegeversicherung auf primär körperlich-somatische Selbstversorgungsdefizite und Gebrechen. Zudem fallen bei der jetzigen Definition der Pflegebedürftigkeit Personen mit gelegentlichem oder geringfügigem Pflegebedarf beziehungsweise mit einem Pflegebedarf von unter sechs Monaten schlicht durch die Maschen des Sozialversicherungsnetzes. Dies wird den aktuellen und zukünftigen Herausforderungen in der Pflege, insbesondere mit Blick auf die Versorgung von psychisch und dementiell Erkrankten, nicht gerecht (Schaeffer/Wingenfeld 2008). Zur Behebung dieses Defizits müssen weitere Dimensionen des Pflegebedarfs, wie Betreuungs- und Unterstützungsleistungen, kommunikative, psychosoziale, edukative Elemente oder auch versorgungssteuernde und koordinierende Komponenten im Falle von Pflegebedürftigkeit in den Leistungsrahmen der Pflegeversicherung aufgenommen und finanziell berücksichtigt werden (Gansweid/Wingenfeld/Büscher 2010; Klie 2008).

Eine solche Erweiterung der Leistungen der Pflegeversicherung wurde mit dem PfWG angebahnt. Darin erhielten erstmalig auch diejenigen Personen einen, wenn auch nur begrenzten, Anspruch auf Leistungen der Pflegeversicherung, die zwar pflegebedürftig sind, jedoch nicht die erste Pflegestufe erreichen. Dies trifft vor allem auf den Personenkreis dementiell Erkrankter zu. Allerdings greift jene Erweiterung des Leistungsrahmens viel zu kurz. Immer noch ist der Bedarfsbegriff im PflegeVG selektiv auf einige pflegerische und hauswirtschaftliche Aufgaben begrenzt. Dadurch ist er nicht in der Lage, den gesamten Pflegebedarf abzubilden und somit ungeeignet als Grundlage für die Gestaltung und Steuerung der pflegerischen Versorgung (Gerlinger/Röber 2009: 135ff.). Der nur zögerliche Leistungsausbau im Rahmen des PfWG ist insofern auch weiterhin auf den Grundsicherungscharakter der Pflegeversicherung abgestimmt und die Verengung auf somatisch-körperliche Defizite im PflegeVG Ausdruck der Abkehr vom Solidarprinzip, die seitens der Gesundheitspolitik im Bereich der Pflegeversorgung eingeschlagen worden ist.[13]

Vor dem Hintergrund eines nicht bedarfsgerechten Pflegebedürftigkeitsbegriffs liegt die Frage nahe, welche Folgen dieses Defizit für die Arbeit der Professionellen in der ambulanten Pflege bislang hatte und inwiefern die im Leistungsrahmen des PflegeVG nicht abgedeckten Versorgungsdimensionen der Pflegebedürftigkeit seitens der Pflegenden überhaupt berücksichtigt werden können. Hier kommt der Grundsicherungscharakter der Pflegeversicherung ganz konkret zum

---

13   Inzwischen liegt ein überarbeiteter Pflegebedürftigkeitsbegriff vor, deren Umsetzung modellhaft erprobt wird (vgl. Wingenfeld/Büscher/Schaeffer 2007; Berg et al. 2009). Allerdings bleibt die Finanzierungsfrage im Rahmen eines erweiterten Definition der Pflegebedürftigkeit noch völlig offen.

Ausdruck: Der Schwerpunkt in der staatlich-solidarischen Finanzierung liegt demnach vorwiegend auf der Versorgung von körperlich-somatischen Gebrechen; Menschen mit einem umfassenden Betreuungs- und Unterstützungsbedarf sind hingegen immer noch auf private Ressourcen angewiesen. Ob diese Form der Subsidiarität auch in der Praxis funktioniert, inwiefern also ambulante Pflegedienste auch Leistungen jenseits des gesetzlichen Leistungsrahmens anbieten und diese seitens der Pflegebedürftigen privat „gekauft" werden, bleiben noch völlig ungeklärte Fragen.

Erweiterte Steuerungsbefugnisse der Kostenträger

Im Rahmen der häuslichen Pflege verfügen die Kostenträger bei Fragen der Leistungsart und -inanspruchnahme über einen weitaus größeren Einfluss, als dies typischer Weise im Bereich der ambulant-ärztlichen Versorgung oder im Krankenhausbereich möglich ist. Im Falle des MDK, dem unter dem Dach der Pflegekassen die Aufgabe obliegt, bei jedem Antragsteller auf Leistungen der Pflegeversicherung den individuellen Versorgungsbedarf zu ermessen, ist das Risiko einer Interessensverwicklung zwischen den ökonomischen Interessen des Kostenträgers und den Interessen der Pflegebedürftigen strukturell angelegt. Angesichts dieser erweiterten Steuerungsbefugnisse der Pflegekassen ist die Gefahr zumindest gegeben, dass die Begutachtungs- und Bewilligungspraxis unter die Maßgaben einer Sparpolitik gerät, an der Pflegekassen qua ihrer Funktion großes Interesse haben dürften. Dies würde sich dann in einer systematischen Herabstufung bei der Zuweisung von Pflegestufen durch den MDK äußern (Simon 2003a: 37ff).

2.2.2 Leistungsfinanzierung im Rahmen der gesetzlichen Krankenversicherung

Neben der Leistungsfinanzierung durch die Pflegeversicherung liegt ein weiterer Schwerpunkt in der Finanzierung ambulanter Pflegeleistungen auf dem Krankenversicherungsrecht (SGB V), in dessen Rahmen Leistungen der *häuslichen Krankenpflege* geregelt sind.

Ausgabenentwicklung im Bereich ambulante Pflege

Die Ausgaben für Leistungen der häuslichen Krankenpflege sind zwischen 1992 und 2008 deutlich angestiegen. Im Jahre 2008 wurde im Bereich der ambulanten Pflegedienste mit einem Volumen von ca. 2.648 Mrd. € beinahe jeder dritte Euro für Leistungen der häuslichen Krankenpflege ausgegeben (Statistisches Bundesamt 2010c; vgl. auch Abbildung 4). Es sei daran erinnert, dass aus den Mitteln der sozialen Pflegeversicherung rund 3 Mrd. € in die ambulante Pflege (vgl. Kapitel 2.2.1) fließen. Auf die häusliche Krankenpflege entfielen damit rund 1,7 % der Gesamtausgaben der gesetzlichen Krankenversicherung. Die Entwicklung der Ausgaben für Leistungen der häuslichen Krankenpflege zwischen 1992 bis 2008 ist in der Abbildung 4 dargestellt.

Abbildung 2:   Ausgaben im Bereich der gesetzlichen Krankenversicherung für häusliche Krankenpflege. Quelle: Statistisches Bundesamt (2010c)

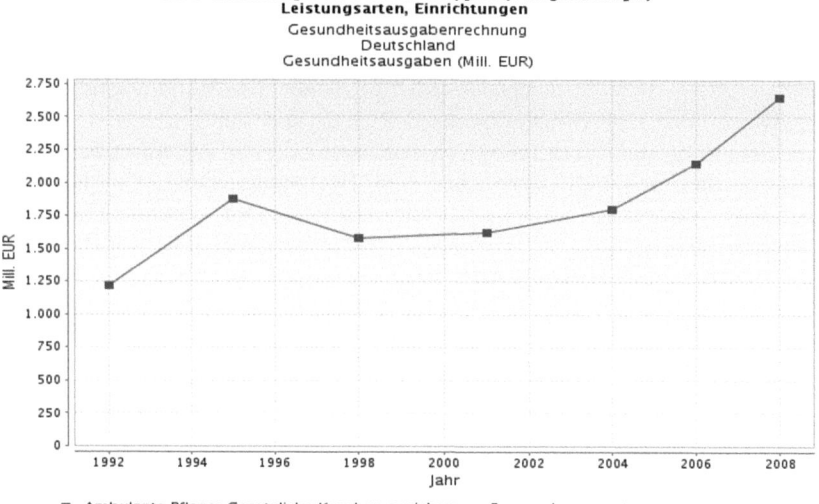

Der Ausgabenanstieg bei häuslicher Krankenpflege zwischen 1992 bis 1995 ist vor allem auf eine Zunahme der Leistungsfälle im Bereich der „Krankenhausvermeidungspflege" zurückzuführen. Dieser Leistungsbereich wurde dazu genutzt, die damals bestehenden Lücken im staatlichen Sozialsicherungsnetz in der Absicherung von Pflegebedürftigkeit zu kompensieren. Erst mit der Einführung der sozialen Pflegeversicherung 1995 wurde diese Praxis der Quersubventionierung von Pflegeleistungen im SGB V beendet, was sich in einem unmittelbaren Ausgabenrückgang niederschlägt. Die Ausgaben für die „Sicherungspflege" sind indes kaum von der Einführung der Pflegeversicherung beeinflusst worden. Im Gegenteil, der kontinuierliche Ausgabenanstieg seit 1998 geht vor allem auf deutliche Leistungszuwächse im Bereich der Behandlungspflege zurück, die weiterhin nur im Rahmen des SGB V als „Sicherungspflege" geregelt ist (RKI 2004: 26ff; Statistisches Bundesamt 2010c).

Leistungsumfang und Finanzierung

Der Leistungsumfang der häuslichen Krankenpflege umfasst Leistungen zur „Krankenhausvermeidungspflege" und Leistungen zur „Sicherungspflege". Unter der „Krankenhausvermeidungspflege" sind Leistungen zur Abkürzung oder Vermeidung von Krankenhausaufenthalten subsumiert. Voraussetzung für eine Kostenerstattung durch die Krankenkassen ist, dass die Leistungen der häuslichen Krankenpflege ärztlich angeordnet und zeitlich auf vier Wochen befristet sind.[14] Das Leistungsspektrum ist dabei aus Teilleistungen der Grund- und Behandlungspflege und der hauswirtschaftlichen Versorgung zusammengesetzt. Die Grundpflege umfasst unter anderem Hilfen zur Ausscheidung, Hilfen bei der Nahrungs- und Flüssigkeitsaufnahme und Hilfen bei der Körperpflege. Die Behandlungspflege umfasst unter anderem Blutzucker- und Blutdruckmessungen, Wundversorgung und Verbandswechsel, Richten und Verabreichen von Medikamenten, Pflege und Versorgung von Zugängen oder das Absaugen der oberen Luftwege und Bedienen/Überwachen von Beatmungsgeräten. Die hauswirtschaftliche Versorgung umfasst unter anderem Einkaufen, Geschirrspülen, Wäschepflege und Reinigen der Wohnung (Beikirch/Korporal 2003: 615ff; Gerlinger/Röber 2009: 47f; Rothgang 2004: 41).

Leistungen zur „Sicherungspflege" werden seitens der Krankenkassen bewilligt, wenn zur essentiellen Absicherung der ambulanten ärztlichen Behandlung eine ambulante pflegerische Versorgung nötig ist. Zumeist handelt es sich dabei ausschließlich um Leistungen der Behandlungspflege. Dies kann zum Beispiel bei Patienten der Fall sein, die aufgrund einer Erkrankung nicht in der Lage sind, die Insulininjektion oder einen Verbandswechsel fachgerecht auszuführen (Beikirch/Korporal 2003: 615ff.).

Erweiterte Steuerungsbefugnisse der Kostenträger

Pflegedienste, die Leistungen der häuslichen Krankenpflege erbringen wollen, schließen lokale Verträge mit den Krankenkassen ab, in denen die Einzelheiten über Versorgungsinhalte, Preise und Abrechnungsmodalitäten geregelt sind. Allerdings stehen Leistungen der häuslichen Krankenpflege grundsätzlich unter einem Genehmigungsvorbehalt der Krankenkassen. Das heißt, dass die Kostenträger jede ärztliche Verordnung überprüfen und gegebenenfalls ablehnen können. Der Ermessensspielraum sollte sich dabei vor allem auf die Frage beziehen, inwiefern die jeweils verordneten Leistungen nicht auch durch einen Angehöri-

---

14   Eine Verlängerung kann im Falle einer positiven Begutachtung durch den MDK gewährt werden.

gen des Pflegebedürftigen, anstelle durch einen ambulanten Pflegedienst, erbracht werden könnten (ebd.).

Zu der Praxis des Genehmigungsvorbehalts der Krankenkassen im Besonderen sowie dem gesamten Bereich der Leistungserbringung im Bereich der häuslichen Krankenpflege im Allgemeinen fehlen bislang jedoch valide Daten. Eine wissenschaftliche Analyse der Finanzierungsbedingungen und ihrer Folgen im Bereich SGB V erscheint allerdings um so dringlicher, bezieht man die spezifische Interessenslage der Kostenträger in die Überlegungen mit hinein. So haben Krankenkassen als Kostenträger seit Jahren schon mit immensen Ausgabensteigerungen zu kämpfen und müssen daher große Anstrengungen unternehmen, die Kosten in den jeweiligen Leistungsbereichen zu begrenzen (Gerlinger 2004; Rosenbrock 2002b). Es dürfte insofern nahe liegen, dass auch der Bereich der häuslichen Krankenpflege in den Sog kassengeleiteter Sparprogramme geraten könnte. Zumindest sind mit dem Instrument des Genehmigungsvorbehalts den Kassen erhebliche Spielräume bei der Erschließung von Kostensenkungsreserven im Bereich der häuslichen Pflege an die Hand gegeben.

„Der Leistungs- und Finanzierungsbereich der häuslichen Krankenpflege ist in den letzten Jahren gesundheits- und sozialpolitisch deutlich unter Druck gekommen. Dies äußert sich darin, dass pauschale Leistungsabgeltungen nach den Teilleistungen der häuslichen Krankenpflege erschwert werden, die Kriterien für die Erbringung von Behandlungspflege enger gesetzt werden und bei der Sicherungspflege die Behandlungspflege gegenüber den satzungsgebundenen Leistungen bevorzugt wird. Leider lässt sich diese Entwicklung zahlenmäßig aufgrund der Leistungsstatistiken nicht belegen." (Beikirch/Korporal 2003: 627)

Angesichts des Fehlens von zentralen statistischen Daten zur Ausgabenentwicklung in den einzelnen Leistungsbereichen der häuslichen Krankenpflege liegt es insofern nahe, in Bezug auf die Praxis der Leistungsgewährung im Bereich SGB V von einem eigenständigen Forschungsdesiderat zu sprechen. Einzelne Krankenkassen können, als „konkurrierende, rational handelnde Wirtschaftssubjekte" (Deppe 2005: 77), ärztlich-pflegerische Entscheidungen über Leistungsart, -umfang oder -zeitpunkt der pflegerischen Intervention also durchaus übergehen und sich statt dessen an den eigenen wirtschaftlichen Interessen orientieren. Beispielsweise könnten Leistungen der Behandlungspflege systematisch in Leistungen der Grundpflege umetikettiert werden, um die Kosten für die Behandlung auf die Pflegekassen abzuwälzen (Igl/Welti 1995). Ob und inwiefern in der pflegerischen Versorgungspraxis Fragen bezüglich des Leistungszugangs, der Leistungsart und des -umfangs tatsächlich mit ökonomischen Interessen verwoben sind, bleibt allerdings eine völlig offene Frage.

2.3 Versorgungsforschung im Spiegel einer ökonomisch induzierten Transformation im (ambulanten) Versorgungssektor

Die ökonomischen Rahmenbedingungen der häuslichen Pflege unterscheiden sich in einem wichtigen Punkt sehr deutlich von den Finanzierungsprinzipien, die für das deutsche Gesundheitswesen lange Zeit prägend waren. Anders als im Krankenhaus oder in der ambulant-ärztlichen Versorgung hat der gesetzlich Versicherte im Falle der Pflegebedürftigkeit im Regelfall nämlich keinen Anspruch auf eine bedarfsdeckende Versorgung (Gerlinger/Röber 2009; Rothgang 2006; Simon 2003a,b). Die Pflegeversicherung deckt im Versorgungsfall vielmehr nur einen Teil der anfallenden Kosten, fordert den Betroffenen eine private Beteiligung an der Pflege ab und überlässt damit die Finanzierung einer bedarfs*deckenden* Pflege dem freien Markt. Allein im Jahr 2003 lag der Anteil der Ausgaben der Pflegeversicherung an den gesamten Pflegekosten bei lediglich etwa 60 %. Der auf Seiten der ambulanten Pflegedienste, wie auch auf Seiten der (teil-)stationären Pflegeanbieter, lastende Kostendruck wird zudem durch weitere Entwicklungen und Merkmale der gesetzlichen Finanzierungsbedingungen erhöht. Angesprochen sind hiermit die ausgebliebene Leistungsdynamisierung der Pflegeversicherung, der verengte Pflegebedürftigkeitsbegriff im PflegeVG und die erweiterten Steuerungsbefugnisse der Kostenträger, die es den Pflege- und Krankenkassen ermöglichen, direkten Einfluss auf den Versorgungsalltag zu nehmen (vgl. Beikirch/Korporal 2003: 627; Gerlinger/Röber 2009: 136f; Simon 2003a: 37ff.)

Obschon sich die ökonomischen Bedingungen in der ambulanten Pflege augenscheinlich deutlich von den typischen Leistungsprinzipien in der gesetzlichen Krankenversicherung unterscheiden, kommt gerade dem Grundsicherungscharakter der Pflegeversicherung zugleich eine „Vorreiterfunktion für den übergreifenden Um- und Abbau der sozialen Sicherung" (Gerlinger/Röber 2009: 123) zu. Ihre Einführung im Jahr 1995 scheint bereits das Produkt einer veränderten gesundheitspolitischen Agenda zu sein, die zur Steuerung des Gesundheitswesens insgesamt immer öfter auf marktwirtschaftliche Instrumente zurückgreift, das Sachleistungsprinzip der gesetzlichen Krankenversicherung durch die Einführung diverser privater Kostenbeteiligungsvarianten aushöhlt und einen Rückzug des Staats aus dem Feld der gesundheitlichen Versorgung vorantreibt (Bauer 2007; Kühn 2004; Rosenbrock/Gerlinger 2006). Trends wie der wachsende Kostendruck auf Seiten der Leistungsanbieter oder die zunehmende Kostenprivatisierung auf Seiten der Versicherten und Patienten sind damit keineswegs allein auf den Leistungsbereich der Pflegeversicherung begrenzt, sondern prägen inzwischen den gesamten „Gesundheitsmarkt".

Angesichts des voranschreitenden marktwirtschaftlichen Umbaus des Gesundheitswesens seit nun mehr als 20 Jahren dürfte es überraschen, dass empirische Forschungsprojekte hinsichtlich der Folgen einer Marktsteuerung immer noch sehr selten sind. Bis heute ist deshalb unklar, welcher Systematik der Transformationsprozess im Zuge der als Ökonomisierung bezeichneten Entwicklung im deutschen Gesundheitswesen folgt und mit welchen Auswirkungen dieser Prozess auf die Versorgungsqualität einhergeht. Allein für den Bereich der Krankenhausversorgung zeigen erste Befunde exemplarisch, mit welchen gravierenden Folgen eine zunehmend von ökonomischen Aspekten abhängige Versorgungspraxis sowohl auf der Ebene des Handelns und Entscheidens des Gesundheitspersonals wie auch für die Patienten einhergehen kann (vgl. Kapitel 2.3.1). Der Bereich der häuslichen Pflege ist von diesen Forschungsbemühungen indes weitestgehend unberührt. Ziel des darauf folgenden Kapitels wird es deshalb sein, auf die wenigen vorliegenden Befunde der pflegewissenschaftlich orientierten Versorgungsforschung, die das Thema „ökonomische Strukturen und ambulante Pflegeversorgung" im Bereich der ambulanten Pflege berühren, genauer einzugehen und hierbei den Forschungsbedarf zu skizzieren (Kapitel 2.3.2).

2.3.1 Ökonomisierung und die Auswirkungen auf das Versorgungsgeschehen – erste systematische Forschungsbefunde

Obgleich die Bedeutung einer zunehmenden Ökonomisierung des Gesundheitswesens inzwischen in zahlreichen gesundheitswissenschaftlichen Publikationen unterstrichen wurde (ex. Bauer 2007; Böckmann 2009; Deppe 1999; Eiff/Schüring/ Niehues 2011; Elsner/Gerlinger/Stegmüller 2004; Heubel/Kettner/Manzeschke 2010; Krampe 2003; Kühn 2004; Manzei 2011; Mosebach 2003; Sünderkamp 2011), haben empirisch orientierte Analysen immer noch Seltenheitswert. Damit ist zur Zeit noch unbekannt, mit welchen Folgen die sektorübergreifende Einführung des Wettbewerbsprinzips, die Kostenprivatisierung auf Seiten der Versicherten und Patienten sowie die Privatisierungstendenzen in Form einer verbreiteten Übertragung von Steuerungs- und Kontrollfunktionen von der öffentlichen Hand an private Träger einhergehen und eine soziale Polarisierung verursachen (Bauer/Bittlingmayer/Richter 2008; Bauer/Büscher 2008;). Eine Ausnahme hiervon stellt das Themenfeld „Krankenhaus" dar, das vor dem Hintergrund der jüngsten Krankenhausfinanzierungsreformen den Anlass für gleich eine Reihe von empirischen Forschungsprojekten gegeben hat (Braun et al. 2009; Braun/Müller 2003, 2006; Buhr/Klinke 2006a, b; Hausner et al. 2005; Kühn/Simon 2001; Laaser et al. 2000; Marrs 2008; Simon 2001; Slotala/Bauer/Lottmann 2008). Mit Hilfe dieser Forschungsbefunde wurde es möglich gemacht, den ökonomischen Umbau der Krankenhauslandschaft auszuleuchten und dabei erste Antworten darauf zu geben, wie sich ein steigender Kostendruck, der von veränderten gesetzlichen Finanzierungsbedingungen ausgeht, auf der Ebene der Versorgungsorganisation und im konkreten Versorgungshandeln der Gesundheitsberufe im Krankenhaus manifestieren.

Krankenhäuser wandeln sich hiernach zunehmend zu Betrieben, die nach betriebswirtschaftlichen Maßstäben bewertet und geleitet werden. Die Umbrüche finden dabei vor allem in der Personalstruktur, der Organisation und im Bereich des Versorgungshandelns statt. Unter Kostengesichtspunkten haben sich beispielsweise mehr oder weniger alle Krankenhäuser um eine Senkung der Patientenverweildauer sowie um einen gleichzeitigen Anstieg der Patientenfallzahlen bemüht, in deren Folge vielfältige Leistungsprozesse im Krankenhaus modifiziert wurden (Braun/Müller 2003, 2006; Laaser et al. 2000). Daneben ist es zu einem massiven Abbau beim Pflegepersonal gekommen (Simon 2009), der einen chronischen Zeitmangel und schlechte Arbeitsbedingungen im pflegerischen Bereich nach sich zieht (Simon 2001; Marrs 2008; Slotala/Bauer/Lottmann 2008). In vielen Fällen konstatieren die Public-Health-Wissenschaftler als Ergebnis der Rationalisierungsprozesse in den Krankenhäusern ein Auseinanderdriften zwischen den Patienteninteressen und den neuen betriebswirtschaftlichen Interessen der Kliniken. Das Gesundheitspersonal ist demnach sukzessive unter Druck geraten, Versorgungsentscheidungen den ökonomischen Interessen unterzuordnen. Davon betroffen sind insbesondere Entscheidungen bezüglich der Patientenaufnahmen, des Behandlungszeitpunkts sowie der Art und Dauer der medizinischen Intervention (Braun et al. 2009; Buhr/Klinke 2006a, b; Kühn/Simon 2001). Dazu zählen:

- „die Verweigerung oder Verschiebung von Behandlungen aus wirtschaftlichen Gründen, beispielsweise wenn das Budget ‚erschöpft' oder absehbar ist, dass die Behandlungskosten für einen Patienten sehr hoch sein werden;
- die Verweigerung der Übernahme oder die Abschiebung von Notfallpatienten, wenn durch ihre Versorgung der Budgeterfolg des aufnehmenden Krankenhauses gefährdet erscheint
- die Einbestellung von Patienten nicht nach medizinischer Notwendigkeit, sondern nach Art der zu erzielenden Vergütung, beispielsweise wenn zeitweilig nur Fallpauschalen einer bestimmten Sorte einbestellt werden, um die durch die Budgetvereinbarung vorgegebene Menge zu erreichen;
- die kurzfristige Entlassung und Wiederaufnahme von Patienten zum Zweck der Aufspaltung einer Krankenhausbehandlung in mehrere Episoden, wenn dadurch höhere Vergütungen erzielt werden können;
- die Durchführung medizinisch nicht notwendiger Operationen, wenn dadurch höhere oder zusätzliche Vergütungen zu erzielen sind und es mit einer plausiblen medizinischen Indikationsstellung begründet werden kann;
- der Einsatz suboptimaler Verfahren und Materialien, wenn dadurch Kostenunterdeckungen vermieden oder Überschüsse erzielt werden können;
- die medizinisch nicht notwendige Verlegung auf eine Intensivstation, weil dadurch höhere Pflegesatzeinnahmen zu erreichen sind;

- die Verlängerung der Verweildauer aus wirtschaftlichen Gründen, beispielsweise wenn Abteilungspflegesatzpatienten zur Kompensation von Verweildauerrückgängen im Fallpauschalenbereich länger liegen gelassen werden;
- die Weiterverlegung von Patienten in andere Krankenhäuser, wenn absehbar ist, dass ihre Versorgung sehr hohe Kosten verursachen wird;
- die vorzeitige Entlassung von Patienten, um Behandlungskosten zu sparen;
- die Verlegung von Fallpauschalenpatienten in noch nicht rehabilitationsfähigem Zustand in eine Rehabilitationseinrichtung, um Behandlungskosten auszulagern und Überschüsse zu erzielen." (Kühn/Simon 2001: 130f)

Inwiefern die Überformung durch ökonomische Kalküle und die daraus resultierende systematische Rationierungspraxis in der Krankenversorgung allein eine Folge der rigiden Finanzierungsinstrumente ist, stellen die Public-Health-Wissenschaftler jedoch deutlich in Frage (vgl. Braun et al. 2009). Mitentscheidend ist ebenso die operative Ebene der Krankenhäuser, also die Managementkonzeptionen und Werthaltungen der Führungskräfte sowie die betrieblichen Rationalisierungsprogramme. Ein zentraler Mechanismus des innerbetrieblichen Wandels besteht zudem in einem Klima der permanenten Angst um den eigenen Arbeitsplatz im Krankenhaus (ex. Kühn/Simon 2001: 133ff; Simon 2001: 3ff).

Manzeschke (2006) ging in einer qualitativen Studie der Frage nach, welche Veränderungen speziell mit der Einführung der DRG im Krankenhaussektor auf der Ebene des beruflichen Handelns von Ärzten und Pflegenden verbunden sind.[15] Hiernach ist festzustellen, dass es zu vielfältigen Veränderungen in der Krankenhausarbeit von Ärzten und Pflegekräften gekommen ist. Dazu gehören eine inzwischen stark an einer ökonomischen Rationalität orientierte Kommunikationspraxis zwischen dem Gesundheitspersonal und der Verwaltung, wie auch die Tendenz zu Entscheidungen in Bezug auf Patienten, die an Rentabilitätskriterien der Klinik angepasst sind, so beispielsweise die den neuen ökonomischen Erfordernissen untergeordnete Bettenbelegungspraxis. Mitunter wurde eine ärztliche Deutungspraxis beim Gesundheitspersonal sichtbar, in der sich bereits deutlich die materiellen Interessen der Klinik widerspiegeln.

Eine Differenzierung in den Befunden nehmen Klinke/Kühne (2006) vor, die im Rahmen einer repräsentativen quantitativen Erhebung die ethischen Probleme einer zunehmend von ökonomischen Aspekten geleiteten ärztlichen Praxis im Krankenhaus herausgearbeitet haben. Demzufolge verläuft die ökonomische Rationalisierung in den Krankenhäusern nicht linear, sondern ist mit zum Teil heftigen Konflikten zwischen medizinischen und betriebswirtschaftlichen As-

---

15 Dazu wurden 79 Personen aus sieben Krankenhäusern zu ihrer Einschätzung der Auswirkungen von DRG auf das berufliche Handeln in den Berufsgruppen Medizin (n=18), Pflege (n=22), Verwaltung/Geschäftsführung (n=23) und Seelsorge/Sozialdienst (n=16) befragt.

pekten behaftet. Ärzte, die sich bei ihren Therapieentscheidungen zunehmend nach ökonomischen und damit fachfremden Gesichtspunkten orientieren sollen, geraten schnell in berufsethische Widersprüche. Einerseits sollen sie allein zum Wohle der Patienten handeln, andererseits sehen sie sich gezwungen, die wirtschaftlichen Interessen der Klinik zu vertreten. Die sich zunehmend in diesem Spannungsfeld befindlichen ärztlichen Deutungsmuster sind oftmals gekennzeichnet von „eine[r] Vielfalt von Kompromissen mit entsprechenden Legitimationsfiguren, ideologischen Beruhigungspflastern und Wahrnehmungsfiltern" (Klinke/Kühn 2006: 15). Mit anderen Worten stellte sich heraus, dass Ärzte und Pflegende sich dieser Transformation ihrer professionellen Rolle sehr wohl bewusst sind und in der Praxis zwischen den verschiedenen Anforderungsprofilen hin und her wechseln.

Zu ähnlich differenzierten Ergebnissen kommt auch Vogt (2004, 2005), der auf der Grundlage eines qualitativen Forschungsdesigns ärztliches Handeln im Krankenhaus im Zuge der DRG-Einführung empirisch untersucht hat. Vogt kommt zu dem Schluss, dass der ökonomische Wandel im Krankenhaus den klassischen Arzt als Professionellen grundlegend verändert. Diese Übergangsphase ist dadurch geprägt, dass der Arzt nicht mehr wie früher für den „ganzen Patienten" zuständig ist. So fehlen im Zuge der ökonomischen Rationalisierung der Krankenhausprozesse zunehmend die Zeit und der Platz im Organisationsablauf, den Patienten überhaupt kennen zu lernen und einen Bezug zu ihm herzustellen. In der Konsequenz kommt es zu einem Verantwortungsverlust des Arztes gegenüber dem Patienten als Person. Demgegenüber gewinnen die ökonomischen Sachzwängen angepassten standardisierten Abläufe und bürokratischen Entscheidungsprozesse an Bedeutung. Vogt weist jedoch ebenso wie Klinke/ Kühn (2006) auf die bewusste Wahrnehmung dieses Transformationsprozesses durch die Ärzte hin, die zwischen dem traditionellen Anforderungsprofil und dem neuen ökonomisch orientierten Handeln schwanken.

Eine etwas andere Perspektive wirft die Mitarbeiterbefragung im Rahmen der Bielefelder Pilotstudie zu Ökonomisierungsfolgen im Krankenhausbereich auf, die sich mit den Folgen des steigenden Kostendrucks speziell für die Berufsgruppe *Pflege* auseinandergesetzt hat (Slotala/Bauer/Lottmann 2008). Die Rekonstruktion von pflegerischen Anpassungsprozessen an die DRG´s führt dabei unmittelbar zu der Einsicht, dass bei der Abschätzung der DRG-Folgen generell *nicht* von einem linear-kausalen Prozess auszugehen ist. Allein der Blick auf die sich völlig entgegenstehenden Entwicklungstrends bei den Personalkapazitäten von Medizin und Pflege deutet darauf hin, dass es jenseits eines allgemeinen Kostendrucks im Krankenhausbereich offenbar große berufsgruppenbezogene Unterschiede bei der konkreten Anpassung an die neuen wirtschaftlichen Bedingungen in der stationären Versorgung zu geben scheint.[16] Generalisierende Aussagen über „die" Folgen im Krankenhausbereich müssen deshalb mit größter Sorgfalt formuliert werden. Aus der Binnenperspektive der Pflege bedeutet dies folglich aber auch, dass die drastischen Verschlechterungen der Arbeitsbedingungen in der Pflege (vgl. auch Braun/Klinke/Müller 2010; Hausner et al. 2005; Marrs 2008) keineswegs hinreichend allein mit Verweis auf wirtschaftlichobjektive „Sachzwänge" erklärt werden können. So hat die qualitative Pflegebefragung im Krankenhaus deutliche Hinweise auch darauf geben können, dass den Pflegeakteuren im Krankenhaus eine systematische Antizipierung, Bewertung und Skandalisierung negativer Folgen des Personalabbaus in der Pflege grundsätzlich nur schwer zu gelingen scheint – obschon die Befragten sowohl in der direkten Pflege tätig, als auch unmittelbar an den entsprechenden Personalstrukturentscheidungen in den Krankenhäusern mitbeteiligt waren. Die Pflegeakteure stehen dabei vor großen Schwierigkeiten, ein eigenständiges Leistungsprofil der Pflege zu definieren und gegenüber wirtschaftlichen Zugriffen durchzusetzen. Damit gleicht die Anpassung der Krankenhäuser an die sich ändernden ökonomischen Strukturbedingungen (jenseits eines ökonomisch-rationalen Handlungsmodells) einem komplexen sozialen Transformationsprozess, bei dem die konkreten Krankenhausakteure und Berufsgruppen, ausgestattet mit unterschiedlich großen Macht- und Gestaltungsspielräumen, miteinander über Gestalt und Grenzen der wirtschaftlichen Transformation verhandeln müssen. In diesem Aushandlungsprozess scheint das Durchsetzungspotential der ärztlichen Leistungslogik offenbar deutlich höher, während die pflegerische Rationalität nur sehr schwer artikulierbar scheint und deshalb deutlich ins Hintertreffen geraten ist.

Zusammenfassend betrachtet lässt sich festhalten, dass mit den aktuellen ökonomischen Veränderungen im Krankenhausbereich die Bedeutung der ökonomischen Rationalität im Kontext des therapeutischen Handelns neu verhandelt wird. Die Ergebnisse der bisherigen empirischen Studien deuten darauf hin, dass die Ökonomisierung einen mehr oder weniger manifesten Zielkonflikt zwischen ökonomischen und ärztlich-pflegerischen Zielen zur Folge hat. Einerseits sollen Ärzte und Pflegende eine möglichst hochwertige Versorgung gewährleisten, andererseits drängt sich der Strukturwandel in Form einer ökonomisch motivierten Rationalisierung auf, in deren Folge Patientenentscheidungen zunehmend mit wirtschaftlichen Interessen der Kliniken verwoben scheinen.

Offenbar sind die Vertreter der im Krankenhaus tätigen Gesundheitsberufsgruppen vor eine gewichtige und zugleich komplexe Anforderung gestellt, wenn die internen Versorgungsstandards an die neuen ökonomischen Bedingungen an-

---

16 Während beim Pflegepersonal zwischen 1994 und 2005 ein Personalabbau um zwölf Prozent statt gefunden hat, ist im gleichen Zeitraum beim ärztlichen Personal ein Zuwachs von 30 % zu verzeichnen (vgl. Statistisches Bundesamt 2006b, 2007)

gepasst werden müssen und dabei zwischen neuen ökonomischen Sachzwängen und professionellen Anforderungen, die sich am Versorgungsbedarf orientieren, entschieden werden soll. Wie genau die Pflege diese Anforderungen bewältigt, wie sich ökonomische Kalküle in der Pflege überhaupt darstellen, bleibt aufgrund der unzureichenden Studienlage bislang jedoch weitestgehend ungeklärt.

2.3.2 Ambulante Pflegedienste unter Marktdruck – ein Forschungsdesiderat

Verglichen mit der Forschungslage im Krankenhausbereich ist die Bandbreite der pflege- und gesundheitswissenschaftlichen Forschungsbefunde, die sich dem Gegenstand „ökonomische Strukturen und häusliche Pflegeversorgung" gewidmet haben, noch weitaus überschaubarer. Bei den vorliegenden Analysen handelt es sich zumeist um empirische Untersuchungen mit einem qualitativen Design, die das Thema „ökonomische Strukturen und ambulante Pflege" in der Regel nur als Teilthema integrieren. Die dabei eingenommenen Perspektiven sind angesichts der verschiedenen Forschungsschwerpunkte unterschiedlich. Sie reichen von ersten Folgenanalysen in den Bereichen Versorgungsorganisation und Leistungsangebote der ambulanten Pflegedienste (Boes 2003; Dobke/Köhlen/Beier 2001; Ewers/ Schaeffer 1999; Geller/Gabriel 2004; Isfort et al. 2004; Ludwig 2002), Arbeitsbelastungsanalysen (Büssing/Glaser/Höge 2005; DAK-BGW 2006; Gregersen 2004), Einschätzung der Effekte im Bereich der informellen Pflege- und Unterstützungspotentiale (Blinkert/Klie 2008; Brömme 1999; Evers 1997; Klie 1998; Schneekloth 2006), bis hin zu Interventions- und Evaluationsstudien hinsichtlich alternativer Finanzierungsmodelle (Arntz/Spermann 2004; Büscher et al. 2005; Büscher et al. 2007; Klie/Spermann 2004; Michaelis/Arntz/Spermann 2005).

Folgenanalysen in den Bereichen Versorgungsorganisation und Leistungsangebote

Zu den wenigen vorliegenden empirischen Befunden zum Thema „Folgen der ökonomischen Strukturen für ambulante Pflegedienste" zählen die Ergebnisse der wissenschaftlichen Begleitforschung zur Einführung der Pflegeversicherung zwischen 1995 und 1998, die vom Wissenschaftszentrum Berlin für Sozialforschung und dem Institut für Pflegewissenschaft an der Universität Bielefeld durchgeführt wurde.[17] Das Untersuchungsinteresse der Forschungsgruppe lag auf der Rekonstruktion von im Zuge der Einführung der Pflegeversicherung ablau-

---

17   Im Rahmen eines qualitativen Studiendesigns wurden darin leitende und verbandspolitische Akteure aus der ambulanten Pflege befragt (N=24).

fenden Umbruchprozessen auf der Ebene von ambulanten Pflegediensten – insbesondere mit Blick auf die Pflege von Schwerkranken und Sterbenden.

> „Als Ergebnis ist zu konstatieren, daß ambulante Pflegedienste sich seit Einführung der Pflegeversicherung verstärkt finanziellen, betrieblichen und personellen Turbulenzen ausgesetzt sehen, denen sie zum Zeitpunkt der Erhebung nur bedingt mit adäquaten Bewältigungsstrategien begegnen konnten. Angesichts dessen tendieren sie im Alltag dazu, sich stärker auf ihre (betriebswirtschaftliche) Überlebensfähigkeit als auf ihre Innovations- und Zukunftsfähigkeit und damit die Anpassung an die sich der ambulanten Pflege stellenden Herausforderungen zu konzentrieren. Für die Pflege und Versorgung schwer- und schwerstkranker Patienten – insbesondere der hier in den Blick genommenen Menschen mit Aids – ist dies folgenreich." (Ewers/ Schaeffer 1999: 1)

Die Befunde machen sichtbar, dass die ökonomischen Bedingungen der Pflegeversicherung einen sehr starken Einfluss auf das Leistungsspektrum der Pflegedienste haben. So hat sich im Zuge ihrer Einführung 1995 der Schwerpunkt der Angebote der Pflegedienste auf diejenigen Leistungen verlagert, die im Rahmen der Pflegeversicherung tatsächlich refinanziert werden. Die Studienergebnisse machen damit auch auf die Folgen des verengten Pflegebedürftigkeitsbegriffs im PflegeVG aufmerksam. Pflegedienste, die ihr Leistungsangebot sehr stark am gesetzlichen Leistungskatalog anpassen, werden einem differenzierten Unterstützungs- und Betreuungsbedarf auf Seiten der Pflegebedürftigen nicht mehr gerecht. Dies hat gerade bei der Zielgruppe der Schwerstkranken den Effekt einer systematischen Unterversorgung (ebd. 48ff).

Darüber hinaus hat sich die finanzielle Ausstattung auch innerhalb des Rahmens des Leistungskatalogs der Pflegeversicherung als unzureichend erwiesen. Die finanziellen Spielräume in den Sachleistungsbudgets der Pflegeversicherung sind zu eng und lassen sich mit dem ständig steigenden Pflegebedarf in der Praxis oftmals nicht in Einklang bringen. Die qualitativen Studienergebnisse zeigen in diesem Zusammenhang, dass die hier angesprochene Unterfinanzierung von Pflegeleistungen nicht nur zu Frustrationen unter den Pflegenden führt, sondern sich zugleich nachhaltig auf das Leistungsverständnis der Akteure in Pflegediensten auswirken könnte:

> „Der Suche nach Lösungen für die Ressourcenallokation und Anpassung an die veränderten, zumeist restriktiveren Finanzierungs- und Arbeitsbedingungen opfern die Pflegedienste einen Großteil ihrer Energie, Kreativität und personellen Kapazitäten. Zwar ist es aufgrund der Variationsbreite an Einrichtungen kaum möglich, ein einheitliches Reaktionsmuster auf die neuen Finanzierungsmodalitäten auszumachen. Dennoch läßt sich auf der Basis des im Kontext dieser Untersuchung erhobenen Datenmaterials ein deutlicher Trend erkennen, der auf eine Um- oder Neudefinition der

Beziehung zwischen Pflegediensten und ihren Patienten hinausläuft. Die Pflegedienste lösen sich dabei schrittweise aus ihrer traditionellen Verankerung im Bereich
der Wohlfahrt und Fürsorge und geben zugleich ihre kustodiale und auf dem Ideal
der Vollversorgung basierende Rolle gegenüber den Patienten auf („Der Patient erhält, was er braucht"). Spätestens seit Einführung der Pflegeversicherung ist die ambulante Pflege aus der Perspektive der von uns befragten Pflegedienste zu einem ö-
konomischen Faktor, zu „einem Geschäft" geworden. Sie sehen sich gezwungen,
ihren „Kunden" künftig Dienstleistungen zu verkaufen und zu diesem Zweck in ein
auf der Idee der Grundsicherung basierendes und durch das vorhandene Budget de-
finiertes Vertragsverhältnis einzutreten („Der Patient erhält, was er bezahlen
kann")." (ebd.: 16)

Korrespondierend dazu verhalten sich die Untersuchungsergebnisse von Geller/
Gabriel (2004), die ebenfalls im Rahmen eines qualitativen Studiendesigns der
Frage nach den Folgen der wirtschaftlichen Rahmenbedingungen in der ambulanten Pflege für die Organisation und Versorgungsqualität der Pflegedienste nachge-
gangen sind.[18] Pflegende in ambulanten Pflegediensten sind demnach zusehends
unter Druck geraten, Kosten einzusparen und die Pflegeleistungen einer „wettbewerblichen, kapitalistischen Produktionsweise" (ebd.: 295) anzugleichen. Die seit
der Einführung der Pflegeversicherung ausgebliebene Leistungsdynamisierung hat
den ökonomischen Druck auf die Pflegedienste zudem weiter erhöht. Infolge dessen sind Pflegezeiten massiv gekürzt, das Leistungsspektrum auf primär körperlichen Gebrechen eingeschränkt und die Arbeitsabläufe in den ambulanten Pflegediensten zunehmend taylorisiert worden. Die Autoren sehen dadurch die Gefahr
einer Unterversorgung gerade bei Patientengruppen mit einem komplexen Versorgungsbedarf gegeben, so bei dementiell Erkrankten (ebd.: 293). Zum anderen werde dadurch die Professionalität der Pflegenden untergraben:

„Wie die Anzeichen von Überlastung der Pflegekräfte und die verstärkten Strategien
zur Reduktion der Personalkosten seitens der Pflegeorganisationen verdeutlichen, ist
künftig eher mit einer Schwächung als mit einer Stärkung der professionellen Steuerung in der ambulanten Pflege zu rechnen. Wenn der Wettbewerb vornehmlich auf
dem Feld der Personalkosten ausgetragen wird, muss dies für die professionelle
Steuerung der Pflege negative Folgen haben, die sich unter den gegebenen Bedingungen effizienz- und produktivitätsmindernd auf die Dienstleistungsproduktion der
ambulanten Pflege auswirken müssen." (ebd.: 301)

---

18   Es wurden insgesamt 20 Pflegedienste in die Untersuchung einbezogen und daraus drei Befra-
     gungsgruppen gebildet: (1) Leitungsakteure der Pflegedienste (2) Pflegende in der direkten
     Versorgung und (3) Pflegebedürftige beziehungsweise ihre Angehörige. Leider enthält die
     Publikation keinerlei Hinweise auf die Anzahl der geführten Interviews.

Zum Ergebnis einer stark gestiegenen Relevanz betriebsökonomischer Anforderungen, die von den Pflegenden in ambulanten Pflegediensten bewältigt werden müssen, kamen auch Isfoert et al. (2004), die im Rahmen einer repräsentativen Befragung mehr als 600 Pflegedienste in Deutschland untersucht haben.

„Sage und schreibe 86% der Pflegedienste sehen sich in absehbarer Zeit in ihrer unternehmerischen Existenz gefährdet. ... Vor allem die unzureichende Finanzierung der gesetzlich beschriebenen Leistungen, die Einschränkung auf bestimmte Versorgungsaufgaben, die zunehmende Bürokratisierung und die komplizierte Verordnungspraxis sind hier als Hauptgründe auszumachen. Diese insgesamt einschnürenden und belastenden Rahmenbedingungen müssen vor dem Hintergrund von zunehmend komplexen Pflegesituationen und steigenden Zahlen von gerontopsychiatrisch erkrankten Pflegebedürftigen gesehen werden." (Isfort et al. 2004: 10)

Gerade die Zahlen aus der Selbsteinschätzung der befragten Leitungsakteure in ambulanten Pflegediensten hinsichtlich der wirtschaftlichen Situation lassen deutlich erkennen, welche Bedeutung den herrschenden ökonomischen Rahmenbedingungen in der ambulanten Pflege beigemessen werden muss. Wenn beinahe neun von zehn Befragten die betriebliche Existenz aufgrund des Kostendrucks als bedroht einstufen, so muss dies zwar noch kein Indiz für eine nahende „Pleitewelle" der Pflegedienste darstellen – schließlich befindet sich der ambulante Pflegemarkt immer noch im Wachstum. In den Selbstauskünften dokumentiert sich jedoch das enorme Ausmaß des ökonomisches Drucks, dem sich die Pflegenden in ihrem Berufsalltag ausgesetzt sehen.

Als Hauptursachen für den Kostendruck werden zum einen wiederholt die Finanzierungsbedingungen der Pflegeversicherung und zum anderen die Genehmigungspraxis der Krankenkassen im Rahmen der häuslichen Krankenpflege genannt. Ähnlich den vorangegangenen Studienergebnissen gilt die Hauptkritik der Pflegeversicherung mit ihrem verengten Leistungskatalog, der dem komplexen Versorgungsbedarf nicht gerecht wird, sowie der ausgebliebenen Leistungsdynamisierung, welche die Anbieter im Laufe der Jahre vor zusätzliche Einnahmeausfälle gestellt hat. Die Finanzierungsbedingungen im Rahmen des SGB V werden deshalb als problembehaftet eingestuft, weil sich die Pflegenden einer zusehends zögerlichen Genehmigungspraxis der Krankenkassen gegenüber sehen. Ärztlich verordnete Leistungen der Behandlungspflege werden oftmals entweder gekürzt oder gar nicht erst anerkannt. Infolge dieser restriktiven wirtschaftlichen Bedingungen, so das Resümee der Autoren, sei die Sicherstellung einer angemessenen Versorgung der Patienten langfristig gefährdet (ebd.: 10).

Die enorm hohe Praxisrelevanz des Themas wirtschaftliche Bedingungen für die Versorgung durch ambulante Pflegedienste wird auch in weiteren pflegewissenschaftlichen Untersuchungen bestätigt (Boes 2003; Dobke/Köhlen/Beier 2001; Ludwig 2002). Zwar handelt es sich dabei um qualitative Studien mit einer relativ kleinen Fallzahl, dennoch können diese Befunde – gerade auch angesichts der wenigen Forschungsergebnisse – einen jeweils wichtigen Diskussionsbeitrag beisteuern, indem sie auf ausgewählte Versorgungslücken hinweisen, die sich infolge der restriktiven Finanzierungssituation nach SGB V und SGB XI im Bereich der ambulanten Pflege ergeben. Boes (2003) konnte zeigen, dass die somatische Fixierung im SGB V und SGB XI dem Versorgungsbedarf in der häuslichen Pflege nicht gerecht wird und die Pflegenden deshalb oftmals unbezahlte Leistungen erbringen müssen, wollen sie das Niveau einer bedarfsdeckenden Pflege aufrecht erhalten. Ludwig (2002) arbeitete für die Gruppe der alleinlebenden Pflegebedürftigen heraus, wie schnell der subsidiäre Charakter der Pflegeversicherung, der eine substantielle Beteiligung der Pflegebedürftigen beziehungsweise ihrer Angehörigen und Freunden einfordert, diese Zielgruppen an ihre Leistungsgrenzen stoßen lässt und somit die Gefahr einer strukturellen Unterversorgung zu Folge haben kann. Dobke/Köhlen/Beier (2001) haben wiederum die Situation im Bereich der häuslichen Kinderkrankenpflege untersucht und kommen zu dem Ergebnis, dass eine adäquate Finanzierung der ambulanten Pflege bei pflegebedürftigen Kindern, die zumeist im Rahmen des SGB V geregelt wird, nicht gewährleistet ist und die Pflegedienste infolge dessen auf Spenden etc. angewiesen sind, um die Versorgung dieser Zielgruppen überhaupt wirtschaftlich aufrecht erhalten zu können.

Ergänzende Befunde: Arbeitsbelastung, Situation der Pflegebedürftigen und alternative Finanzierungsmodelle

Eine problematisierende Sichtweise auf die herrschenden Finanzierungsbedingungen in der ambulanten Pflege, die für die eben vorgestellten Untersuchungsergebnisse charakteristisch ist, wird zudem auch in thematisch „benachbarten" Forschungszweigen der Pflege- und Gesundheitswissenschaften aufgeworfen. Erste umfassende *Arbeitsbelastungsanalysen bei Pflegenden* im ambulanten Pflegebereich bestätigen beispielsweise eine Zunahme der körperlichen und psychischen Belastung infolge sich verändernder organisatorischer Anforderungen wie Zeitdruck oder steigende Arbeitsintensität (vgl. Büssing/Glaser/Höge 2005; Gregersen 2004; Gregersen/Ohlsen/Sattel 2002). Im „DAK-BGW Gesundheitsreport ambulante Pflege" (2006) gaben bereits ungefähr zwei von drei der befragten Pflegenden an, „oft" oder „sehr oft" unter Zeitdruck zu stehen.

> „Die drei häufigsten Belastungen stellen Zeitdruck, fehlende Pausen und Leistungsdruck dar: 66,8 % der Befragten stehen oft oder sehr oft unter Zeitdruck, 54,3 % können häufig ihre Pausen nicht einhalten, und 42 % haben oft den Eindruck, unter Leistungsdruck zu stehen." (ebd.: 41)

Die Autoren der Studie lassen hierbei keinen Zweifel erkennen, dass diese Belastungszunahme im direkten Zusammenhang mit „höherem Kostendruck und damit verbundenen Rationalisierungsmaßnahmen" (ebd.: 78) in den Pflegediensten stehen.

Ein anderer Forschungsstrang beschäftigt sich mit der Situation der Pflegebedürftigen und den Auswirkungen der Pflegeversicherung auf die *informellen Pflege- und Unterstützungspotentiale*.[19] Übereinstimmend zeigen diese Befunde, dass die Wirkung der Pflegeversicherung auf die informellen Pflege- und Unterstützungspotentiale – im Sinne ihrer Stärkung oder Schwächung – relativ gering geblieben ist, und die Pflegeversicherung deshalb kaum in der Lage ist, das Fehlen entsprechender Ressourcen auf Seiten der Pflegebedürftigen durch Geld- und/oder Sachleistungen adäquat zu kompensieren. Die Ergebnisse dokumentieren damit nochmals die Folgen der derzeitigen Ausrichtung der Pflegeversicherung: Während bei Zielgruppen, die über ausreichende Pflege- und Unterstützungspotentiale verfügen, die Leistungen der subsidiären Pflegeversicherung die vorhandenen Ressourcen durchaus ergänzen können – wobei davon Fragen bezüglich der Pflegequalität oder der Genderproblematik unberührt sind –, bleibt bei Personengruppen mit einem geringem informellen Pflege- und Unterstützungspotential, trotz der Pflegeversicherung, das Risiko für Unterversorgung virulent (vgl. z.B. Blinkert/Klie 2008; Brömme 1999).

Neben Forschungsansätzen, in deren Fokus Fragen zu den Auswirkung der derzeitigen Vergütungsregelungen auf die Praxis der häuslichen Pflege stehen, laufen derzeit unter dem Stichwort „Pflegebudget"[20] angelegte Modellversuche zur Erprobung alternativer Finanzierungsarten in der Pflegeversicherung (vgl. Arntz/Spermann 2004; Büscher et al. 2005; Büscher et al. 2007; Holle 2001; Klie/Spermann 2004; Michaelis/Arntz/Spermann 2005). Diese Interventions- und Evaluationsstudien unterstreichen indirekt nochmals die bestehende Problematik der Finanzierungsbedingungen in der häuslichen Pflege.

„... das derzeit existierende Leistungsspektrum der Pflegeversicherung – die Sachleistungen nach § 36 SGB XI und die Geldleistungen nach § 37 SGB XI bzw. eine Kombination aus beiden Leistungen – gilt als zu starr und häufig als zu wenig be-

---

19 Das Spektrum der dabei verfolgten Zielsetzungen ist durchaus breit. Untersucht wurden ebenso die generellen Auswirkungen der Pflegeversicherung auf die Pflegebereitschaft innerhalb informeller Netzwerke (Blinkert/Klie 2008; Brömme 1999; Klie 1998; Schneekloth 2006) wie auch die Steuerungseffekte, die speziell von den Geldleistungen der Pflegeversicherung auf die Pflegebereitschaft im familiaren Bereich ausgehen (Evers 1997).

20 Das Prinzip der „Pflegebudgets" besteht darin, dass die Leistungen der Pflegeversicherung nur noch als Geldleistungen an die Leistungsempfänger ausgezahlt werden. Die Verwendungsmöglichkeiten des Pflegebudgets sind jedoch auf Pflegedienstleistungen zweckgebunden, die der Pflegeempfänger im Einzelnen wieder frei wählen kann (Michaelis/Arntz/Spermann 2005: 3f).

darfsorientiert. Insbesondere der strenge Verrichtungsbezug bei den Sachleistungen, der ausschließlich gesetzlich definierte Leistungskomplexe wie z.B. die kleine Pflege (An- und Auskleiden, Mund- und Zahnpflege, Kämmen etc.) im Rahmen der Pflegeversicherung als vergütungswürdig einstuft, geht z.T. am Bedarf, insbesondere von Demenzkranken, vorbei." (Michaelis/Arntz/Spermann 2005: 2f)

Büscher et al. (2007), die im Rahmen einer Interventionsstudie ebenfalls die Auswirkungen einer budgetbasierten Vergütungsregelung in der häuslichen Pflege untersucht haben, kritisieren zudem das Nebeneinander der verschiedenen Kostenträger im derzeitigen Leistungsregelwerk (SGB V, SGB XI und SGB XII). Dies verschärft nochmals das Phänomen der Anpassung des Leistungsprofils ambulanter Pflegedienste an die einzelnen Vergütungsregelungen beziehungsweise Leistungsgruppen, die der jeweilige Kostenträger vorschreibt und finanziert. Dem steht der reale Versorgungsbedarf in der häuslichen Pflege gegenüber, der sich eben nicht an den „Systemgrenzen der Sozialversicherungssysteme" (ebd.: 345) orientiert.

Immer noch eine Black Box des ökonomisch induzierten Strukturwandels in der Versorgungsforschung – ein Forschungsdesiderat

Die wenigen, bislang vorliegenden Forschungsbefunde zum Thema „ökonomische Strukturen und häusliche Pflege" deuten übereinstimmend auf einen erheblichen Kostendruck in der ambulanten Pflege hin. Ursachen dafür liegen insbesondere im Grundsicherungscharakter der Pflegeversicherung, infolge dessen den Pflegediensten für eine bedarfsdeckende Pflegeversorgung prinzipiell zunächst keine ausreichende Finanzierungsbasis zur Verfügung steht. Weiterhin lässt sich der steigende Kostendruck in der ambulanten Pflege auf folgende Aspekte zurückführen:

- ausgebliebene Leistungsdynamisierung der Pflegeversicherung
  Die Pflegesätze sind zwischen 1995 und 2007 nicht an die allgemeine Preissteigerung und Lohnentwicklung angepasst worden, was de facto einem Kaufkraftverlust gleich kommt. Erst mit dem PfWG ist 2008 eine Leistungsanpassung vorgenommen worden, die den bereits entstandenen Kaufkraftverlust allerdings nicht einfangen können wird.
- verengter Pflegebedürftigkeitsbegriff im PflegeVG
  Der Grundsicherungscharakter der Pflegeversicherung findet auch im Pflegebedürftigkeitsbegriff des PflegeVG seinen Ausdruck. Dieser ist auf somatische Aspekte verengt und bildet den realen Versorgungsbedarf nicht vollständig ab. Es ist zu fragen, ob und wie diese Leistungslücke der Pflege-

versicherung von den Pflegediensten beziehungsweise Pflegebedürftigen selbst finanziell geschlossen wird.

- erweiterte Steuerungsbefugnisse der Kostenträger
Im Rahmen der häuslichen Pflege verfügen die Kostenträger bei Fragen der Leistungsart und -inanspruchnahme über einen weitaus größeren Einfluss, als dies typischer Weise im Bereich der ambulant-ärztlichen Versorgung oder im Krankenhausbereich der Fall ist. Im Bereich der häuslichen Krankenpflege können Krankenkassen beispielsweise jede bereits verordnete Leistung ablehnen und damit bei Fragen der Versorgungsgestaltung systematisch mitsprechen. Nicht minder einflussreich ist der MDK, welchem unter dem Dach der Pflegekassen die Aufgabe obliegt, bei jedem Antrag auf Leistungen der Pflegeversicherung über den Grad der Pflegebedürftigkeit zu entscheiden. Angesichts der erweiterten Steuerungsbefugnisse der Kostenträger ist die Gefahr gegeben, dass die Begutachtungs- und Bewilligungspraxis unter die Maßgaben einer Sparpolitik gerät, an der Kranken- und Pflegekassen qua ihrer Funktion großes Interesse haben.

Pflegedienste, die professionelle Pflege im häuslichen Umfeld anbieten, müssen diese Aufgabe permanent auf einer unzureichenden staatlichen Finanzierungsgrundlage bewältigen. Um ihre wirtschaftliche Existenz sicherstellen zu können, sind diese deshalb nicht nur auf die Durchsetzung betriebsinterner Sparmaßnahmen angewiesen, sondern müssen sich im Rahmen marktwirtschaftlicher Wettbewerbsbedingungen gegenüber konkurrierenden Anbietern durchsetzen. Dies dürfte Anlass für vielfältige personelle und organisatorische Anpassungsprozesse in den Pflegediensten sein, welche die Versorgungssituation in der häuslichen Pflege insgesamt prägen könnten. Ausgehend von ersten Teilbefunden, die ausschnittsweise einen Einblick in die Praxis der Rationalisierungsprogramme der Pflegedienste geben, bleiben weite Bereiche des ökonomisch induzierten Wandels allerdings schlecht oder gar nicht ausgeleuchtet. Wie die marktwirtschaftlichen Transformationsprozesse in den Pflegediensten konkret ausgestaltet werden, welche Gesetzmäßigkeiten ihnen zu Grunde liegen und welche Konsequenzen diese Prozesse für die Versorgungsqualität hat, bleiben damit weithin noch ungeklärte Fragen.

Die Berücksichtigung ökonomischer Rahmenbedingungen bei der Analyse der Versorgungsstrukturen im ambulanten Pflegebereich bezeichnet zusammenfassend ein bedeutsames Forschungsdesiderat innerhalb der aktuellen pflegewissenschaftlich orientierten Versorgungsforschung. Der „Seitenblick" auf erste systematische Forschungsergebnisse für den Krankenhaussektor zeigt dabei, dass eine zunehmende Limitierung öffentlicher Mittel in Kombination mit der Intensivierung einer wettbewerblichen Ordnung zu massiven Umwälzungsprozessen bei den Versorgungseinrichtungen führt und Qualitätsrisiken zur Folge hat. Die

Aufgabe, etwaigen Ökonomisierungsprozessen im ambulanten Pflegesektor nachzugehen, erscheint daher als dringend geboten und wird im Rahmen der vorliegenden Untersuchung aufgegriffen.

Vor diesem Hintergrund wird es im folgenden Kapitel zunächst darum ge-hen, eine Erweiterung der Versorgungsforschungsperspektive vorzunehmen. Ziel dessen ist es, auf der Grundlage der vorliegenden konzeptionellen Ansätze im Bereich „Ökonomisierung von Gesundheit" möglichst exakt die Forschungsper-spektive zu bestimmen, aus der heraus die Praxis der ambulanten Pflegedienste analysiert und im Hinblick auf etwaige Ökonomisierungstendenzen vermessen werden soll. Dabei soll der Fokus primär auf die Veränderungen bei den Leis-tungsanbietern gerichtet werden. Gefragt sind Beschreibungs- und Erklärungsan-sätze, die sich mit dem marktwirtschaftlichen Wandel im Gesundheitswesen auseinandersetzen und die Anpassungsprozesse auf den Ebenen des Leistungs-anbieter und des beruflichen Handelns auf Seiten des Gesundheitspersonals in den Mittelpunkt der Analyse stellen.

3 Ökonomisierung der Pflege – eine theoriegeleitete Annäherung

„Wann und in welchem Sinne kann man ... davon sprechen, dass Professoren, Ärzte, Journalisten oder Militärs verstärkt oder gar überhaupt ‚aufs Geld schauen' – und welche Auswirkungen auf Lehre und Forschung, auf die medizinische Versorgung, die Berichterstattung in den Abendnachrichten oder die internationale Sicherheit hat das?"

SCHIMANK/VOLKMANN (2008)

Obschon erste Studienergebnisse auf Qualitätsrisiken in Folge der veränderten Finanzierungsbedingungen in der Gesundheitsversorgung hinweisen (siehe Kap. 2.3), kommt dieser Diskussion in der Public-Health-Forschung immer noch kein prominenter Stellenwert zu. Diese Leerstelle betrifft insbesondere den direkten Einfluss von Geldanreizen auf das Handeln des Gesundheitspersonals – eine der sensibelsten Fragen überhaupt. Der seit mehr als 20 Jahren voranschreitende Megatrend Ökonomisierung von Pflege und Gesundheit findet damit weitestgehend ohne systematische Begleitforschung statt. Empirisch gesicherte Aussagen über die Folgen neuer Marktinstrumente im Gesundheitswesen sind ebenso wie fundierte Modelle und Theorien zur exakten Beschreibung und Erklärung von ökonomisch bedingten Transformationsprozessen Mangelware (vgl. Bauer 2006).

Im Folgenden gilt die Aufmerksamkeit daher den wenigen bereits vorliegenden konzeptionellen Ansätze zum Gegenstand Ökonomisierung im Bereich der Gesundheit und Pflege. Dazu wird der allgemeine Theoriestand in den Pflege- und Gesundheitswissenschaften zum Thema dargelegt und diskutiert (Kapitel 3.1). Es zeigt sich hierbei, dass die in den 1990er Jahren begonnene Diskussion mit der Geschwindigkeit der praktisch-politischen Entwicklung kaum Schritt hält und inhaltlich von zwei sich entgegenstehenden Grundpositionen beherrscht wird: Entweder wird unter Ökonomisierung ein Projekt der marktwirtschaftlichen Rationalisierung oder eine Verkehrung der Mittel-Zweck-Beziehung verstanden. Aufbauend darauf erfolgt eine Erweiterung des aktuellen Diskurses um die feldtheoretischen Überlegungen Pierre Bourdieus (Kapitel 3.2). Ziel ist es, einen Analyserahmen zu konturieren, von dem aus die Ökonomisierung als ein sozialer Wandlungsprozess näher spezifiziert und damit eine differenzierte Sicht auf die ablaufenden Transformationsprozesse im besagten Versorgungsbereich möglich werden kann (Kapitel 3.3).

3.1 Grundpositionen der Public-Health-Forschung

Der Begriff „Ökonomisierung" erfährt zunehmend Konjunktur. Seitdem in den letzten zwei Jahrzehnten neue marktwirtschaftliche Steuerungselemente in das Gesundheitssystem eingeführt worden sind, wird dieser Begriff immer häufiger verwendet, um die Entwicklung zu beschreiben und damit eine grundsätzliche Wende bei der Organisation und Gewährleistung der Gesundheitsversorgung in Deutschland zu markieren. Allerdings werden mit Ökonomisierung oftmals unterschiedliche Bezüge und Sachverhalte angesprochen. Das Spektrum reicht von der Ökonomisierung, verstanden als eine planvolle und zugleich notwendige Reform des Gesundheitswesens, die eine höhere Wirtschaftlichkeit und eine bessere Versorgungsqualität zum Ziel hat (z.B. Oberender 2007), über ein kritisches Verständnis von Ökonomisierung, bei dem die zunehmende Steuerung der Krankenversorgung (Kühn 2004), der Diakonie (Ulshöfer u. a. 2004) und der freien Wohlfahrtspflege (Liebig 2005) über ökonomische Anreize zum Thema erhoben wird. Im Mittelpunkt der Diagnosen steht oftmals auch ein Wertekonflikt zwischen ökonomischen Kalkülen und versorgungsethischen Aspekten, dessen Fortgang zu einer „Kulturwende" (Deppe 1999) in der Krankenversorgung führen soll. Darüber hinaus wird unter Ökonomisierung auch die Tendenz subsumiert, Versorgungsabläufe nach wissenschaftsbasierten Kriterien zu standardisieren (Vogt 2004b). Mitunter finden auch mehr oder weniger synonym verwandte Begriffe Eingang in die Ökonomisierungsdebatte, wie beispielsweise „Kommerzialisierung" (Kühn 2003), „Salutokapitalismus" (Bauer 2007) oder „Liberalisierung" (Gerlinger 2004).

Die Heterogenität des Begriffsverständnisses kann auch innerhalb der pflegewissenschaftlichen Diskussion wieder gefunden werden, wenngleich die Auseinandersetzung hier insgesamt weit aus geringer ausgeprägt ist. Schaeffer (1998) gehört zu den ersten Pflegewissenschaftlerinnen, die diesen Trend beleuchtet und die „Ökonomisierung" der Pflege als einen Bedeutungsgewinn von marktwirtschaftlichen Steuerungselementen inklusive einer zunehmenden Ressourcenverknappung mit problematischen Implikationen insbesondere für die pflegerische Versorgungsqualität kritisch diskutiert (auch Friesacher 2008; Krenn 2004; Remmers 2010). Dibelius (2003) und Käppeli (2006) betrachten die „Ökonomisierung" auf der Handlungsebene und widmen sich deren Auswirkungen auf die Interaktion zwischen Pflegenden und Patienten. Darüber hinaus lässt sich auch eine ambivalente Auseinandersetzung mit der „Ökonomisierung" im Pflegebereich identifizieren. Einerseits wird der Begriff kritisch als Prozess des Eindringens ökonomischer Denk- und Handlungsmaximen verstanden, andererseits aber auch als Chance für die Pflege, die sich über eine stärkere Betrachtung der Aspekte der Wirtschaftlichkeit und Qualität profilieren könnte (z.B. Stemmer 2002).

Kurz, „Ökonomisierung" scheint ein inzwischen prominenter Begriff im Kontext des marktorientierten Wandels im Gesundheitswesen zu sein, zugleich ist dieser theoretisch nicht eindeutig verortet. In der Public-Health-Forschung finden sich zwar Anschlussmöglichkeiten an unterschiedliche theoretische Konzepte, wie ökonomische oder soziologische Modelle. Eine tragfähige eigenständige Theorietradition liegt derzeit jedoch nicht vor. Nicht nur variieren die bisher vorliegenden Erklärungs- und Begründungsschemen, nach denen die Marktlogik im Gesundheitswesen beschrieben und bewertet wird, zum Teil erheblich. Oftmals kommt die wissenschaftliche Auseinandersetzung auch nicht weit über den Status von reinen Problemerörterungen und -annahmen hinaus und lässt viele Fragen offen (Bauer 2007). Im folgenden Arbeitsschritt werden die wenigen, bisher vorliegenden konzeptionellen Ansätze zum marktorientierten Wandel des Gesundheitswesens in den Mittelpunkt gestellt, die aus unterschiedlichen Perspektiven versuchen, den ökonomischen Strukturwandel im Gesundheitswesen systematisch zu erfassen und daraus die Konsequenzen für Patienten und Beschäftigte abzuleiten. Ihnen ist gemeinsam, dass der ökonomische Wandel begrifflich zumeist als „Ökonomisierung" bezeichnet wird. Hierbei lassen sich zwei mögliche Interpretationen des Begriffs „Ökonomisierung" herausarbeiten: Ökonomisierung als Vorgang der marktwirtschaftlichen Rationalisierung (Kapitel 3.1.1) oder Ökonomisierung als Verkehrung der Mittel-Zweck-Beziehung (Kapitel 3.1.2).

3.1.1 Ökonomisierung als Vorgang der marktwirtschaftlichen Rationalisierung

Wird Ökonomisierung als Vorgang der marktwirtschaftlichen Rationalisierung kategorisiert, so werden damit alle Elemente in das Zentrum der Betrachtung gestellt, die mit einer planbaren, ökonomisch-rationalen Restrukturierung und Kontrolle von Organisationen auf Seiten der Leistungsanbieter assoziiert sind. Im Rahmen dieser vorwiegend innerhalb der Gesundheitsökonomie vorzufindenden Perspektive steht zunächst die ökonomische Analyse, Steuerung und Bewertung ganzer Versorgungssettings, wie auch einzelner Leistungen, im Vordergrund, um eine Verbesserung der Wirtschaftlichkeit der gesundheitlichen Versorgung zu erreichen (z.B. Mühlenkamp 2003; Oberender 2007). Mühlenkamp (2003) verdichtet diese innerhalb der Gesundheitsökonomie weit verbreitete Perspektive auf die folgende Formel:

> „‚Ökonomisierung' ist nach dem hier vertretenen Verständnis zunächst gleichzusetzen mit dem Bemühen, individuelles und kollektives Handeln stärker (zweck-)rational zu gestalten und am ökonomischen Prinzip respektive an Effizienzüberlegungen zu orientieren. Das ökonomische Prinzip fordert die Vermeidung unnötigen Ressourceneinsatzes." (Mühlenkamp 2003: 70)

Das Bild des mit Geld gehandelten Bedürfnisses nach (gesundem) Leben steht hierbei längst außer Frage und bildet die konzeptionelle Klammer für vielfältige gesundheitsökonomische Analysen und Modelle zur Steuerung der Krankenversorgung. Breyer/Zweifel/Kifmann (2003) vermerken beispielsweise, dass:

> „... Gesundheit und sogar das Leben selbst keine über den „profanen" wirtschaftlichen Dingen stehende Kategorien sind, sondern dass beide als *ökonomische Güter* aufgefasst werden können und somit einer Analyse mit dem Instrumentarium der Wirtschaftstheorie zugänglich sind. ... Das gilt ... auch für die normative Ökonomik, die Ansätze dafür liefert, Gesundheit und sogar menschliches Leben selbst mit dem ökonomischsten aller Maßstäbe, nämlich in Geldeinheiten zu bewerten." (Breyer/Zweifel/Kifmann 2003: 507; Hervorhebungen im Original)

Damit wird zwar nicht behauptet, dass eine warenmäßige Betrachtungsweise von Gesundheit innerhalb der hiesigen Praxis der Gesundheitsversorgung bereits etabliert ist. Die gesundheitsökonomische Perspektive gründet aber auf der unhinterfragbaren Notwendigkeit einer solchen Quantifizierung. Dem liegt die These einer permanenten Mittelknappheit und dem hieraus erwachsenden Handlungszwang, die Kosten für Gesundheit zu senken, zu Grunde. So prognostizieren gesundheitsökonomische Modellannahmen unaufhörlich einen steigenden Kostenaufwand für Gesundheitsdienstleistungen (z.B. Oberender 1996; Metze 1993; Schneider 2003; kritisch dazu Braun/Kühn/Reiners 1998). Aufgrund des medizinischen Fortschritts, steigender Leistungsansprüche und falschen Anreizen für die Leistungsanbieter würden die Ausgaben für Gesundheit unablässig steigen, während auf der anderen Seite nur begrenzte Ressourcen zur Verfügung gestellt werden könnten. Infolge dessen wachse nicht nur der Druck zur systematischen Leistungsrationierung (etwa Kirch/Kliemt 1997; Schmidt 2004), sondern mache darüber hinaus einen grundsätzlichen Systemwechsel im deutschen Gesundheitswesen, weg von staatlicher Regulierung hin zur Marktsteuerung, erforderlich:

> „Die Ursachen für diese Entwicklung [Kostensteigerung im GKV-Bereich; Anm. d. Autors] sind zwar vielfältig, jedoch lassen sie sich im Kern auf das *Sachleistungsprinzip* und das *Solidarprinzip* zurückführen. Diese verleiten Versicherte und Leistungserbringer dazu, sich nicht mit den monetären Konsequenzen ihres Handelns auseinander zu setzen. ... Dieses *Verantwortungsvakuum*, die resultierende *Freifahrtsmentalität*, das versicherungstypische *Moral-Hazard-Phänomen*, der mangelnde Widerstand seitens der Leistungsanbieter und auch deren Anreize (Einzelleistungshonorierung) zur Leistungsausweitung (*angebotsinduzierte Nachfrage*) leisten einen steigenden *Anspruchsdenken* permanent Vorschub. Für individuelle Kosten-Nutzen-Abwägungen, die dieser Entwicklung Einhalt gebieten könnten, besteht kein Anreiz. Das damit verbundene Auseinanderfallen von individueller und

kollektiver Rationalität, die sogenannte *Rationalitätsfalle* (Wirtschaftlichkeitsfalle), führt zu permanenten Ausgabenunterdeckungen, der mit einer stetigen Ausweitung der Mitgliedschaftspflicht sowie Erhöhung der Beitragssätze begegnet wird." (Oberender/Ecker 2001: 77f; Hervorhebungen im Original)

Die postulierte Verschwendung von Ressourcen in einem solidarisch verfassten Gesundheitswesen ist vielleicht das tragendste Argument aller wissenschaftlichen Ansätze innerhalb der Gesundheitsforschung, die eine Marktlösung für das Gesundheitssystem favorisieren. Damit wird ein Paradigmenwechsel, weg von der Annahme, dass gerade die *Abschottung* gegenüber dem Markt ein funktionales Element der Gesundheitsversorgung sei, zur Vorstellung eines entstaatlichten, kapitalwirtschaftlich organisierten Gesundheitssystems propagiert. Zumeist der utilitaristischen Theorielogik verpflichtet, gründet die offene Kritik an einem staatlich-solidarischen Gesundheitswesen auf der Idee des nutzenmaximierend handelnden Akteurs. Das aus der Ökonomie verwendete Handlungsmodell unterstellt, dass jeder Akteur immer nur seinen eigenen unmittelbaren und egoistischen Nutzen anstrebt. So wie auf kapitalistischen Märkten das wahre Verhalten der Marktteilnehmer inzwischen nah an dieses Modell herankommen mag, so wird nunmehr auch bei Krankenversicherten, Patienten, Ärzten oder Pflegenden das handlungsleitende Motiv des egoistischen Nutzenmaximierens angenommen. Immer dann beispielsweise, wenn der gesetzlich Krankenversicherte keine ökonomischen Kosten seines (abträglichen) Gesundheitsverhaltens fürchten muss, wird dieser – so die theoretische Schlussfolgerung – im Sinne einer „Kosten-Nutzen-Abwägung" oftmals keine Veranlassung sehen, sich gesundheitsbewusst zu verhalten (z.B. Greiner/Mittendorf 2005; Henke 2005; Oberender/Zerth 2006; kritisch dazu Reiners 2006). Ärzte und Pflegende würden indes nicht dazu tendieren, wirtschaftlich mit den ihnen zur Verfügung stehenden Mitteln hauszuhalten und zu einem sparsamen Handeln neigen, weil der Marktdruck dazu fehle (Cassel/Wilke 2001).

Bezogen auf die Seite der Leistungsanbieter meint eine so verstandene Ökonomisierung aber nicht nur den Trend, mit Hilfe neuer ökonomischer Anreize das Gesundheitspersonal dazu zu bewegen, von unnötigen und überflüssigen Therapien abzusehen (vgl. kritisch auch Gerlinger/Stegmüller 2009). Ebenso bedeutsam sind hiernach ökonomische Instrumente zur Optimierung der technischen Effizienz und der Kosten-Wirksamkeits-Effizienz, im Rahmen derer der materielle, personelle und zeitliche Aufwand bei einer medizinischen oder pflegerischen Leistung so minimiert werden kann, dass das gewünschte Behandlungsergebnis mit einem möglichst geringen Aufwand erreicht wird (Mühlenkamp 2003; Lüngen 2009; Pfaff 2006). Darunter sind einerseits Maßnahmen zur Behebung von allgemeinen Schnittstellenproblemen im deutschen Gesundheitssystem, wie die Frage des optimalen Personaleinsatzes bei einer Operation oder bei der Versorgung eines pflegebedürftigen Menschen, andererseits zu verstehen. Wenn also beispielsweise unnötig viele Ärzte und Pflegekräfte beziehungsweise überqualifiziertes Personal im Allgemeinen an der Versorgung eines Patienten beteiligt wäre, so könne von einem ineffizienten Personaleinsatz gesprochen werden. In diesem Diskurs wird davon ausgegangen, dass der gleiche medizinisch-pflegerische Erfolg mit einem geringeren quantitativen und/oder qualitativen Personaleinsatz erreicht werden könne und daher eine Senkung der Kosten erreicht werden kann.[21]

Der spezifische Erkenntnisgewinn eines solchen konzeptionellen Rahmens für eine gegenwartsorientierte Analyse der Umbrüche im Gesundheitswesen bleibt allerdings weithin noch unklar, wenn Ökonomisierung lediglich als ein ökonomisch-rationaler Prozess zur Steigerung der Effizienz einer Einrichtung der Gesundheitsversorgung verstanden wird. Der Blick in das fünfte Sozialgesetzbuch gibt beispielsweise deutliche Hinweise darauf, dass die Forderung nach einem möglichst sparsamen Umgang mit Ressourcen kein neues Phänomen im deutschen Gesundheitswesen ist, sondern vielmehr seit langem schon einen gesetzlichen Pflichtauftrag darstellt, der den medizinischen Leistungsanbietern vorgegeben wird.[22] Deshalb gewinnt das hier angesprochene Verständnis vom ökonomischen Wandel im Gesundheitswesen erst dann an analytischer Schärfe, wenn es als ein marktorientierter Ansatz zur Steigerung der Effizienz im Gesundheitswesen gefasst wird. Das Spezifische daran liegt dann weniger in einem rein technischen Fokus auf die Verbesserung von etwaigen Effizienzfaktoren, sondern liegt in der grundlagentheoretischen Annahme, dass eine effiziente (!) Gesundheitsversorgung erst dann (!) realisiert werden könne, wenn das Gesundheitswesen insgesamt nach kapitalwirtschaftlichen Kriterien umgebaut wird.

Prominente Beispiele für eine am Kriterium der Effizienz begründete und in Teilen überaus polarisierende Abwertung der staatlichen Steuerungslogik gegenüber dem kapitalwirtschaftlichen Steuerungsansatz sind die Diskurse über die Notwendigkeit einer Privatisierung und Deregulierung in Versorgungsbereichen, die bisher in staatlicher Hand getragen beziehungsweise von dieser kontrolliert wurden. Dies betrifft vor allem die Bereiche der Krankenversicherung (z.B. Greiner/Mittendorf 2005; Oberender/Zerth 2006), der Krankenhausversorgung (z.B. Augurzky et al. 2008; Imdahl 1993; Kallfaß 2004) oder anderer Versorgungseinrichtungen (z.B. Augurzky et al. 2009). Dabei werden staatlich geführte Versorgungseinrichtungen deshalb als ineffizient bewertet, weil ihnen keine auf

---

21 Kritisch anzumerken ist an dieser Stelle, dass es bislang an empirisch fundierten Befunden mangelt, die verlässliche Aussagen über eine entsprechende Absenkung der Kapazitäten und Qualifikationslevels bei gleich bleibender Qualität zuließen.

22 §12, Abs. 1 des fünften Sozialgesetzbuches schreibt den Leistungserbringern vor: „Die Leistungen müssen ausreichend, zweckmäßig und wirtschaftlich sein; sie dürfen das Maß des Notwendigen nicht überschreiten..."

Kostenbewusstsein abzielende Unternehmenskultur zugetraut wird. Vielmehr hätten die dort beschäftigten Akteure ungehinderten Zugang zu Ressourcen und keine Anreize zum sparsamen Umgang mit diesen. Das medizinische Personal werde diesem Diskurs zufolge nicht daran gehindert, unnötige Leistungen oder Doppeluntersuchungen zu erbringen, lange Wartezeiten seien an der Tagesordnung und Tür und Tor für ungehemmte „Verschwendung knapper Mittel" (Oberender/Hebborn/Zerth 2006: 58) weit offen.

Eine auf Wirtschaftlichkeit gerichtete Rationalisierung von Versorgungseinrichtungen oder ganzen Versorgungsbereichen sei hiernach erst dann möglich, wenn die Versorgungsorganisation insgesamt am „Prinzip der unsichtbaren Hand" (Adam Smith) des Markts ausgerichtet werde. Der freie Preiswettbewerb zwischen Leistungsanbietern, Krankenversicherern und Patienten und die Etablierung einer Unternehmenskultur der Gewinnorientierung auf dem Anbietermarkt dienen im Rahmen dieser Perspektive alleine dazu, vorhandene Sparpotentiale auszunutzen und die Gesamtkosten für die Gesundheitsversorgung zu reduzieren. Ökonomisierung bezeichnet insofern einen Prozess der Intensivierung der Marktlogik im Gesundheitswesen, der einen mehr oder minder enormen Rationalisierungsdruck auf Seiten der Versorgungseinrichtungen zur Folge haben soll. Deregulierung, Privatisierung oder die Etablierung von wettbewerblichen Strukturen in den Versicherungs- und Leistungsbereichen gelten als auf anderen kapitalistischen Märkten längst erprobte Maßnahmen und sollen angesichts knapper werdenden Ressourcen im Gesundheitssystem dazu verhelfen, bestehende Sparpotentiale auszuschöpfen, die Kosten insgesamt zu senken und ein leistungsfähiges Gesundheitswesen auszubauen.

3.1.2 *Ökonomisierung als Verkehrung der Mittel-Zweck-Beziehung*

Der Public-Health-Diskurs umfasst jedoch keineswegs ausschließlich solche Positionen, die von einer mehr oder weniger uneingeschränkten Funktionalität von Marktgesetzen im Gesundheitsbereich ausgehen. Zahlreiche Vertreter aus den verwandten Disziplinen der Gesundheitswissenschaften weisen vielmehr immer wieder darauf hin, dass jedweder Bedeutungsgewinn von Markt im Gesundheitswesen im direkten Widerspruch zu den Eigenheiten der Krankenversorgung stehe und unvereinbar mit den Qualitätsanforderungen einer bedarfsgerechten und professionellen Krankenversorgung sei. Dabei wird die Notwendigkeit einer Autonomie gegenüber den Marktgesetzen insbesondere mit dem Hinweis auf die besondere Situation des Kranken und Hilfsbedürftigen begründet. Diese lasse es gerade zu unmöglich erscheinen, dass es in einem kapitalwirtschaftlich organisierten Gesundheitswesen eine qualitativ hochwertige Gesundheitsversorgung für möglichst alle Bedürftige geben kann. Angesprochen ist hiermit eine zeitlich indifferente

Dimension des Krankseins, mit der in erster Linie empirisch überprüfbare Eigenheiten, wie eingeschränkte Mündigkeit, Hilfs- und Schutzbedürftigkeit des Kranken, subsumiert werden (vgl. Deppe 2005; Kühn 2004). Wenn also den Leistungsanbietern im Gesundheitswesen das Motiv des egoistischen Strebens nach Profiten offen zugestanden und dieses mittels gesundheitspolitischer Weichenstellungen institutionell etabliert wird, so würde dies auf Kosten der Versorgung von heil- und hilfebedürftigen Patienten und Pflegebedürftigen gehen. Diese könnten in der Regel nämlich gar nicht als „souveräne Kunden" auftreten (Reiners 2006; Schaeffer 2004). Ihnen würde es oftmals an Informationen bezogen auf ihre Erkrankung und die notwendige Versorgung fehlen (Informationsasymmetrie). Auch würden sie aufgrund der Schwere ihres Leidens gar nicht mehr fähig sein, Entscheidungen rational abzuwägen. Sie könnten deshalb nur eingeschränkt über Zeitpunkt, Umfang und Qualität der medizinischen oder pflegerischen Versorgung bestimmen. Darüber hinaus sei der Konsumverzicht – ein durchaus wichtiges Instrument zur nachfrageinduzierten Marktsteuerung –, im Falle einer Erkrankung oder eines eintretenden Pflegefalls doch nur sehr schwer vorstellbar (z.B. Braun 2005; Kuhlmann 2000; Rosenbrock 2001). Befürchtet wird zudem, dass die marktförmige Transformation des Gesundheitswesens vor allem auf Kosten der sozial schwächeren Bevölkerungsschichten erfolgen würde, weil diese besonders häufig von Krankheit betroffen und deshalb im hohen Maße auf eine qualitativ hochwertige Versorgung angewiesen sind, in der Regel aber nicht über genügend finanzielle Mittel, Handlungskompetenzen sowie soziale Ressourcen verfügen, um sich die notwendige Versorgung leisten beziehungsweise sich gesundheitsbewusst verhalten zu können (Bauer/Rosenbrock/Schaeffer 2005; Holst 2008).

Ausgehend davon haben erste empirische Untersuchungen über die Folgen der ökonomischen Veränderungen in der Krankenhausversorgung gezeigt, dass eine so verstandene Ökonomisierung für Ärzte und Pflegende mit manifesten Widersprüchen berufsethischer Art einhergehen kann, weil die ärztliche Berufspraxis in der Konsequenz von Konflikten zwischen medizinischen und betriebswirtschaftlichen Aspekten gekennzeichnet ist (Klinke/Kühn 2006; Simon/Kühn 2001; vgl. auch Kapitel 2.3.1). Ein besonders spannendes Ergebnis ist in diesem Zusammenhang die von den Public-Health-Wissenschaftlern festgestellte „moralische Dissonanz" bei den Ärzten, mit der ein solches Spannungsfeld in der medizinischen Praxis zwischen den traditionellen moralischen Überzeugungen einerseits und der Verinnerlichung des ökonomisch Rationalen zur eigenen Handlungsmaxime andererseits eingefangen wird. Die professionellen Akteure, die sich hiernach in einen strukturellen Interessenkonflikt zwischen ökonomischen Kalkülen der Institution und ihren traditionellen berufsethischen Normen, Kranke entsprechend ihres individuellen therapeutischen Bedarfs und unabhängig von jedweden ökonomischen Kalkülen zu versorgen, begeben, sind mit Blick auf ihre wahren Handlungsmotive zerrissen und widersprüchlich. Kühn zu Folge handelt es sich bei der Vermarktlichung des Gesundheitswesens insofern zunächst einmal um den systematischen Versuch, medizinische und pflegerische Entscheidungen immer stärker über ökonomische Anreize zu steuern:

> „Geld war in der modernen Medizin niemals unbedeutend. Aber für einen langen Zeitraum nach dem Zweiten Weltkrieg scheint ein Konsens in der Gesellschaft dahingehend bestanden zu haben, dass ärztliches Urteilen und Handeln nicht mit Geldfragen belastet sein sollte. Das Verhältnis zum Geld blieb damit eher implizit. ... Seit den 1980er Jahren jedoch rücken das Geld und der Geldgewinn mehr und mehr ins Zentrum. Deutlichstes Zeichen sind die ausgedehnten Versuche, das Arztverhalten monetär zu steuern. Die vom Staat sanktionierten und von den Verbänden im deutschen Gesundheitswesen vertraglich vereinbarten finanziellen Steuerungsinstrumente bauen implizit darauf, dass die Ärzte sich bei ihren Entscheidungen, Empfehlungen, Verschreibungen, Über- und Einweisungen primär von den damit verbundenen Gewinnchancen und -risiken leiten lassen." (Kühn 2004: 25)

Die institutionelle Förderung einer an eine ökonomische Vorteilslogik angepassten Krankenversorgung stellt hiernach eine wesentliche Bedingung für die Ökonomisierung des Gesundheitswesens dar. Entscheidend sind dabei die Veränderungen im konkreten Handeln und Entscheiden von Ärzten und Pflegenden. Von einer Ökonomisierung kann hier erst dann gesprochen werden, wenn materielle Ökonomie zunehmend zu einem dermaßen bedeutsamen Kriterium des ärztlichen und pflegerischen Handelns und Entscheidens avanciert, dass es das Versorgungshandeln bestimmt:

> „Im Lauf der Zeit und bei zunehmender Landnahme kapitalistischer Wirtschaftsprinzipien und Ideologien im Gesundheitswesen verkehrt sich die Mittel-Zweck-Beziehung. Geld bleibt nicht Mittel zur Sicherstellung der Versorgung, sondern die Versorgung von Kranken wird tendenziell zum Mittel, durch das Gewinn erzielt werden soll." (ebd.: 26)

Den Idealtypus des „ökonomisierten" Handelns kennzeichnet hiernach der Umstand, dass das empirische Handlungsmotiv im Sinne der „formalen Rationalität" (Max Weber) alleine auf quantitative Geldwerte reduziert ist und die Handlungsoptionen primär darauf hin durchkalkuliert werden, den größten ökonomischen Nutzen zu erzielen. Demgegenüber sind alle denkbaren qualitativen Handlungsmotive, seien diese beispielsweise ethischer, politischer oder vertraglicher Art, untergeordnet (vgl. ebd.). Im Sinne einer Verkehrung der „Zweck-Mittel-Beziehung" tritt bei einer Ökonomisierung der Versorgungseinrichtungen das Versorgungsziel also hinter die ökonomischen Interessen nach geringen Kosten beziehungsweise hohen Erträgen zurück. Dies kann zu einer höheren Wirtschaftlichkeit führen, genauso aber auch systematische Mängel in der Versorgung hervorrufen. Die Aufgabe der Krankenversorgung wird zum Mittel degradiert, mit dem ökonomische Zwecke erreicht werden sollen; das Handeln des Gesundheitspersonals wird mehr und mehr primär an der materiellen Ökonomie orientiert und demgegenüber jedwede qualitativen Wertbezüge des Handelns, wie die klassische Berufsethik der Health Professionals, untergeordnet. Ausdrücklich meint Ökonomisierung indes nicht – und dies stellt einen weiteren Kontrastpunkt zum Ansatz der marktwirtschaftlichen Rationalisierung dar – eine durch das Spiel freier Marktkräfte bedingte Handlungspraxis von Ärzten und Pflegenden, die sich daran messen lassen kann, eine bedarfsgerechte Versorgung mit einem möglichst minimalem Ressourcenaufwand zu gewährleisten.

3.2 Pierre Bourdieus Feldkonzept

Ökonomisierung, verstanden als ein Strukturwandel in Richtung eines immer stärker von Marktgesetzen bestimmten Gesundheitswesens, erweist sich bei genauerer Betrachtung der Versorgungsrealität als vielschichtiger, als es der Begriff „Ökonomisierung" im wörtlichen Sinne mitunter suggeriert. Geht der Blick über den „Tellerrand" der noch sehr jungen Ökonomisierungsdebatte in den Pflege- und Gesundheitswissenschaften hinaus, wird eine soziologische Diskurslinie sichtbar, bei der ähnliche Phänomen in anderen gesellschaftlichen Bereichen ebenfalls den Gegenstand differenzierter Analysen darstellen. Das Spektrum der Zeitdiagnosen zwar noch überschaubar, reicht thematisch aber bereits von der allgemeinen Entstehung des neoliberalen Paradigmas auf der politischen Agenda in den 1920er Jahren bis heute (Ptak 2008), bis hin zur Bestimmung von Konsequenzen einer voranschreitenden Intensivierung der ökonomischen Steuerungs- und Leistungslogik in der Moderne für die Bereiche der Arbeitswelt und des Privaten (z.B. Neckel 2008; Thomas 2008). Ebenso vielfältig sind die theoretischen Perspektiven, von denen aus die ökonomischen Umbrüche jeweils beschrieben und eingeordnet werden. Mal schließen diese dezidiert an die Tradition der Kritischen Theorie an, mal an die Gouvernmentality-Studies oder sie bringen politikwissenschaftliche Theorieelemente in die Diskussion ein (vgl. dazu Bauer 2010). Mit anderen Worten, in den sozialwissenschaftlichen Disziplinen scheint eine nachholende Bewegung in Gang gesetzt, die eine Analyse der vielfältigen und teilweise radikalen Vermarktlichungstendenzen in vielen Lebens- und Arbeitsbereichen zum Ziel hat (vgl. Becker et. al. 2010; Czerwick 2007; Dörre/Lessenich/Rosa 2009; Langer/Pfadenhauer 2008; Nullmeier 2001).

„... mit der Auseinandersetzung über Neoliberalismus [scheinen sich] alte Fragen neu zu stellen. Die Frage, inwiefern sich ein soziales Gefüge durch ökonomische Einflüsse verändert, gilt als Geburtswehe an der Wiege der modernen Soziologie, sie hat einen Grundstein gelegt, den wir dem Klassikerdiskurs zuschlagen. Was nun lange Zeit Refugium der Klassikerexegeten war, muss heute offensichtlich revitalisiert werden." (Bauer 2010: 50)

Einen prominenten Analysezugang liefert in diesem Zusammenhang die Bourdieusche Theoriearchitektur. Angesprochen sind seine zahlreichen Beiträge, in welchen Bourdieu aufkommende Vermarktlichungsprozesse innerhalb ausgewählter gesellschaftlicher Bereiche beispielsweise für den Journalismus oder die Kunst nachgezeichnet und immer wieder auf die strukturellen Folgen eines zunehmenden Machtzugewinns des Neoliberalismus innerhalb von bislang autonomen Teilsphären der Gesellschaft hingewiesen hat (z. B. Bourdieu 1998a: 103ff.; 1999: 340ff.). In dieser Theorietradition stehen darüber hinaus einige der aktuellen Zeitdiagnosen, die die aufkommende Ökonomisierung in vielen Lebens- und Arbeitsbereichen einzufangen versuchen (z. B. Bittlingmayer 2005; Schimank/Volkmann 2008; Schultheis/Schulz 2005).

3.2.1 Grundlogiken der Felder

Eine Schlüsselbedeutung für die Analyse des Ökonomisierungsprozesses nimmt das Konzept der „Felder" ein, mit dem Bourdieu eine Beschreibung und Erklärung der sozialen Praxis im Allgemeinen anbietet. Die gesellschaftliche Struktur wird hiernach als eine in verschiedene autonomisierte Felder differenzierte Praxis begriffen, in denen jeweils unterschiedliche Spielregeln herrschen, die von den darin handelnden Akteuren zu befolgen sind. Die Grundlogiken der Felder haben für die sozialen Akteure verbindlichen Charakter und formen ihre Denk-, Wahrnehmungs- und Bewertungsschemata („Habitus"). Die sozialen Akteure glauben an das „Spiel" und die dafür erforderlichen Einsätze („illusio"), die das jeweilige Feld strukturieren (vgl. Bourdieu 1998a: 48ff.).

> „Die Eigentümlichkeit der Logik des Gesellschaftlichen beruht in ihrer Fähigkeit, in Form von Feldern und von Ausprägungen des Habitus eine genuin gesellschaftliche Libido zu *stiften*, die wie die sozialen Welten variiert, wo sie erzeugt wird und die sie trägt [...] In der Beziehung zwischen den Habitus und den Feldern, denen jene mehr oder weniger adäquat angepasst sind [...], wird erzeugt, was das Fundament aller Nützlichkeitsskalen ist, das heißt die grundlegende Bindung an das, das grundlegende Verhaftensein mit dem Spiel, die *illusio*, Anerkennung des Spiels und der Nützlichkeit des Spiels, Glauben in den Wert des Spiels und seines Einsatzes, die alle besonderen Sinn- und Wertstiftungen fundieren." (Bourdieu 1999: 278)

Im Gegensatz zum systemtheoretischen Verständnis von Teilsystemen hat die Grundlogik eines Feldes bei Bourdieu jedoch keinen deterministischen Charakter.

Die Akteure kämpfen stets um Macht und Position im Feld sowie gegen andere Felder und können damit die jeweils legitime Handlungslogik und Wertsphäre innerhalb eines Feldes erhalten beziehungsweise verändern (vgl. ebd: 360).

> „Die Akteure auf die Rolle von ausführenden Organen, Opfern oder Komplizen einer in das Wesen der Apparate eingeschriebenen Politik zu reduzieren, heißt, sie dazu zu ermächtigen, die Existenz aus der Essenz zu deduzieren, das reale Verhalten aus der Beschreibung der Apparate herauszulesen, sich die Beobachtung der Praktiken zu *ersparen* und die Forschung mit der Lektüre von Diskursen, die für die wirklichen Matrizen der Praktiken gelten, gleichzusetzen." (Bourdieu 1997: 21)

Beispiele für entsprechende Felder sind das politisch-staatliche Feld („Dienst an der Öffentlichkeit"), die Wissenschaft („Produktion von wissenschaftlichem Wissen") oder eben das Feld Gesundheit („Gesundheit gewährleisten"). Das Pflegefeld, als ein Unterfeld des Feldes Gesundheit, lässt sich als ein „in sich differenzierter (und in eine Vielzahl von Subfeldern untergliederter) gesellschaftlicher Teilbereich im Gesundheitssystem mit spezifischen und spezialisierten Akteuren umreißen, der über eigene materiale und soziale Ressourcen verfügt und nach eigenen Regeln und Logiken funktioniert." (Schroeter 2008, 50)[23]

Das ökonomische Feld, dessen Gesetzmäßigkeiten auf die Formel „Geschäft ist Geschäft" zugespitzt werden könnte, stellt innerhalb der gesellschaftlichen Differenzierung indes einen besonderen Raum dar:

> „Erst am Ende einer allmählichen Entwicklung, die den Produktionsakten und -verhältnissen ihren symbolischen Aspekt entzog, konnte sich die Ökonomie als solche, in der Objektivität eines abgetrennten Universums konstituieren, das seinen eigenen Gesetzen gehorcht: denen des Interessenkalküls, der Konkurrenz und der Ausbeutung; und viel später auch in der (‚reinen') ökonomischen Theorie, die die soziale Zäsur und die praktische Abstraktion, deren Produkt der ökonomische Kosmos ist, besiegelt, indem sie sie stillschweigend zur Voraussetzung der Konstruktion ihres Gegenstandes macht. Umgekehrt aber konnten die verschiedenen Universen symbolischer Produktion als in sich geschlossene und abgetrennte Mikrokosmen, in denen sich durch symbolische, reine und (unter dem ausschließlichen ökonomischen Gesichtspunkt) uneigennützige, auf der Zurückweisung oder Verdrängung des ihnen impliziten Anteils an produktiver Arbeit gegründeten Handlungen vollziehen, sich nur um den Preis einer Zäsur konstituieren, die den ökonomischen Aspekt der im eigentlichen Sinne symbolischen Produktionsakte und -verhältnisse in die niedere Welt der Ökonomie verweist." (Bourdieu 2001: 30)

---

23   Für einen Überblick über einzelne Unterfelder im Pflegefeld vgl. Schroeter (2006; 2008); für das Unterfeld der gerontologischen Pflege vgl. auch Roth (2007, 84ff.).

Der entscheidende Kontrapunkt zwischen dem ökonomischen Feld und anderen autonomen Feldern in der Moderne betrifft demnach die Grundlogiken im Verhältnis zum Ökonomischen, die die jeweiligen Felder strukturieren. Ist die spezifische Logik der materiellen Gewinnmaximierung für das ökonomische Feld charakteristisch und das Trachten nach etwaigen symbolisch-kulturellen Interessen hingegen völlig untergeordnet, wenn nicht sogar explizit ausgeschlossen, ist es gerade die Bedeutung monetärer Interessen, die in anderen Feldern auf den Kopf gestellt ist. Konstitutives Merkmal des künstlerischen, journalistischen oder eben auch des gesundheitlichen Feldes ist also gerade die Zurückweisung von ökonomischen Kalkülen als Leitinteresse und Motiv für das Handeln der Akteure.

3.2.2 Verdrängung des Ökonomischen

Auf diese feldspezifische Differenz im Verhältnis zum wirtschaftlichen Pol hat unlängst auch Bongaerts (2008) mit einem konzeptionellen Beitrag abgehoben, in dem er sich mit „Bourdieus Theorie der Moderne" auseinandersetzt. In der „Verdrängung des Ökonomischen" aus nicht-ökonomischen Feldern sieht Bongaerts nichts weniger als eine wesentliche Bedingung der gesellschaftlichen Differenzierung. Zugleich ist es jene „Verdrängung des Ökonomischen", die zum konstitutiven Programminhalt aller kulturell-symbolischen Felder zu zählen ist. Zwar sind darunter verschiedene Dimensionen der Zurückweisung von ökonomischen Motiven im Feld zu verstehen – neben der Verdrängung der materiellen Ökonomie sind ebenso auch eine Verdrängung der symbolischen Ökonomie und die Verleugnung einer strukturhomologen Reproduktion der Akteurspositionen im jeweiligen Feld angesprochen (vgl. ebd.: 344 ff.). Für die vorliegende Fragestellung entscheidend ist gerade aber die erste Form der Verdrängung des Ökonomischen, also die Zurückweisung der im ökonomischen Feld dominanten Orientierung an wirtschaftlichen Eigeninteressen, Kalkulationen und Kommerz.

Eine solche Exklusion des Ökonomischen dürfte für das Feld Gesundheit traditionell als charakteristisch gelten. Belege dafür sind vielzählig. Sie reichen von der Berufsethik in Medizin und Pflege, demzufolge sich die Professionellen im therapeutischen Bereich dazu verpflichten, ihre Therapieentscheidungen alleine im Interesse des Kranken und Hilfsbedürftigen zu fällen und dabei jedwede ökonomischen Interessen dezidiert außen vor zu lassen; über arbeitsrechtliche und berufsinterne Sanktionsmechanismen in den Fällen von Selbstbereicherung, Geldgier oder bei Vorenthaltung von Therapien aus Profitstreben; bis hin zu den unzähligen öffentlichen Verlautbarungen seitens der Berufsverbände und Institutionen des Gesundheitswesens, denen zu Folge stets „der Patient im Mittelpunkt" stehe beziehungsweise stehen solle.

Die Autonomie des Feldes Gesundheit gegenüber der ökonomischen Logik muss jedoch, wie bei anderen gesellschaftlichen Feldern auch, als ein relatives Maß verstanden werden. Bourdieu hat darauf am Beispiel des künstlerischen oder des journalistischen Feldes immer wieder hingewiesen (vgl. z.B. Bourdieu 1999: 342ff). So ist die feldinterne Zurückweisung einer materiellen Ökonomie selbst an ökonomische Voraussetzungen gebunden: Kein Künstler oder Journalist wird es sich, genauso wenig wie ein Arzt oder Pflegender, ohne finanzielle Gegenleistungen in seinem Beruf einrichten können. Ebenso zutreffend ist, dass sich etwaige symbolische Profite, wie beispielsweise das eines guten und anerkannten Arztes oder einer Krankenschwester, um die die Feldakteure anstelle der materiellen Profite miteinander konkurrieren, auch finanziell auszahlen können. Bongaerts spricht deshalb auch von einer „Doppelbödigkeit" der Handelnden, wenn diese sich einerseits als uneigennützig inszenieren und das Ökonomische tabuisieren, ihre soziale Praxis andererseits aber dennoch an ökonomische Bedingungen gekoppelt bleibt (vgl. Bongaerts 2008: 344ff).

Darüber hinaus ist der Prozess der Autonomisierung selbst ein Produkt der Geschichte und strukturiert durch die Relationen der Positionen, die von sozialen Akteuren im Feld besetzt werden und in Beziehung zueinander stehen. Während in manchen Sektoren eines Feldes die reine Produktion im Vordergrund steht und ökonomische Gesichtspunkte völlig ausgeblendet werden können („autonomer Pol"), können wiederum andere Akteure, die zwar dem gleichen Feld angehören, strukturell sehr viel stärker externen Anforderungen und wirtschaftlichen Einflüssen ausgesetzt sein („weltlicher Pol"). Mit dieser Differenzierung bei der Bestimmung des Autonomiegrades in einem Feld gelingt es Bourdieu, allzu groben Diagnosestellungen – egal, ob dabei die These einer absoluten Autonomie oder einer absoluten Heteronomie im Feld vertreten wird – zuvorzukommen. Stattdessen werden Felder als spannungsgeladene Sphären der Gesellschaft begriffen, die durch fortwährende Kämpfe zwischen dem autonomen Pol und dem heteronomen Pol strukturiert werden. So macht Bourdieu am Beispiel des Kulturfeldes deutlich, dass:

> „... die Felder der Kulturproduktion fortwährend Schauplatz einer Auseinandersetzung zwischen zwei Hierarchisierungsprinzipien [sind]: dem heteronomen Prinzip, das diejenigen begünstigt, die das Feld ökonomisch und politisch beherrschen ..., und dem autonomen Prinzip ..., das seine radikalsten Verfechter dazu treibt, irdisches Scheitern als Zeichen der Erwähltheit anzusehen und den Erfolg als Mal der Auslieferung an den Zeitgeschmack. Das Kräfteverhältnis in dieser Auseinandersetzung hängt von der Autonomie ab, über die das Feld insgesamt verfügt, das heißt von dem Ausmaß, in dem seine eigenen Normen und Sanktionen sich bei der Gesamtheit der Produzenten von Kulturgütern und noch bei denen durchsetzen, die ... denen am nächsten stehen, die eine homologe Position im Felde der Macht einnehmen, also externer und völlig heteronomer Nachfrage am meisten zugänglich sind." (Bourdieu 1999: 344)

Ein Machtzugewinn des heteronomen Pols ist dann erreicht, wenn das Handeln der
sozialen Akteure insgesamt mehr und mehr von externen ökonomischen Anforderungen abhängig gemacht wird. Je direkter das jeweilige Feld strukturell an die
Logik des Markts und an ökonomische Zwänge gekoppelt wird, je kleiner die soziale Distanz zwischen feldspezifischen und ökonomischen Welten hinsichtlich der
Laufbahnen der Akteure (z.b. Häufigkeit eines beruflichen Wechsels zwischen den
Feldern; soziale Distanz bei der Herkunft oder bei den Qualifizierungswegen) oder
hinsichtlich der habituellen Distanz zueinander, desto intensiver und nachhaltiger
sind die Effekte auf die soziale Praxis im Feld. Andererseits aber – darauf wird
Bourdieu bei seiner Analyse des künstlerischen Feldes nicht müde, immer wieder
hinzuweisen – trifft selbst noch für die heteronomen Positionen im Feld das zu,
was Bourdieu als „Übersetzungs- oder *Brechungs*effekt" bezeichnet. Externe Anforderungen werden feldspezifisch immer wieder „umgeformt" und „verklärt",
direkte Affirmation kann immer wieder negativ sanktioniert und Widerstand gegen
weltliche Zwänge positiv quotiert werden (ebd.: 349).

3.2.3 Grade der Ökonomisierung

Ausgehend von den bisherigen Überlegungen, die in gewisser Weise auf die These einer neuen Indifferenz von Feldern im Zuge deren Ökonomisierung hinführen
(vgl. auch Richter 2009) – kann die Ökonomisierung von Teilsystemen als ein
wesentliches und dynamisches Dauerphänomen verstanden werden, das ein Ergebnis der zunehmenden Ressourcenabhängigkeit aller Felder vom Wirtschaftssystem, einem daraus folgenden Bedeutungsgewinn wirtschaftlicher Logik innerhalb der Teilsysteme, bis hin zur vollständigen Übernahme der wirtschaftlichen
Handlungslogik und des Verlusts der spezifischen Feldautonomie und -spezifität
ist. Eine solche Überformung eines jeden Felds durch das Wirtschaftssystem, darauf ist gleichermaßen zu verweisen, ist jedoch nicht zwangsläufig gegeben. Betont werden muss die Verschiedenheit von Ökonomisierungsprozessen. Für
Schimank/Volkmann (2008) kommt es bei der Bestimmung der Autonomie eines
gesellschaftlichen Teilsystems gegenüber dem Ökonomischen weniger darauf an,
dass ein Teilsystem im Sinne des weltlichen Pols, und damit dem kommerziellen
Verwertungsprinzip folgend, durchaus aktiv ist. Entscheidend ist vielmehr die
Balance zwischen dem weltlichen Pol und dem autonomen Pol:

> „Im Portfolio der Leistungsproduktion muss die Balance zwischen einer primär
> selbstreferentiell geprägten autonomen Wissenschaft oder Kunst auf der einen Seite,
> einer stärker fremdreferentiellen, wirtschaftlichen Einflüssen ausgesetzten ange-
> wandten Forschung bzw. Gebrauchs- oder Unterhaltungskunst so gewahrt bleiben,
> dass die Selbstreferentialität gleichsam das Gesicht des Teilsystems bestimmt – was

nicht notwendigerweise auf ein quantitatives Übergewicht autonomer Leistungspro-
duktion hinauslaufen muss. Der Test ist ganz einfach: Sobald z.B. unter Journalisten
und ihren Rezipienten die Einschätzung vorherrscht, dass es sich beim Journalismus
in erster Linie um eine Branche des Wirtschaftssystems ähnlich der Stahl- oder Er-
nährungsindustrie und nicht mehr um etwas Eigenes handelt, drückt der autonome
Pol dem betreffenden Teilsystem nicht länger seinen Stempel auf, und es ist zum
Opfer einer ‚feindlichen Übernahme' durch die Wirtschaft geworden." (Schi-
mank/Volkmann 2008: 384)

Dieser „Test" ließe sich umstandslos auch auf das Gesundheitswesen übertragen:
Deuten Ärzte, Pflegende, Kranke und Gesunde das Krankenversorgungssystem
als etwas Spezifisches, das ganz eigenen Gesetzen und Regeln unterliegt, oder
wird die Krankenversorgung einem mehr oder weniger beliebigen Wirtschaftszweig gleichgesetzt, demzufolge Geld und marktförmige Angebots- und Nach-
fragemechanismen inklusive der entsprechenden Rollenzuweisungen das Gesundheitssystem prägen?
    Ausgehend von dieser, bis hier hin immer noch etwas dichotomen Betrach-
tung der Ökonomisierung nehmen Schmiank/Volkmann, aufbauend auf dem
Spannungsfeld von Bourdieu, so dann eine Differenzierung in fünf Grade der
Ökonomisierung vor. Sie führen damit eine Unterscheidung der Ökonomisierung
in ein Teilsystem entlang der genauen Bedeutung ökonomischer Prinzipien (hier
vor allem Verlustminimierung und Gewinnmaximierung) als Handlungsmotiv
für die Akteure ein und können damit auch den Zeitverlauf einer Ökonomisierung in den Blick nehmen (vgl. Abbildung 5).

Abbildung 3:   Fünf Grade der Ökonomisierung (eigene Darstellung nach
                  Schimank/Volkmann 2008)

Stufe 1	Überhaupt kein Kostenbewusstsein bei den Akteuren; Zahlungsfähigkeit ist problemlos gegeben; Akteure können völlig autonom handeln	**Autonomer Pol**
Stufe 2	Verlustvermeidung als „Soll-Erwartung" an die Akteure; ansonsten handeln die Akteure autonom	
Stufe 3	Verlustvermeidung als „Muss-Erwartung" an die Akteure; Autonomie der Akteure wird in Teilen beschnitten (z.B. in Form von Rationierung)	
Stufe 4	Verlustvermeidung als „Muss-Erwartung" kombiniert mit Gewinnzielen als „Soll-Erwartung"; Akteure sollen ihr Handeln an der Marktgängigkeit anpassen	**Weltlicher Pol**
Stufe 5	Gewinnerzielung als einziges Ziel des Teilsystems	

Die hier vorgestellte Skala der Ökonomisierungsgrade kann als Ausdruck einer Bedingtheit und Dynamik von Ökonomisierungsprozessen betrachtet werden, die in ihrer Gesamtheit als ein konstitutives Element moderner westlicher Gesellschaften angesehen werden können. Ausgehend von dieser Diagnose kann Ökonomisierung dann weder als ein dichotomer Prozess (ökonomisiert versus nichtökonomisiert), noch jede schon innerhalb eines Teilsystems relevante Art der wirtschaftlichen Handlungslogik gleichermaßen als ein Ausdruck von Ökonomisierung im Sinne einer „Mittel-Zweck-Verkehrung" (Kühn 2004) betrachtet werden. Gemäß dieser Skala führt eine wirtschaftliche Logik, die durchaus systematisch in bislang autonome Teilsysteme hineingreift, nicht zwangsläufig zu einem Autonomieverlust und einer generellen Unterordnung der je spezifischen Handlungslogik innerhalb des Teilsystems. Entlang der ökonomischen Logiken der Verlustminimierung und Gewinnmaximierung lassen sich vielmehr verschiedene Ökonomisierungsgrade erkennen, die ihrerseits mit unterschiedlichen Konsequenzen für die Systemautonomie oder Handlungslogik verbunden sind.

Übertragen auf empirische Modernisierungsprozesse in westlichen Gesellschaften bezeichnet die Ökonomisierung im Sinne der Stufe zwei und drei in erster Linie die Veränderungen in den ökonomischen Steuerungsmechanismen der bislang staatlich (mit-)getragenen Organisationen, wie beispielsweise den öffentlichen Bildungs-, Kultur- und Medieninstitutionen oder eben den öffentlichen Krankenhäusern, -kassen oder Pflegeeinrichtungen. Diese werden zunehmend in so genannte „public-private partnership" überführt oder einzelne Funktionsbereiche ausgelagert. Daneben wird verstärkt ein Kostendruck erzeugt und mehr oder weniger marktförmige Konkurrenzstrukturen aufgebaut. Beabsichtigte Ziele dieser Transformation liegen in einer damit erhofften Effektivitäts- und Effizienzsteigerung und einer stärkeren Orientierung der Institutionen am „Kunden".

Handelt es sich hingegen um vollständig privatisierte Funktionsbereiche, wie beispielsweise private Klinikträger, muss von einem Ökonomisierungsgrad entsprechend der Stufe vier und fünf ausgegangen werden. Hier gewinnt neben dem Ziel der Verlustminimierung die Orientierung an Kapitalerträgen an Bedeutung. Wird der ökonomische Druck zudem durch Prozesse verstärkt, die sich beispielsweise unter der Bezeichnung „Finanzmarkt-Kapitalismus" subsumieren lassen und auf den zunehmenden Einfluss von Shareholdern – vor allem Aktionären – auf die Unternehmenspolitik abzielen, so ist klar der höchste Grad von Ökonomisierung angesprochen. Im Vordergrund der Unternehmenssteuerung steht dann eine zumeist auf kurzfristige Erfolge konzentrierte Handlungsorientierung an einer möglichst hohen Eigenkapitalrendite.

Bezogen auf die Frage der Ökonomisierungseffekte fällt die Antwort also durchaus vorsichtig aus. Der Vorgang der Ökonomisierung kann durch unterschiedliche Intensitätsgrade gekennzeichnet sein, die im betreffenden Lebens- und Arbeitsbereich mit wiederum unterschiedlichen Konsequenzen verbunden wären. Zudem ist hiernach prinzipiell nicht auszuschließen, dass sich Ökonomisierung funktional auf die Aufgabenerfüllung des jeweiligen Feld auswirken kann, wenn dadurch Effektivitäts- und Effizienzgrade im betroffenen Bereich gesteigert würde. Letzterem stehen Schimank/Volkmann (2008) ausdrücklich offen gegenüber, relativieren dieses zugleich aber in Anbetracht der vermuteten dysfunktionalen Effekte der Ökonomisierung, die sich beispielsweise in Form von Leistungsrationierung, Qualitätsminderung bei der eigentlichen Leistung bis hin zum Phänomen des Marktversagens äußern können.

3.3 Forschungsperspektive und Reformulierung der Fragestellung

Angesichts der rasanten ökonomischen Wandlungsprozesse im deutschen Gesundheitssystem avanciert die Bestimmung der Gesetzmäßigkeiten und Konsequenzen eines nach marktwirtschaftlichen Regeln verfassten Gesundheitssystems zu einer bedeutsamen Aufgabe der gesundheits- und sozialwissenschaftlich orientierten Forschung. Dem liegt die These zu Grunde, dass die in den 1990er Jahren begonnene Umstellung der staatlich-solidarisch verfassten Organisation der Gesundheitsversorgung auf eine Regulierung mittels dezentraler Marktinstrumente zu erheblichen Veränderungen in der Versorgungsorganisation und im Versorgungshandeln beim Gesundheitspersonal führen werde.

Aktuelle Theorieangebote zum Gegenstand „Ökonomisierung" von Gesundheit und Pflege sind allerdings Mangelware. Die innerhalb der Public-Health-Forschung vorherrschenden Diskussionslinien kennzeichnet zudem eine ausgeprägte Polarität. Während im Rahmen gesundheitsökonomischer Ansätze Ökonomisierung als ein planbarer und kontrollierbarer Vorgang der Vermarktlichung gefasst wird, durch den die Institutionen der Gesundheitsversorgung mittels der Steuerungsmedien Geld und Gewinnstreben zu einem sparsamen Umgang mit den gegebenen Ressourcen bewegt werden können, fallen die Interpretationen desselben Tatbestands im Rahmen kritischer gesundheits- wissenschaftlicher Analysen wesentlich vorsichtiger aus. Die Unterwerfung des Gesundheitswesens unter die Regeln des Markts gleicht hier einem Steuerungsexperiment mit einem überaus ungewissen Ausgang. Permanenter Kostendruck, die institutionelle Förderung des egoistischen Profitstrebens und die Privatisierung der Krankheitskosten würden tiefe Eingriffe in die Praxis der Gesundheitsversorgung darstellen, infolge der die spezifischen Funktionsprinzipien des Gesundheitssystems aufs Spiel gesetzt würden. Die zu diskutierenden Konsequenzen könnten dann nicht alleine auf die ökonomisch-technische Dimension eines Programms zur Steigerung der Effizienz in einzelnen Versorgungsbereichen reduziert werden, sondern müssten auf kritische Fragen bezüglich der Folgen für die Beschäftigten einerseits und des Zugangs zur Versorgung wie der Versorgungsqualität andererseits ausgedehnt werden.

Letzteres findet in ersten empirischen Befunden zunächst Bestätigung. Zunehmender Kostendruck, neue restriktive Finanzierungsinstrumente und die Privatisierung von Versorgungseinrichtungen erhöhen das Risiko für systematische Versorgungsprobleme in der praktischen Versorgung (ex. Braun et al. 2009; Kühn/ Simon 2001; Laaser et al. 2000; Manzeschke 2006; Slotala/Bauer/Lottmann 2008; vgl. genauer Kapitel 2.3.1), und sind mitunter sogar mit höheren Kosten verbunden (Tiemann/Schreyögg 2009). Allerdings ist die Studienlage in diesem Zusammenhang als überaus lückenhaft zu bewerten. Abgesehen von ersten Begleituntersuchungen für den Bereich Krankenhaus fehlen valide Daten für andere Versorgungsbereiche ebenso, wie konzeptionell-theoretische Beschreibungs- und Erklärungsversuche zur differenzierten Analyse berufsgruppen-, einrichtungs- oder sektorenbezogener Veränderungen im Zuge des kapitalwirtschaftlichen Umbaus des Gesundheitssystems.

Ausgehend von der These eines dauerhaften ökonomischen Strukturwandels im Gesundheitswesen, der ebenso auch den ambulant pflegerischen Versorgungsbereich betrifft, wird es im empirischen Teil der Arbeit deshalb darum gehen, induktiv danach zu fragen, in welchem Ausmaß ambulante Pflegedienste von ökonomischen Anforderungen abhängig sind und mit welchen Konsequenzen dies für die pflegerische Versorgung einher geht. Angelehnt an die feldtheoretischen Annahmen Bourdieus wird der folgenden Untersuchung ein weithin offenes Verständnis für Ökonomisierungsprozesse im Feld der Pflege zu Grunde gelegt. Allgemein formuliert soll der Begriff Ökonomisierung die Auseinandersetzungen beziehungsweise die Kämpfe im Feld der Pflege fokussieren, die vor dem Hintergrund eines strukturellen Machtzugewinns des ökonomischen Feldes im Feld der Pflege geführt werden und über die sich letztlich nicht weniger als die Frage der legitimen Versorgungsgestaltung in der Pflege entscheidet. Es sollen sowohl die Autonomieverluste eingefangen werden, welche die Marktsteuerung dem Feld der Pflege zufügt, als auch die Übersetzungs- oder Brechungseffekte vermessen werden, die die spezifische Logik des Feldes den kommerziellen Einflüssen oder Anforderungen bereitet. Im Rahmen des Stufenmodells der Ökonomisierung (Schimank/Volkmann 2008), mit dem die konkrete Relevanz der ökonomischen Rationalität im Feld Gesundheit spezifiziert und damit auch eine strukturelle Schwächung der Feldautonomie gegenüber dem Markt empirisch markiert werden kann, wird die Aufmerksamkeit zugleich auch möglichen Widerständigkeiten der beteiligten Akteure gegen etwaige Marktgesetzmäßigkeit zu widmen sein, den dabei aufkommenden Spannungen zwischen feldinternen Kräften und feldexternen ökonomischen Anforderungen sowie letztlich etwaigen Kompromissvarianten einer Marktlichkeit im Feld Gesundheit.

Für eine Einschätzung etwaiger Ökonomisierungstendenzen im Bereich der ambulanten Pflege ist der Fokus zunächst auf ihre ökonomischen Strukturmerkmale zu richten. Die Rekonstruktion der wirtschaftlichen Rahmenbedingungen (vgl. Kapitel 2) lässt schnell erkennen, dass der Bereich der ambulanten Pflegedienste kaum durch eine absolute Autonomie gegenüber der ökonomischen Logik in diesem Sinne zu charakterisieren ist. Im Gegenteil, insbesondere der Grundsicherungscharakter der Pflegeversicherung ist Ausdruck einer staatlichen Absicherung in einem nicht bedarfsdeckenden Umfang (Gerlinger/Röber 2009; Rothgang 2006; Simon 2003b), die auf Seiten der Pflegedienste – so erste empirische Befunde – einen systematischen Kostendruck und erhebliche „finanzielle und betriebliche Turbulenzen" (Ewers/Schaeffer 1999) zur Folge hat. Auf Grundlage des Stufenmodells der Ökonomisierung soll mit der Untersuchung beantwortet werden, inwiefern sich im Zuge wachsender ökonomischer Zwänge im Bereich der ambulanten Pflegedienste Autonomieverluste abzeichnen.

Für die Konkretisierung und möglichst exakte Bestimmung der Grade entsprechender Autonomieverluste gilt der empirische Blick dabei zunächst der Frage, welche Bedeutung den ökonomischen Prinzipien Verlustvermeidung und Gewinnmaximierung in den ambulanten Pflegediensten zukommt:

Erste Frageebene (Bedeutung ökonomischer Zielvorgaben):

- Welche ökonomischen Zielvorgaben werden seitens der Akteure in den ambulanten Pflegediensten überhaupt formuliert?
- In welchem Ausmaß ist das Prinzip der Verlustvermeidung eine „Soll-Vorgabe" beziehungsweise dabei bereits eine „Muss-Anforderung"?
- Inwiefern finden auch marktorientierte Anpassungsprozesse statt, bei denen sich das Prinzip der Gewinnmaximierung als Handlungsvorgabe durchsetzt?

Aus pflege- und gesundheitswissenschaftlicher Perspektive ist darüber hinaus die Frage nach den Konsequenzen einer bedingten Autonomie gegenüber der ökonomischen Logik für die Qualität der Versorgung zu stellen. Hier sind, gerade mit Blick auf die empirischen Forschungsarbeiten zur Ökonomisierung im Krankenhausbereich, die bereits erhebliche Risiken in der Patientenversorgung infolge eines permanenten Zwangs zur Verlustvermeidung infolge der DRGs nachgewiesen haben, vielfältige Anpassungsprozesse in den ambulanten Pflegediensten an wirtschaftliche Anforderungen zu vermuten. Deshalb gilt es, den Veränderungsprozessen in den ambulanten Pflegediensten, die sich im Zuge der wachsenden Bedeutung wirtschaftlicher Interessen in den Bereichen der Personalstruktur, der Versorgungsorganisation und im direkten Versorgungshandeln herauskristallisieren, genauer auf den Grund zu gehen:

Zweite Frageebene (Ökonomische Anpassung und ihre Folgen für die Versorgung und die Arbeitsbedingungen der Beschäftigten):

- In welcher Weise spielen ökonomische Interessen in die Versorgungsorganisation der ambulanten Pflegedienste hinein?
- Welche Veränderungen werden aufgrund ökonomischer Vorgaben in der Personalstruktur vorgenommen?
- Welche Bedeutung haben ökonomische Aspekte in der Aushandlung von Versorgungsarrangements mit den Pflegebedürftigen?
- Welche Konsequenzen haben ökonomisch motivierte Maßnahmen letztlich für den direkten Versorgungsalltag?

Ein Ökonomisierungsverständnis, das auf das feldspezifische Verhältnis zwischen Geld und Gesundheit in den Mittelpunkt stellt, lenkt die Aufmerksamkeit auch auf die *normativen* Handlungsgrundlagen des Pflegepersonals im Verhältnis zur materiellen Ökonomie (Bongaerts 2008). Die wachsende Relevanz der ökonomischen Logik im Sinne einer strukturellen Abhängigkeit ambulanter Pflegedienste von ökonomischen Sachverhalten ist deshalb auch in ihrer Bedeutung für die Handlungsmotive des Gesundheitspersonals zu spezifizieren. Zu erforschen ist u.a., welche berufsethischen Implikationen von einer wachsenden strukturellen Abhängigkeit gegenüber wirtschaftlichen Interessen für die professionelle Pflege ausgehen:

Dritte Frageebene (Normativer Stellenwert der ökonomischen Logik im Pflegehandeln):

- Inwiefern wird über „Geld" beziehungsweise über wirtschaftliche Interessen in den Pflegediensten offen gesprochen?
- Wie wird mit etwaigen Widersprüchen zwischen Patienteninteressen und ökonomischen Interessen auf Seiten der Pflegenden umgegangen?
- Inwiefern werden Grenzen einer ökonomischen Rationalisierung in der pflegerischen Arbeit gezogen und wo liegen diese?

Auf diese drei Fragedimensionen wird die folgende empirische Untersuchung aufbauen. Die nachfolgende Darstellung beinhaltet zunächst das methodische Vorgehen, an das die Untersuchungsbefunde anschließen.

4 Methodisches Vorgehen

„Sozialforschung muss ... keinesfalls zur unreflektierten Reproduktion gesellschaft-licher Herrschafts- und Gewaltverhältnisse führen, sondern kann vielmehr nutzbar gemacht werden als Werkzeug zu deren Kritik."

UDO KELLE (2007)

Bevor die Analyse der Untersuchungsergebnisse im Mittelpunkt stehen soll, wird im Folgenden der methodische Rahmen der empirischen Erhebung vorgestellt. Dazu wird zunächst das qualitative Forschungsdesign und die Wahl des Experteninterviews begründet und erläutert (Kapitel 4.1). Es folgt die Entwicklung und Handhabung des Gesprächsleitfadens (Kapitel 4.2). Im Anschluss daran wird die Vorgehensweise bei der Datenerhebung und Dateninterpretation dargelegt (Kapitel 4.3). Die methodischen Erläuterungen schließen mit einer Vorstellung der in die Erhebung eingeschlossenen Befragten (Kapitel 4.4).

4.1 Forschungsdesign und Begründung der Methode

Aufbauend auf einer bereits abgeschlossenen Untersuchung zu den Folgen der Ökonomisierung im Krankenhausbereich für die Pflege (Slotala/Bauer/Lottmann 2008) soll mit der vorliegenden Untersuchung ein *erster* Zugang zum Bereich der wirtschaftlichen Steuerungspraxis von ambulanten Pflegediensten geschaffen werden. Damit verfolgt die Untersuchung ein exploratives Ziel. Angesichts des bestehenden Forschungsdesiderats zur Thematik Ökonomisierung im Bereich der ambulanten Pflege ist eine Methode aus dem Bereich der qualitativen Sozialforschung vorzuziehen. Damit kann im Unterschied zu quantitativen Forschungsmethoden eine möglichst offene, komplexe Zusammenhänge verstehende und thesengenerierende Form der Datengewinnung ermöglicht werden, die besonders vor dem Hintergrund der lückenhaften Studienlage angemessen erscheint (vgl. Flick/Kardorff/Steinke 2003). Im Zentrum der Untersuchung stehen die Wissens- und Erfahrungsbestände der Pflegenden, die im Rahmen ihrer beruflichen Tätigkeit in einem ambulanten Pflegedienst angestellt sind, dabei entweder direkt in der Patientenversorgung arbeiten und/oder Leitungsfunktionen (Geschäftsleitung/Pflegedienstleitung/Stabsstellen) inne haben oder eine verbandspolitische Position im Bereich der ambulanten Pflegeversorgung begleiten. Der Auswahl der Zielgruppe ging das Motiv voraus, über deren Wissens- und Erfahrungsbestände einen möglichst breiten Einblick in die bislang kaum erforschte ökonomi-sche Situation der ambulanten Pflegedienste zu erhalten. Hierdurch soll es ermöglicht werden, die handlungspraktische Relevanz der ökonomischen Rationalität im Versorgungsalltag der in ambulanten Pflegediensten tätigen Pflegenden zu rekonstruieren.

Um das Wissen dieser Zielgruppe zu ermitteln, bietet sich prinzipiell das Interview als adäquates Erhebungsverfahren an. Mittlerweile kommen im Bereich der qualitativen Sozialforschung verschiedene Typen von Interviews zum Einsatz. Zu unterscheiden sind beispielsweise fokussierte Interviews, halbstandardisierte Interviews, problemzentrierte Interviews, Experteninterviews oder ethnographische Interviews (vgl. genauer z.b. Flick 1995: 94ff; Spöhring 1989: 147). Auf Grund des vorliegenden Forschungsgegenstands fiel die Wahl auf das Experteninterview. Das Experteninterview als Verfahren in der empirischen Sozialforschung dient in erster Linie der Erschließung von Expertenwissen, das Auskunft über institutionelle Bedingungen, Regeln, Logiken und normative Grundlagen des Handelns einer ausgewählten Akteursgruppe geben soll (Meuser/Nagel 1991). Auf den Gegenstand Ökonomisierung bezogen können Experteninterviews einen tiefen Einblick in Strukturzusammenhänge und Wandlungsprozesse im ambulant-pflegerischen Versorgungssystem vermitteln und exklusive Erkenntnisse über die Bedingungen und Folgen des ökonomischen Strukturwandels für das pflegerische Feld liefern. Ein Pflegender wird hier als Experte angesprochen, weil angenommen werden kann, dass er über ein Wissen über die ökonomische Situation und deren praktische Konsequenzen für die ambulanten Pflegedienste verfügt, das er zwar nicht zwangsläufig alleine besitzt, das aber doch nicht jedermann – so beispielsweise den Pflegebedürftigen und ihren Angehörigen – bekannt ist (vgl. dazu auch Meuser/Nagel 2009).

Methodologische Anmerkungen I: Rekonstruktion von Expertenwissen

Obschon das Experteninterview nicht nur innerhalb der Pflege- und Gesundheitswissenschaften eine inzwischen häufig angewendete Methode ist, erscheint es als angemessen, einige grundlegende methodologische Aspekte der Methode vorab genauer zu diskutieren. Zunächst ist festzustellen, dass eine Reduktion des zu erhebenden Expertenwissens auf die explizierte Rationalität, wie sie bei älteren Diskussionen des Expertenbegriffs häufig vorgenommen wurde, heute nicht immer als gegenstandsangemessen angesehen werden kann. Nicht alles praxisrelevante Wissen ist den Akteuren reflexiv tatsächlich erschlossen – darauf machen Meuser/Nagel (2009) in einem unlängst veröffentlichen Aufsatz zur Methode des Experteninterviews unmissverständlich deutlich:

> „Der Experte kann dieses Wissen, obschon es handlungsleitend ist, im Interview nicht einfach „abspulen". Es kann allerdings aus dem, was der Interviewte sagt, rekonstruiert werden." (Meuser/Nagel 2009: 470)

Die Relativierung der explizierten Wissensbestände im Sinne ihrer Handlungsrelevanz erscheint erst recht als tragfähig, wenn in den Gesprächen Probleme beziehungsweise Widerspruchskonstellationen in der Handlungspraxis thematisiert werden sollen. Vor dem Hintergrund drohender Verletzungen des beruflichen Ethos, wie bei befragten Pflegeakteuren im Zuge der Ökonomisierung zu erwarten ist (vgl. Slotala/Bauer/Lottmann 2008), könnten die Experten zum Beispiel dazu neigen, ein nahezu widerspruchsfreies und idealisiertes Alltagsbild zu zeichnen. Um im Analyseverfahren der Relevanz der ökonomischen Anforderungen in der pflegerischen Handlungspraxis näher zu kommen, reicht es deshalb nicht, den „immanenten Sinngehalt" (Bohnsack/Nentwig-Gesemann/Nohl 2007: 14), also das explizite Orientierungswissen der Pflegeakteure, ihre subjektiven Alltagstheorien und zweckrationalen Sinnzuschreibungen in Bezug auf die Relevanz wirtschaftlicher Anforderungen in Pflegediensten deskriptiv nachzuzeichnen und diese auf eine abstrakte, generalisierbare Ebene zu heben. Eine solche Herangehensweise mag ihren Reiz haben, wie Bohnsack beschreibt, greift jedoch zu kurz:

> „Die Fixierung auf das theoretische Welt-Erkennen, auf die theoretische Vernunft der AkteurInnen, wird ganz wesentlich dadurch befördert, dass der methodische Zugang zu dieser Ebene des Handelns unkomplizierter ist und somit die empirische Forschung vor größeren Anstrengungen bewahrt. Denn auf dieser Ebene kann die sozialwissenschaftliche Empirie sich darauf beschränken, die Common Sense-Theorien der AkteurInnen zu rekonstruieren. Sie braucht lediglich das von diesen selbst bereits zur begrifflichen Explikation gebrachte Wissen zu systematisieren und neu zu formulieren. Die Aussagen der AkteurInnen können ‚wörtlich' genommen werden." (Bohnsack 2009: 322f)

Genau an diesem Punkt unterscheidet sich die von Bohnsack entwickelte dokumentarische Methode von Analysezugängen, die auf der Ebene subjektiver Handlungstheorien und zweckrationaler Handlungsabsichten verbleiben und sich mit der Beschreibung expliziter Intentionen und Vorstellungen der Akteure begnügen.

> „Die dokumentarische Interpretation ist ... darauf gerichtet, einen Zugang zum handlungspraktischen, zum impliziten und konjunktiven Erfahrungswissen zu erschließen." (Bohnsack/Nentwig-Gesemann/Nohl 2007: 15)

Die Rekonstruktion der Relevanz wirtschaftlicher Rationalität im pflegerischen Handeln muss insbesondere auch auf den „konjunktiven, metaphorischen oder eben dokumentarischen Sinngehalt" (ebd.: 14), also den der Praxis zu Grunde liegenden und diese strukturierenden Orientierungsrahmen abzielen. Will man der wahren Relevanz ökonomischer Anforderungen im Pflegehandeln näher kommen, so gilt es, neben den reflexiven Wissensbeständen und subjektiven

Handlungstheorien auch das stillschweigende, implizite beziehungsweise inkorporierte Orientierungswissen in Bezug auf die Anwendung und Anwendungsgrenzen von wirtschaftlichen Maßnahmen zu rekonstruieren, das als kollektiver Orientierungsrahmen das Handeln der Leitungsakteure strukturiert.

Mit Blick auf den vorliegenden Forschungsgegenstand kommt es ganz besonders darauf an, zwischen den offiziellen Anforderungen und Vorgaben in den Pflegediensten und dem handlungspraktischen, teilweise implizit bleibenden Arbeitsalltag der Pflegenden zu unterscheiden. Beide Dimensionen sind für die Untersuchung von hoher Relevanz. Die erste, weil hier das Expertenwissen der Akteure in Bezug auf die Implikationen der wirtschaftlichen Rahmenbedingungen in der ambulanten Pflege für die Pflegedienste von großer Bedeutung für die Fragestellung ist. Hierbei wird es darum gehen, zu rekonstruieren, inwiefern sich die Akteure überhaupt einem ökonomischen Handlungsdruck gegenüber sehen, inwiefern wirtschaftliche Zielvorgaben (Verlustvermeidung/Gewinnerzielung) formuliert werden, welche Umsetzungsstrategien zu ihrer Einhaltung in den Pflegediensten zur Anwendung kommen und nicht zuletzt, ob und wenn ja welche Grenzen bei ökonomischen Rationalisierungsmaßnahmen offiziell gezogen werden. Der empirische Blick muss allerdings auch auf die Handlungspraxis der Pflegenden gerichtet werden. Es gilt herauszupräparieren, in welchem Ausmaß die pflegerische Handlungspraxis abseits des *common sense* der Akteure tatsächlich von ökonomischen Anforderungen bestimmt ist. Letzteres zielt auf die impliziten Orientierungen der Pflegenden. Das Interesse richtet sich nicht darauf, „*was* Motive sind", sondern „*wie* diese hergestellt, zugeschrieben, konstruiert" werden (Bohnsack 2001: 228). Wie kommt es also dazu, dass Kostensenkungs- oder auch Gewinnmotive in den Pflegediensten etabliert werden? Wie werden bestimmte ökonomische Motive durchgesetzt, auch wenn beispielsweise dadurch die Versorgungsqualität und die Arbeitsbedingungen der Beschäftigten leiden? In welcher Form werden Grenzen einer ökonomischen Anpassung der Pflegedienste stillschweigend gezogen?

Hierbei ist eine formale Interpretation und Textsortenerkennung vorzunehmen. Die Unterscheidung von Beschreibungen, Erzählungen, Argumentationen und Bewertungen ist dafür grundlegend. Während Argumentationen und Bewertungen Zusammenfassungen von Motiven, Ursachen und Bedingungen über das eigene oder fremde Verhalten enthalten und damit ausschließlich reflexives Wissen und zweckrationale Handlungsmotive der Akteure transportieren, dokumentieren Erzählungen und Beschreibungen, in denen Handlungsabläufe mehr oder weniger detailliert thematisiert werden, die Erfahrungen des Erzählers. In ihnen lässt der Befragte – jenseits seiner zweckrationalen Handlungsmotive – also einen tiefen Einblick in seine Handlungspraxis zu (Bohnsack 2007: 57ff.).

„Gerade weil er seine Erzählung komplettieren (in ihrer Gestalt schließen), kondensieren und detaillieren muss, verstrickt sich der Erzähler in den Rahmen seiner eigenen Erfahrungen und lässt damit in den Erzählungen einen tiefen Einblick in seine Erfahrungsaufschichtung zu." (Nohl 2006: 48)

Erzählungen und Beschreibungen beinhalten insofern auch implizite Wissensbestände und vorreflexive Orientierungen, die mittels der reflektierenden Interpretation erschlossen werden können (ebd.: 48ff). Die spezifische Struktur und Problematik bei der Bearbeitung eines Themas und damit der dafür ausschlaggebende Orientierungsrahmen kann allerdings erst vor dem Hintergrund kontrastierender Fälle spezifiziert werden. Andernfalls droht der persönliche Vergleichshorizont des Interpreten implizit zum Vergleichsmaßstab der Fallanalyse zu avancieren (ebd.: 137ff.).

Methodologische Anmerkungen II: Trennung zwischen Experte und Person / Fallvergleiche

Ein weiterer methodologischer Aspekt des Experteninterviews betrifft zunächst die Frage der Trennung zwischen Experte und Person. Grundsätzlich zielt das Experteninterview auf das institutionelle „Insiderwissen" der Akteure – nicht also auf die Interpretation ihrer biographischer Lebens- und Karriereverläufe. Daran anknüpfend haben sich Meuser/Nagel (1991) in ihren früheren Arbeiten konsequent für eine Ausklammerung den privaten Bezügen aus dem Expertenhandeln ausgesprochen und dafür plädiert, dass ausschließlich die Person als Experte und Funktionsträger von Interesse für das Experteninterview sei. Anders als beispielsweise bei biografischen Interviews wird der Befragte demnach als Experte im Rahmen des jeweiligen institutionellen Settings angesprochen (vgl. auch Meuser/Nagel 1994), „also weil er aufgrund seiner Zuständigkeit, Tätigkeiten und Erfahrungen über Wissensbestände verfügt, die den Forscher interessieren." (Siering/Staender/Berger 2002: 290) In jüngeren Diskussionen setzt sich allerdings immer stärker die Erkenntnis durch, dass die prinzipielle Trennung zwischen Experte und Person nicht haltbar ist und auch private beziehungsweise (berufs-)biographische Bezüge der Experten im Rahmen des Experteninterviews berücksichtigt werden sollten (vgl. Liebold/Trinczek 2009; Behnke/Meuser 2005).

„Zum anderen darf der (u. a. auch zugeschriebene) Expertenstatus nicht darüber hinwegtäuschen, dass es sich auch bei einem Expertengespräch um die jeweiligen Perspektiven, Sinngebungen und Relevanzstrukturen eines Gesellschaftsmitgliedes handelt. Eine künstliche Trennung zwischen Person und Experte ist u. E. problematisch, weil auch ein exklusives Wissen grundsätzlich stets nur über die Person und deren Erfahrungshintergrund zugänglich ist." (Liebold/Trinczek 2009: 54)

Eine Berücksichtigung von biographischen und sozialen Hintergrundfaktoren im Rahmen von Experteninterviews ist auch damit verbunden, das Material auf unterschiedliche Typologien innerhalb einer Befragungseinheit zu prüfen. Die Chance, dass alle Themen als gleich relevant beziehungsweise in gleicher Weise bearbeitet werden, dürfte vor dem Hintergrund unterschiedlicher sozialer Bezüge nämlich als recht unwahrscheinlich betrachtet werden. Statt einer ausschließlichen Fokussierung auf inhaltliche Gemeinsamkeiten gilt die Aufmerksamkeit insofern auch den Unterschieden in der Bearbeitung eines Themas zwischen den Befragten.

Für eine kontrastierend-rekonstruktive Herangehensweise bietet der Methodenkoffer des Experteninterviews hierzu erste Ansätze (vgl. ebd.). In Anlehnung an die dokumentarische Methode steht beim Fallvergleich die Rekonstruktion der „impliziten Selbstverständlichkeiten des Wissens der Akteure" (Bohnsack/Nentwig-Gesemann/Nohl 2007: 15), die ihrer Praxis sozusagen stillschweigend unterlegt sind, ganz im Vordergrund. Diese Selbstverständlichkeiten oder die vorreflexiven Orientierungen können prinzipiell im Kontext verschiedener Erfahrungsräume stehen und beispielsweise bildungs-, geschlechts- und generationstypischer, aber auch lebenszyklischer Art sein (Bohnsack 2007: 136) oder sich auf den Ausbildungsstand, den Arbeitsplatz beziehungsweise die Fachdisziplin beziehen (vgl. Vogt 2004: 66). Ziel wird es insofern sein, anhand des Datenmaterials fallspezifische Unterschiede in den Orientierungen zu überprüfen und diese herauszuarbeiten.

4.2 Entwicklung und Handhabung des Gesprächsleitfadens

Der Gesprächs- oder auch Interviewleitfaden dient insbesondere dazu, die aus der theoretischen Auseinandersetzung gewonnenen Erkenntnisse in das Erhebungsverfahren einfließen zu lassen, die Datenerhebung damit zielgerichtet an der Fragestellung zu orientieren und zugleich eine gewisse Vergleichbarkeit der Interviews herzustellen (Müller-Mundt 2002). In einem ersten Schritt der Konzeption des Leitfadens wurden dazu die untersuchungsrelevanten Themenschwerpunkte, die im theoretischen Teil der Arbeit herausgearbeitet wurden, abgesteckt. Hierbei handelt es sich die Themen (1) ökonomische Zielvorgaben, (2) ökonomisch bedingte Veränderungen und ihre Auswirkungen auf die Pflegepraxis, (3) normativer Stellenwert ökonomischer Anforderungen im Pflegehandeln. Ausgehend von den themenspezifischen Unterfragen (vgl. genauer Kapitel 3.3) wurden anschließend Interviewfragen konstruiert und in eine für die Zielgruppe möglichst sinnvolle Reihenfolge gebracht. Der methodische Anspruch bestand hierbei unter anderem darin, Fragen zu generieren, die den Befragten

nicht allein Erklärungen und Rechtfertigungen zum Thema „ökonomische Anforderungen" abfordern, sondern sie in den Gesprächsmodus der Erzählung und
Beschreibung versetzen, in denen sich die forschungsrelevanten Aspekte *dokumentieren* (siehe dazu Kapitel 4.1). Die Fragen wurden möglichst offen gehalten,
sodass die Befragten die Möglichkeit hatten, zu dokumentieren, „ob sie die Fragestellung überhaupt interessiert, ob sie in ihrer Lebenswelt – man sagt auch:
ihrem Relevanzsystem – einen Platz hat und wenn ja, unter welchem Aspekt sie
für sie Bedeutung gewinnt." (Bohnsack 2007: 20)

Der Interviewleitfaden umfasst insgesamt drei Frageblöcke und sollte im
Gespräch in erster Linie als unterstützendes Instrument zum Einsatz kommen.
Dementsprechend wurde im gesamten Verlauf der Interviews besonders großer
Wert auf die primär strukturierende Funktion des Interviewleitfadens für die
konkrete Umsetzung des Gesprächs gelegt. Er wurde dabei sehr flexibel gehand-
habt, indem, angepasst an den jeweiligen Interviewverlauf, die einzelnen Themenschwerpunkte in Form offener Fragen in die Interviews eingeführt wurden.
Im Verlauf des Forschungsprozesses wurde der Leitfaden dabei an einigen Stellen auf Grund neu erkannter Aspekte geringfügig ergänzt, jedoch bezüglich seiner Themenschwerpunkte nicht verändert.

Der Intervieweinstieg durch eine allgemeine Frage nach den Veränderungen
im Berufsalltag schien in diesem Fall sinnvoll, da hiervon ein möglichst offener
Gesprächsverlauf erwartet werden konnte. Aus dieser Überlegung heraus ergab
sich auch die inhaltliche Ausrichtung der Eingangsfrage des Interviews: „Können Sie mir zu Beginn vielleicht einfach einmal erzählen, welche die Ihrer Meinung nach wichtigsten Veränderungen in der ambulanten Pflegeversorgung
sind?" Mit dieser Eingangsfrage wurde das thematische Feld eröffnet, in welchem sich das Gespräch bewegen sollte. Entsprechend der Gesamtkonzeption
des Leitfadens wurde der Blick des Interviewten dabei auf seinen Berufsalltag
gerichtet. Neben der thematischen Relevanz der erwartbaren Aussagen wurde die
Wahrscheinlichkeit relativ hoch eingeschätzt, dass bei der Beantwortung dieser
offen formulierten Einstiegsfrage der Themenschwerpunkt „ökonomische Bedingungen" bereits durch den Befragten selbst angesprochen wird. Dies ermöglicht einen positives Einfluss auf den Verlauf des Interviews, da durch eine direkte Bezugnahme auf Aussagen des Interviewpartners eine relativ freie
Gesprächssituation entsteht. Die „angespannte" Interviewsituation wird dementsprechend aufgelockert, wodurch ein relativ hohes Maß an Exploration erzielt
werden kann.

Das Ziel des ersten Frageblocks bestand darin, die aktuelle Arbeitssituation
der befragten Person beziehungsweise der Kollegen im Pflegedienst zu erfragen
und zugleich mögliche Zusammenhänge zur wirtschaftlichen Situation der Pflegedienste zu eruieren. Die Fragen bezogen sich beispielsweise auf die Belas-

tungsfaktoren, positive Veränderungen im Beruf, die Arbeitsbedingungen und Organisation sowie auf die Gründe für etwaige wahrgenommene Veränderungen in diesen Bereichen. Fragen zur Bedeutung ökonomischer Faktoren wurden, wenn nötig, stets ausschließlich in Form von Nachfragen gestellt. Auf ein entsprechendes Vorgehen wurde in der gesamten Erhebungsphase besonders großer Wert gelegt. Damit sollte dem Prinzip der Offenheit als wichtigstem Kriterium der qualitativen Sozialforschung (Lamnek 1998) Rechnung getragen werden.

Im zweiten Teil des Interviews stand das Thema Patientenversorgung im Mittelpunkt. Wichtigste Dimensionen umfassten die Beschreibung der Leistungsangebote, wahrgenommene Veränderungen im Bereich der direkten Pflegeversorgung, etwaige Problemsituationen, positive Aspekte, die Beurteilung des Qualitätsniveaus in der direkten Pflege sowie auch die Relevanz und der Umgang mit Zuzahlungen für Pflegeleistungen.

Der dritte Interviewabschnitt zielte direkt auf die Bedeutung ökonomischer Anforderungen in der beruflichen Praxis ab. Hierbei variierte der Leitfaden in Abhängigkeit von der beruflichen Position des Befragten. Pflegenden, die eine Leitungsfunktion ausüben, wurden direkte Fragen nach der ökonomischen Zielsetzung im Pflegedienst und den daraus resultierenden Rationalisierungsmaßnahmen gestellt. Pflegende, die ausschließlich in der direkten Pflege tätig sind, wurden vor allem nach der Interaktion mit der Leitungsebene im Pflegedienst befragt – insbesondere vor dem Hintergrund etwaiger ökonomisch motivierter Rationalisierungsmaßnahmen. Diesem Vorgehen liegt die These zu Grunde, dass ökonomische Anforderungen insbesondere für die Gruppe der Leitungsebene von enorm hoher Relevanz innerhalb des Berufsalltag sein dürften. Dies vor allem deshalb, weil Pflegeakteure in Führungspositionen angesichts ihrer exponierten organisationsinternen Stellung formal zuständig für mehr oder weniger jede betriebsinterne Steuerungsentscheidung in den Pflegediensten sind und demzufolge auch etwaige interne Anpassungsprozesse an wirtschaftliche Gegebenheiten maßgeblich von ihnen mitbestimmt sein dürften. Inwiefern ökonomische Zielvorgaben formuliert werden, welche Strategien zur Umsetzung ausgewählt und umgesetzt werden, dürfte insofern vor allem auf der Leitungsebene entschieden werden.

4.3 Datenerhebung und Auswertung

Wie eingangs bereits erwähnt, gelten als Zielgruppe der Befragung in der vorliegenden Untersuchung Pflegende, die im Rahmen ihrer beruflichen Tätigkeit in einem ambulanten Pflegedienst angestellt sind, dabei entweder direkt in der Patientenversorgung arbeiten und/oder Leitungsfunktionen (Geschäftsleitung/Pflegedienstleitung/Stabsstellen) inne haben oder eine verbandspolitische Position im

Bereich der ambulanten Pflegeversorgung begleiten. Bei den beschäftigenden Pflegediensten wurde großer Wert auf eine möglichst große Bandbreite verschiedener Träger gelegt. Im Verlauf der Erhebungsphase konnte das Sample um sieben Interviews einer parallel dazu laufenden Untersuchungsreihe am Institut für Pflegewissenschaften der Universität Bielefeld ergänzt werden.[24] Es handelt sich hierbei um leitfadengestützte Experteninterviews mit Pflegenden, die zum Zeitpunkt des Interviews eine verbandspolitische Position im Kontext ambulanter Pflege eingenommen haben. Das Datenmaterial enthält zahlreiche Bezüge zur vorliegenden Fragestellung und eignet sich besonders dazu, die Entwicklungen im Bereich der ökonomischen Rahmenbedingungen der Pflegedienste abzubilden. Außerdem wurde das Sample um ein weiteres Interview komplettiert, das im Rahmen eines Pilotprojekts an der Fakultät für Gesundheitswissenschaften geführt und der vorliegenden Untersuchung zur Verfügung gestellt wurde (Für eine genauere Beschreibung des Samples siehe Kapitel 4.4).[25]

Der Zusammensetzung des Samples ging das Motiv voraus, ein möglichst breites Spektrum an Wahrnehmungs-, Denk- und Handlungsmustern bei den Pflegeakteuren hinsichtlich der Auseinandersetzung mit den wahrgenommenen ökonomischen Bedingungen im ambulanten Pflegefeld einzufangen. Im Vordergrund der Analyse standen Tätigkeitsbereiche und subjektive Sichtweisen der Pflegenden auf ihren beruflichen Alltag und ihre damit in Verbindung stehenden Erfahrungen und Beobachtungen im Kontext ökonomischer Anforderungen. Ziel hierbei war es, über die Akteursperspektive zu einem möglichst umfassenden und vollständigen Bild der wirtschaftlichen Strukturbedingungen der ambulanten Pflegedienste zu gelangen und somit auch dem Expertenstatus der Befragten vollends Geltung zu verschaffen.

Um der hohen Bedeutung der Leitungsakteure als Experten und Entscheidungsträger im Kontext der ökonomischen Bedingungen Rechnung zu tragen, werden die Befragungsergebnisse aus diesem Teil der Zielgruppe im Rahmen der vorliegenden empirischen Analyse im Mittelpunkt stehen (siehe unten). Geschäfts- und Pflegedienstleiter sowie Inhaber von Stabsstellen tragen per se die Verantwortung für den wirtschaftlichen Erfolg der Pflegedienste und müssen über zentrale personelle, organisatorische und versorgungsbezogene Fragen entscheiden. Es ist insofern davon auszugehen, dass das Thema „ökonomische Anforderungen" besonders für diejenigen Pflegenden relevant sein dürfte, die in ihrer beruflichen Praxis eine Leitungsposition bekleiden. Ihre Handlungspraxis im Umgang mit den ökonomischen Rahmenbedingungen empirisch abzubilden und zu interpretieren, wird deshalb ein zentrales Anliegen der Analyse sein.

---

24 Mein Dank geht an Andreas Büscher, der das Interviewmaterial für die Studie zur Verfügung gestellt hat.
25 Mein Dank geht an Ullrich Bauer und Uwe Bittlingmayer, die das Interviewmaterial für die Studie zur Verfügung gestellt haben.

Es wurden insgesamt 20 Interviews geführt und ausgewertet. Diese dauerten zwischen 40 und 110 Minuten und wurden auf Tonband aufgezeichnet. Anschließend erfolgte die wörtliche Transkription der Interviews, wobei auf eine kommentierende Transkription (Mayring 1990: 65f) verzichtet wurde, da sich das Forschungsinteresse überwiegend auf die thematischen Inhalte und weniger auf konversationsanalytische Aspekte im Gesprächsverlauf richtete. Am Ende der Interviews wurden, soweit sich diese nicht aus dem Gesprächsverlauf ergaben, soziodemografisch relevante Daten wie Alter und Zeitpunkt der jeweiligen beruflich relevanten Abschlüsse erfasst. Danach wurden in Form eines Gedächtnisprotokolls die wichtigsten Aussagen zusammengefasst und der Gesamteindruck der Interviewsituation schriftlich fixiert. Nach der Transkription lag Interviewmaterial im Umfang von 260 Schriftseiten vor.

Bei der Interpretation und Darstellung des Datenmaterials wurde ein zweistufiges Verfahren angewendet. Im *ersten* Teil der Analyse galt es, alle Interviews in den Mittelpunkt zu stellen und die Wissens- und Erfahrungsbestände der Befragten, die in unterschiedlichen Positionen tätig waren, hinsichtlich der von ihnen wahrgenommenen ökonomischen Anforderungen im Versorgungsbereich der ambulanten Pflege zu rekonstruieren. Ziel der Analyse war es, den thematischen Verlauf des Gesprächs nachzuzeichnen, die forschungsrelevanten Textpassagen zu selektieren und diese einer formulierenden Feininterpretation zu unterziehen. Auf diese Weise konnten Ober- und Unterthemen, die das Interview geprägt hatten, definiert sowie eine thematische Zusammenfassung der besonders wichtigen Textpassagen vorgenommen werden. Bereits dieser Schritt der formulierenden Analyse setzt eine Interpretationsleistung seitens des Forschers voraus. Er muss die thematischen Inhalte angemessen zusammenfassen und den wörtlichen Gehalt interpretieren (Bohnsack 2009: 325f).

Im *zweiten* Teil der Datenanalyse standen sodann ausschließlich die Interviews mit Leitungsakteuren aus der ambulanten Pflege im Mittelpunkt. Auf Grundlage der vorab abgeleiteten These, dass diese Zielgruppe von enorm hoher Bedeutung für die Fragestellung sei (vgl. oben), galt es zu beantworten, welche Relevanz die ökonomischen Anforderungen in der Handlungspraxis des Leitungspersonals haben, beziehungsweise ob und inwiefern selbige in ihr bemerkbar werden. Die Interviews mit den Leitungsakteuren wurden daraufhin verglichen, wie die Interviewten die Themen jeweils bearbeiten, das heißt welcher gemeinsame oder unterschiedliche Orientierungsrahmen dem Oberthema „ökonomische Anforderungen" unterlegt wird. Dabei wird der Erfahrungsraum „Arbeitsplatz Pflegedienst" naturgemäß im Mittelpunkt des Interesses stehen. Über die fallvergleichende Analyse lassen sich verallgemeinerbare Aussagen darüber treffen, welche impliziten Orientierungsrahmen die Handlungspraxis der Befragten jeweils strukturieren. Am Ende der komparativen Analyse war eine Generierung von Typologien möglich (Nohl 2006: 65ff).

4.4 Das Sample der Untersuchung

Für die Untersuchung ergibt sich folgende Zusammensetzung der Befragten (N=20):

Tabelle 8: Pflegebefragung im Versorgungsbereich ambulante Pflege: Das Sample (Pk = Pflegekraft / Pdl = Pflegedienstleitung / Gf = Geschäftsführung / Sbst = Inhaber einer Stabsstelle / VPA = Verbandspolitischer Akteur)

N	Anonym.	Berufsausbildung	derzeitige Funktion (PDL = Pflegedienstleitung; GL = Geschäftsleitung)	Trägerschaft
1	Pk Reich	Arzthelferin	Pflegehilfskraft (25 %)	konfessionell
2	Pk Kant	Kinderkrankenschwester	Pflegekraft (50 %)	privat
3	Pk Walzer	Bürokauffrau	Pflegehilfskraft (50 %)	konfessionell
4	Pk Wolf	Kinderkrankenschwester	Pflegeversorgung (100 %)	privat
5	Pk Ulla	Krankenpflegerin	Pflegeversorgung (50 %)	konfessionell
6	Pdl Koch	Krankenpflegerin	Pdl und Pflegeversorgung (50–50 %)	konfessionell
7	Pdl Schmidt	Krankenpfleger, Diplom-Pflegewirt	Pdl und Pflegeversorgung (75–25 %)	konfessionell
8	Pdl Lenz	Krankenpfleger	Pdl und Pflegeversorgung (75–25 %)	konfessionell
9	Pdl Meier	Krankenpflegerin, Diplom-Pflegewirtin	Pdl und Pflegeversorgung (50–50 %)	privat
10	Gf Ludwig	Krankenpflegerin und Diplom-Pflegewirtin	Gf und Pflegeversorgung (90–10 %)	privat
11	Gf Karl	Bauarbeiter, Altenpfleger	Gf und Pflegeversorgung (90–10 %)	privat
12	Gf Hirte	Krankenpflegerin	Gf (100 %)	privat
13	Sbst Dietz	Kinderkrankenschwester, Diplom-Pflegewirtin	Qualitätsbeauftragte für mehrere ambulante Pflegedienste (100 %)	konfessionell
14	VBA Balz	Krankenpfleger	Verbandspolitischer Akteur	konfessionell
15	VBA Schneider	Krankenpfleger	Verbandspolitischer Akteur	konfessionell
16	VBA Taubert	Krankenpfleger	Verbandspolitischer Akteur	privat
17	VPA Reuter	Krankenpfleger	Verbandspolitischer Akteur	privat
18	VPA Eller	Krankenpflegerin	Verbandspolitischer Akteur	konfessionell
19	VPA Heinemann	Krankenpflegerin	Pflegeversorgung (50 %)	privat
20	VPA Wulf	Krankenpfleger	Pflegeversorgung (25 %)	Privat

Zum späteren Zeitpunkt der Arbeit werden weitere, detaillierte Daten über die beruflichen Laufbahnen einerseits und über die strukturelle und ökonomische Situation der betroffenen Pflegedienste andererseits vorgestellt. Diese Fallanalyse beschränkt sich – wie bereits angekündigt – allerdings ausschließlich auf die Gruppe der Leitungsakteure.[26]

---

26 Davon ausgenommen ist lediglich der Fall „Gf Hirte", da es sich hierbei um ein Interview handelt, das im Rahmen eines anderen Forschungsprojektes erstellt wurde und bei dem deshalb eine Vergleichbarkeit zu den anderen Interviews nur bedingt gegeben ist. Das Interview wird daher ausschließlich als ein ergänzendes Experteninterviews verwandt und im ersten, allgemeinen Abschnitt der Ergebnisanalyse berücksichtigt.

5 Rekonstruktion der ökonomischen Rationalität im pflegerischen Handeln

„Da brauche ich mir gar nichts vor zu machen, ich werde nach Zahlen beurteilt. Unserer, mein Pflegedienst schreibt seit Jahren die besten Zahlen. Aber jetzt kann ich nicht mehr."

PFLEGEDIENSTLEITERIN EINES AMBULANTEN PFLEGEDIENSTES
(Auszug aus dem Interview; Fall „Pdl Koch")

„Man muss verkaufen können. Ich hatte eine Fortbildung von einem Referenten von unserer Träger-Akademie in Baden-Württemberg, der Professor Müller [Name anonymisiert]: Darf´s ein bisschen mehr sein? Sehr interessant, sehr gut."

INHABERIN EINER STABSSTELLE BEI EINEM TRÄGER VON AMBULANTEN PFLEGEDIENSTEN
(Auszug aus dem Interview; Fall „Sbst Dietz")

Welche Effekte der fortschreitende Marktdruck auf die Anbieter ambulanter Pflegeleistungen hat und welche Folgen die wachsende Kaufkraftabhängigkeit beim Zugang zu pflegerischen Leistungen letztendlich auf die Qualität und Effizienz der Pflege hat – Antworten auf diese Fragen kommen bislang aufgrund fehlender Forschungsergebnisse nicht über den Stand von ersten Annahmen hinaus (vgl. Kapitel 2.3). Die vorliegende empirische Untersuchung greift diesen Forschungsbedarf auf und lenkt den Fokus auf die Handlungspraxis des Pflegepersonals in ambulanten Pflegediensten. Im Rahmen eines qualitativen Forschungsdesigns soll untersucht werden, welche handlungspraktische Relevanz die ökonomische Rationalität für die Pflegenden hat und welche Auswirkungen hiervon für die Qualität der Versorgung der Pflegebedürftigen abgeleitet werden können. Im Folgenden werden die Ergebnisse der Untersuchung vorgestellt.

Gemäß der Chronologie in der Analyse- und Darstellungslogik der Befunde steht dabei zunächst eine inhaltliche Interpretation der Stellungnahmen und Einschätzungen der Befragten hinsichtlich der von ihnen wahrgenommenen Relevanz ökonomischer Anforderungen und Zwänge im ambulanten Pflegemarkt im Vordergrund (Kapitel 5.1). Ziel dessen ist es, über die Akteursperspektive zu einem möglichst umfassenden und vollständigen Bild über die wirtschaftlichen Strukturbedingungen der ambulanten Pflegedienste zu gelangen und somit auch dem Expertenstatus der Befragten vollends Geltung zu verschaffen. Dabei soll es auch darum gehen, eine Rekonstruktion der seitens der befragten Pflegeakteure wahrgenommenen Marktbedingungen im ambulanten Pflegefeld vorzunehmen sowie die gesetzlichen Finanzierungsbestimmungen im ambulanten Pflegefeld in

Hinblick auf ihre ökonomischen Implikationen für die ambulanten Pflegedienste nachzuzeichnen.

Ausgehend von der Rekonstruktion wahrgenommener ökonomischer Anforderungen im Feld wird im zweiten Analyseschritt das Forschungsinteresse auf die Frage fokussiert, wie genau sich die Relevanz der wirtschaftlichen Rationalität in der Pflegepraxis des Leitungspersonals in ambulanten Pflegediensten bemerkbar macht (Kapitel 5.2). Eine forschungsleitende Hypothese bestand darin, dass die ökonomische Modernisierung der ambulanten Pflegedienste ganz entscheidend vom Leitungspersonal in den Pflegediensten beeinflusst werde. Dies vor allem deshalb, weil Pflegeakteure in Führungspositionen angesichts ihrer exponierten organisationsinternen Stellung formal zuständig für mehr oder weniger jede betriebsinterne Steuerungsentscheidung in den Pflegediensten sind und demzufolge auch etwaige interne Anpassungsprozesse an wirtschaftliche Gegebenheiten maßgeblich von ihnen mitbestimmt sein dürften. Entsprechend liegt die Aufmerksamkeit beim folgenden Analyseschritt auf der Gruppe der Leitungskräfte. In diese eingeschlossen sind Befragte in den Positionen als Pflegedienstleitungen, Geschäftsführungen oder koordinierende Stabsstellen. Ziel wird es sein, im Modus der reflektierenden Interpretation und komparativen Analyse, die handlungsleitenden Orientierungsrahmen der leitenden Pflegeakteure in Bezug auf die Relevanz wirtschaftlicher Rationalität in ihrer Handlungspraxis zu rekonstruieren. Die Rekonstruktion des Datenmaterials wird dabei zeigen, dass die Befragten zwar übereinstimmend einen enormen Kostendruck auf dem ambulanten Pflegemarkt wahrnehmen, jedoch ihre Handlungsstrategien im Umgang mit diesem, wie auch die normativen Bewertungsmuster und deren Konsequenzen für die pflegerische Versorgung, überaus variieren.

Im abschließenden Arbeitsschritt wird es darum gehen, die zentralen Befunde der gesamten Untersuchung vorläufig zu bilanzieren (Kapitel 5.3).

5.1 Wirtschaftliche Anforderungen im ambulanten Pflegefeld

Gemeinsames Merkmal der untersuchten Fälle ist der hohe Stellenwert des Themas „wirtschaftliche Anforderungen" in den Interviews. Inhaltlich hervorstehend war dabei das Phänomen der Knappheit ökonomischer Ressourcen, welches es nach Ansicht der Befragten zunehmend zu bewältigen gelte. In Folge dessen sehen die befragten Pflegeakteure ihr berufliches Handeln sehr stark von einem pflegerisch-ökonomischen Spannungsverhältnis geprägt. Einerseits gebe es einen hohen und weiter ansteigenden Versorgungsbedarf in der häuslichen Pflege, andererseits seien die finanziellen Mittel zur Deckung dieses Versorgungsbedarfs sehr stark begrenzt und eine qualitativ hochwertige Pflege deshalb nur schwer zu gewährleisten. Insbesondere für das befragte Leitungspersonal avanciert die Bewältigung dieses Spannungsverhältnisses zur beruflichen Schlüsselanforderung. Als Anbieter professioneller Pflegeleistungen müsse man sich, so die Darlegungen der befragten Führungskräfte, vornehmlich durch möglichst günstige Versorgungskosten und im Rahmen eines eng am Leistungskatalog der Pflege- und Krankenversicherung orientierten Leistungsangebots profilieren, um die wirtschaftliche Existenz eines ambulanten Pflegediensts überhaupt sichern zu können. Welche Faktoren es im Einzelnen sind, die von den Befragten einvernehmlich als ausschlaggebend für den wahrgenommenen Kostendruck im ambulanten Pflegemarkt benannt wurden, wird im Folgenden dargelegt.

5.1.1 Horizont gesetzliche Finanzierungsbedingungen

Hinsichtlich der Relevanz für die wirtschaftliche Situation der ambulanten Pflegedienste besonders hervorgehoben wurden immer wieder die gesetzlichen Finanzierungsbedingungen für professionelle Versorgungsleistungen der häuslichen Pflege. Zur besseren Übersichtlichkeit soll dieser erste thematische Block deshalb die Überschrift „Horizont gesetzliche Finanzierungsbedingungen" tragen, wenngleich hier nochmals zwei unterschiedliche gesetzliche Versicherungssysteme unterschieden werden müssen. Im Mittelpunkt der Erläuterungen stand zum einen immer wieder die 1995 eingeführte soziale Pflegeversicherung. (Kap. 5.1.1.1). Neben dem Thema soziale Pflegeversicherung erstreckten sich die Darlegungen der Befragten zum anderen aber auch auf den für ambulante Pflegedienste ebenfalls relevanten Leistungsbereich SGB V, der durch die gesetzliche Krankenversicherung finanziert wird (Kap. 5.1.1.2).

5.1.1.1 Finanzierungsbedingungen im Leistungsrahmen SGB XI

Häufiges Thema in den Interviews war die Pflegeversicherung beziehungsweise die in diesem Zusammenhang wahrgenommenen wirtschaftlichen Implikationen für die ambulanten Pflegedienste. Insbesondere die befragten Leitungspersonen und die verbandspolitischen Akteure im ambulanten Pflegefeld bezogen sich in ihren Schilderungen immer wieder auf die Pflegeversicherung und bewerteten die wirtschaftlichen Konsequenzen für ambulante Pflegedienste beziehungsweise beschrieben praktische Auswirkungen auf die Versorgungsorganisation. Dies mag freilich nicht sonderlich überraschen, stellt die soziale Pflegeversicherung seit ihrer Einführung in den 1990er Jahren in der Regel die – gemessen an den Ausgabenhöhen – mittlerweile wichtigste Finanzierungsquelle für professionelle Pflegeleistungen im ambulanten Bereich dar. Im ersten Analyseschritt wird es darum gehen, die Wissensbestände und Deutungsmuster der Befragten hinsicht-

lich der von der Pflegeversicherung ausgehenden wirtschaftlichen Bedingungen
für ambulante Pflegedienste herauszuarbeiten.
So boten die Interviews inhaltlich – dies bereits vorweg – ein mehr oder
weniger einheitliches Bild. Die Befragten unterstrichen besonders die Problematik der knappen finanziellen Mittel im Rahmen der Leistungsfinanzierung durch
die Pflegeversicherung und bekundeten einen sich daraus ableitenden Bedarf an
Anpassungsmaßnahmen in den ambulanten Pflegediensten. Exemplarisch hierfür
steht zunächst folgende Stellungnahme, die ein zum Zeitpunkt des Interviews
verbandspolitisch aktiver Befragter bereits auf die allgemeine Frage nach den
„derzeit größten Herausforderungen in der ambulanten Pflege" erwiderte:

148	VPA Balz:
	Sicherstellung qualifizierter Pflege trotz Unterfinanzierung im SGB XI

Die durchaus prägnant formulierte Stellungnahme als Antwort auf die eingangs
gestellte Frage zeigt bereits deutlich, dass die wirtschaftlichen Leistungsstrukturen der Pflegeversicherung eine überaus hohe Bedeutung für die Arbeit der ambulanten Pflegedienste einnehmen. Die finanziellen Einnahmen aus der sozialen
Pflegeversicherung erweisen sich demzufolge als kaum ausreichend für die Sicherstellung einer qualitativ angemessenen Pflegeversorgung. Insofern zähle die
Bewältigung des Kostendrucks im Rahmen der Leistungsfinanzierung durch die
Pflegeversicherung bereits zu einer der wichtigsten Herausforderungen, die an
die Anbieter ambulanter Pflege gestellt würden. VPA Balz hob im Gesprächsverlauf immer wieder hervor, dass die Mittelknappheit in der ambulanten Pflege
gesundheitspolitisch explizit intendiert sei und in Folge dessen die Arbeit der
ambulanten Pflegedienste dauerhaft innerhalb eines pflegerisch-ökonomischen
Spannungsverhältnisses stattfinden müsse:

154	VPA Balz:
	...Ich denke, dass Pflegekräfte letztendlich sich schon im Klaren darüber sind, ich führe hier eine Tätigkeit aus, um den Hilfsbedürftigen zu helfen. So, jetzt ist die politische Entwicklung eine ganz andere. Die sagt, das ist doch gar nicht mehr vorrangig, dass wir dem Hilfsbedürftigen helfen, sondern es ist neu definiert, wir helfen ihm, so lange es finanzierbar ist. Und das Andere geht zurück in seine Ei- genverantwortung.

Das Argument der „Unterfinanzierung" im Rahmen der Pflegeversicherung wird
hier weiter fortgeführt und in Hinblick auf seine Bedeutung für die Versorgungspraxis erläutert. Das politische Ziel der Kostenbegrenzung in der ambulanten
Pflege, welches in Form eines rationierten Leistungsanspruchs innerhalb der

Pflegeversicherung seinen Ausdruck findet (der Leistungsanspruch in der Pflegeversicherung ist vorwiegend auf körperliche Defizite eingegrenzt), würde demnach zunehmend in Konflikt zum pflegerischen Versorgungsanspruch geraten, jedem Pflegebedürftigen eine bedarfsdeckende Versorgung zu gewährleisten. Mit anderen Worten, in der Versorgungspraxis drohe zusehends eine Unterversorgung, denn im Rahmen der Pflegeversicherung würden nicht genügend finanzielle Mittel bereit gestellt, um eine bedarfsdeckende Pflege anbieten und refinanzieren zu können. Die Absicherung von Pflegebedürftigkeit würde statt dessen zusehends in den Bereich des Privaten zurückgedrängt und an die individuelle Zahlungsfähigkeit der Pflegebedürftigen gekoppelt.

Auch andere Befragte entwarfen bereits auf die allgemein gehaltenen Fragen nach den „allgemeinen Herausforderungen in der ambulanten Pflege" eine kritische Perspektive auf die finanzielle Mittelknappheit im Rahmen der Leistungsfinanzierung durch die Pflegeversicherung:

87	VPA Schneider:
	...Das eine ist, ein Problem ist die Leistungsverdichtung, die im Laufe der letzten zwölf Jahre stattgefunden hat. Dadurch, dass die ganzen Leistungskomplexe im Rahmen der Pflegeversicherung nie konkret mit Minuten festgelegt waren, war das sozusagen die Variable, an der man gedreht hat. Weil die Vergütungen sind ja mehr oder weniger gleich geblieben. Und da denke ich, ist eine Grenze erreicht, wo man einfach nicht weiter drehen kann. Also jetzt geht's an die Löhne der Mitarbeiter...

Ausgangspunkt der Schilderungen stellt eine gestiegene „Leistungsverdichtung" in der ambulanten Pflege dar, die der Befragte als Problem kenntlich macht und die er auf die veränderten Finanzierungsbedingungen der Pflegeversicherung zurückführt. Im Ergebnis habe dies für die Pflegekräfte in der direkten Pflege die Anforderung zu Folge, mehr Leistungen innerhalb weniger Zeit zu erbringen. Aufgrund der mehr oder minder eingefrorenen Budgets in der Pflegeversicherung seien die ambulanten Pflegedienste deshalb über Jahre hinweg indirekt einem steigenden Kostendruck ausgesetzt worden, da reale Preis- und damit auch Ausgabensteigerungen für die Anbieter (z.B. allgemeine Inflation, anstehende Lohnerhöhungen etc.) nicht durch höhere Einnahmen aus der Pflegeversicherung kompensiert werden konnten. Der stetig anwachsende Kostendruck musste stattdessen primär über eine quantitative Leistungserhöhung abgefedert und insofern auch zu Lasten der direkten Patientenversorgung durchgesetzt werden, so der Befragte. Aktuell zeichne sich nach seiner Ansicht jedoch eine Veränderung im ambulanten Pflegefeld ab. Weil Maßnahmen, die eine weitere Arbeitsverdichtung zur Folge haben, in der direkten Pflege kaum mehr zu verantworten seien, würde zunehmend versucht, Kosten über eine Absenkung der Löhne und Gehälter der Pflegekräfte einzusparen.

Thematischer Ausgangspunkt der nächsten Interviewpassage ist ebenfalls die Pflegeversicherung. Der Befragte erläutert darin die ökonomischen Implikationen der Pflegeversicherung und berichtet in diesem Zusammenhang über seine zurückliegenden Erfahrungen als Teilhaber eines privaten ambulanten Pflegedienstes (Pdl = Pflegedienstleiter):

270	Pdl Lenz: Also, ich denke, da muss man ganz klar sehen, was der Gesetzgeber mit dem SGB XI 94 initiiert hat. Viele von den Kolleginnen und Kollegen haben gedacht, damit soll die professionelle Pflege gefördert werden. Aber da drum geht's ja gar nicht. Sondern eigentlich sollen die gefördert werden, die zu 80 Prozent die Pflegebedürftigen pflegen, die Laien. Das heißt, die Angehörigenpflege. ... Von daher muss auch von Anfang an deutlich werden- und das ist auch das gewesen, was für mich spannend war, wie ich dann 97 in diesen privat gewerblichen Dienst eingestiegen bin. Der Kollege hat's wirklich noch versucht, alles im Rahmen der gesetzlichen Leistungsgrenzen zu händeln. Hab ich gesagt, ne, ne, das ist nä Teilkaskoversicherung. Und die Teilkaskoleistung muss beschrieben werden. ...Und das hat sich umgesetzt. Das hat funktioniert.

Der Befragte erläutert an dieser Stelle sein Verständnis der Pflegeversicherung und beschreibt eine Auseinandersetzung, die er als Teilgeschäftsführer eines ambulanten Pflegedienstes mit Kollegen geführt hat. Kernpunkt seiner Argumentation bildet dabei die Rechtfertigung eines reduzierten Leistungsverständnisses als Anpassungsreaktion an die spezifische Leistungsstruktur der Pflegeversicherung. Der Befragte lehnt sich dazu an den pflegepolitisch intendierten „Teilkasko-Charakter" der Pflegeversicherung an: Nicht die Vollfinanzierung des pflegerischen Versorgungsbedarfs ist im Rahmen der Pflegeversicherung abgesichert, sondern nur eine Teilfinanzierung der professionellen Pflege. Aufgrund dieser gesetzlichen Einschränkungen hat der Befragte in seiner Rolle als Geschäftsführer darauf hingewirkt, vom bedarfsdeckenden Versorgungsanspruch abzurücken. Stattdessen hielt er es für notwendig, bereits in den Versorgungsverhandlungen mit den Pflegebedürftigen zu erklären, dass die Pflegeversicherung nur eine „Teilkaskoversicherung" sei. Aus diesem Grunde könnten nur reduzierte Leistungen angeboten werden. Der sich in dieser Erzählung dokumentierende Kontrast zwischen dem umfänglichen pflegerischen Leistungsverständnis seiner Mitarbeiter sowie auch das seines geschäftsführenden Partners auf der einen Seite und dem begrenzten ökonomischen Leistungsumfang der Pflegeversicherung auf der anderen Seite deutet damit überaus eindrücklich darauf hin, wie sehr der strukturelle Kostendruck die Versorgungsentscheidungen der Pflegenden beeinflusst.

5.1.1.2 Finanzierungsbedingungen im Leistungsrahmen SGB V

Neben der Pflegeversicherung stand auch die Finanzierungssituation im Rahmen des SGB V immer wieder im Fokus der Schilderungen. Analog zum Thema „Pflegeversicherung" zeigen die Stellungnahmen der Befragten, dass die Einnahmesituation für ambulante Pflegeleistungen nach SGB V durchweg als problematisch wahrgenommen wird. Das Spektrum der inhaltlichen Aussagen reicht dabei von der grundsätzlich als zögerlich eingeschätzten Genehmigungspraxis der Krankenkassen, wenn es um die Frage der Finanzierung von Leistungen der häuslichen Krankenpflege geht, bis hin zur Kritik an den Budgethöhen, die den ambulanten Pflegediensten für Leistungen wie Verbandswechsel oder Insulingabe zur Verfügung gestellt werden. Stellvertretend für die Darlegungen der Befragten hinsichtlich der Frage der Genehmigung von Leistungen der häuslichen Krankenpflege durch Krankenkassen steht beispielsweise folgende Interviewsequenz:

845	Pdl Meier: Häusliche Krankenpflege wurde früher einfach bezahlt. Jetzt wird erstmal von der Kasse, von den Laien überlegt, ah, ist das eigentlich überhaupt nötig? Dann wird bei den Leuten angerufen, ah, können sie das doch nicht selbst? Also, da wird ein bisschen auch der Fachmann in den Hintergrund gestellt, der Arzt, der das ja eigentlich verordnet hat. Da kommt von der Kassenseite einfach mehr Kostendruck

Über die letzten Jahre habe sich die Genehmigungspraxis der Kostenträger deutlich verändert, stellt die Befragte fest. Während früher beantragte Leistungen der häuslichen Krankenpflege automatisch von der Krankenkasse genehmigt worden seien, würden sich die Krankenkassenakteure zunehmend in den Prozess der Leistungsgewährung aktiv einschalten. Die Befragte bemerkt hierzu kritisch, dass heute die Fachmeinung des am Fall beteiligten Gesundheitspersonals immer häufiger durch Entscheidungen der Krankenkassenakteure konterkariert werde. Krankenkassen seien aus Kostengründen zusehends bemüht, die Pflegebedürftigen und ihre Angehörigen anzuhalten, etwaige Leistungen der Behandlungspflege selbst zu übernehmen, um damit die höheren Kosten einer professionellen Pflege zu vermeiden.

Auch im folgenden Interviewabschnitt steht die zögerliche Genehmigungspraxis der Krankenkassen im Vordergrund der Schilderung:

| 801 | VPA Taubert:
...und dann wird festgestellt, da muss [beim Patienten] regelmäßig ein Verband gelegt werden, gewechselt werden. So, da hat der ein reales Problem. Und der Arzt sagt, ja, es ist unbedingt notwendig, da muss ein Verbandswechsel erfolgen. Und der hat vielleicht eine offene Wunde, die Angehörigen haben ihn vielleicht nicht richtig oder nicht oft genug gelagert, keine Ahnung, auf jeden Fall hat der eine offene Wunde, die muss verbunden werden, der Verband regelmäßig gewechselt werden. Also stellt er eine Verordnung aus. So, dann hat der ja ein konkretes Problem. Und die Kasse sagt dann unter Umständen, nö, das bezahlen wir aber nicht, sollen das doch die Angehörigen machen. So, und dann, dann, ich glaube, jeder der in der ambulanten Pflege schon einmal gearbeitet hat, weiß wie hochgradig belastend und schwierig es ist mit einer Bedarfssituation, die in diesem Fall ja als Beispiel völlig objektiv ist, auf der Hand liegt, wenn dann der Kostenträger sagt, ne, das machen wir nicht. Dann kommt es jeden Tag tausende Male vor, dass die Leistung dann trotzdem weiter erbracht wird, obwohl die Krankenkasse gegebenenfalls sagt, ne, wir bezahlen das nicht. |

Das Praxisbeispiel repräsentiert den typischen Fall, in dem eine aus professioneller Perspektive und im Rahmen des SGB V notwendige Leistung vom Kostenträger abgelehnt wird. Stattdessen müssen die Pflegebedürftigen beziehungsweise ihre Angehörigen die Leistung vollbringen. Sind sie jedoch nicht in der Lage, die entsprechende Pflege in zufriedenstellender Qualität zu leisten, bringt dies die beteiligten Pflegekräfte vor Ort regelmäßig in die überaus schwierige Lage, die fehlende Finanzierung und den vorhandenen Pflegebedarf gegeneinander abwägen zu müssen. Werden in solch einem Fall die Leistungen von den Pflegekräften trotz der fehlenden Refinanzierung durch die Krankenkassen erbracht – und dies komme laut Befragten „jeden Tag tausende Male vor" –, dann erfährt das Bedarfsprinzip im Einzelfall zwar Priorität. Der materielle beziehungsweise personelle Aufwand im Kontext dieser unbezahlten Leistung muss allerdings durch andere Leistungsbereiche beziehungsweise Einnahmequellen gegenfinanziert werden.

Neben dem Zugang zur Leistungsfinanzierung im Rahmen des SGB V betrifft der zweite ökonomische Aspekt, der von den Befragten immer wieder kritisch thematisiert wurde, die Höhe der Einnahmen für die einzelnen Leistungen der häuslichen Krankenpflege. Im folgenden Gesprächsabschnitt wird anhand eines Beispiels der Umstand der Unterfinanzierung illustriert:

388	Pdl Lenz: Und wir haben jetzt im SGB V mal wieder n geringen Prozentsatz nä Erhöhung bekommen. Also da sind die Zeitrichtwerte so stramm, da muss ich also sagen, wenn ich drei Minuten, vier Minuten Zeit hab, Kompressionsstrümpfe auszuziehen, allein bis ich in der Häuslichkeit drin bin, guten Tag gesagt hab, die Jacke ausgezogen hab, und wieder draußen bin, und dann hab ich Mitarbeitende die dann auch noch mal mit näm Schwätzchen aufgehalten werden- kein Vorwurf, passiert mir genauso. Dann sind aus den drei Minuten schnell mal, sieben, acht Minuten.

Trotz einer neuerlichen Erhöhung der pauschalen Vergütungssätze für ambulante Pflegeleistungen im Bereich SGB V würden diese kaum ausreichen, um den tatsächlichen Zeitaufwand für die Erbringung der jeweiligen Leistung finanziell abdecken zu können. Als Beispiel dafür wird der Vergütungssatz für das Anbeziehungsweise Ausziehen von Kompressionsstrümpfen eingeführt. Den für diese Leistung vorgesehenen Zeitkorridor von nur wenigen Minuten würde demnach jede Pflegekraft einfach dann schon regelmäßig überschreiten, wenn es bereits zu einem kurzen Gespräch zwischen Pflegekraft und Patient komme.

Thema der nächsten Sequenz betrifft die wirtschaftliche Führung eines ambulanten Pflegedienstes im Allgemeinen. Der Befragte, der zum Zeitpunkt des Interviews in der Funktion als Pdl eines konfessionellen ambulanten Pflegedients tätig war, vergleicht dazu die Kosten-Erlös-Situation von ambulanten Pflegeleistungen im Rahmen der gesetzlichen Finanzierungssysteme:

280	Pdl Schmidt:
	Wenn Sie einen lukrativen Pflegedienst führen wollen, und dass Sie es sich so aussuchen können, wie sie´s gern haben wollen bezüglich Lukrativität, dann stellen Sie am besten fünf Pflegehelferinnen ein oder zehn Pflegehelferinnen und halten diese gesetzliche Quote vor von den Examinierten, aber arbeiten nur mit
285	Pflegehelferinnen und nehmen nur SGB XI Leistung, und Sie nehmen gute Pflegehelferinnen, dann ist das viel viel lukrativer ... Also wenn ich sehe, wie unlukrativ die SGB V Leistungen Verbandswechsel ist, da könnten Sie gleich zu machen. Dann könnten Sie keinen Blumentopf mit gewinnen. Aber das ist nur ein Prestige-Objekt. Das ganze Wundmanagement ist nur ein Prestige-Objekt.
290	Y:
	Inwiefern?
	Pdl Schmidt:
	Ja, dass man eben Professionalität hat, und Fachlichkeit. In dem Sinne meine ich das. Denn wenn ich sehe, ich hab eine Schwester, eine gute Fachkraft, die macht viele Verbände, aber die Tour wirtschaftlich, die verdient ihr Geld nicht. Das müssen andere mit finanzieren. Aber es ist halt nun mal so, dieses Amortisierungsprinzip, dieses Ausgleichsprinzip.

Der Befragte macht deutlich, dass die Kosten-Einnahmestruktur für ambulante Pflegeleistungen überaus variieren würde. Je nach Leistungsbereich und Qualifikationsniveau der Pflegekräfte reiche das Spektrum von völlig unrentablen bis hin zu hoch rentablen Versorgungseinsätzen. Deutlich wird dabei, dass die Leistungserbringung im Leistungsbereich SGB V, die gesetzlich bindend durch examiniertes Pflegepersonal erbracht werden muss, seitens Pdl Schmidt als grundsätzlich unrentabel eingestuft wird. Dieses Leistungsangebot – als offenbar exponiertes Beispiel für die negative Kosten-Erlösstruktur wird das Wundmanagement angeführt – könne deshalb nur mittels einer Quersubventionierung aufrecht erhalten werden. Pdl Schmidt legt in diesem Zusammenhang explizit dar, dass eine solche Gegenfinanzierung nur aufgrund der wirtschaftlichen Rentabilität im Leistungsbereich SGB XI und unter dem Einsatz von gering qualifizierten Pflegekräften erreicht werden könne.

5.1.2 Horizont Marktanforderungen

Die Erläuterungen der Befragten in Bezug auf die wirtschaftliche Situation der ambulanten Pflegedienste erstreckten sich jedoch nicht allein auf die gesetzlichen Finanzierungsbedingungen. Die gewonnenen Daten lassen daneben auch den Schluss zu, dass die sich entwickelnde Marktstruktur in der ambulanten Pflege beziehungsweise die von den jeweiligen Marktteilnehmern ausgehenden ökonomischen Anreize einen nicht minder wichtigen wirtschaftlichen Einflussfaktor für die ambulanten Pflegedienste darstellen. Im folgenden Analyseschritt sollen deshalb jene Darlegungen und Beschreibungen der Pflegeakteure in den Auswertungsfokus gerückt werden, die die wettbewerbliche Organisation der ambulanten Pflegedienste, wie auch die wirtschaftliche Bedeutung der Nachfrageseite für das Angebot professioneller Pflegeleistungen zum Thema haben. In der Darstellungslogik folgt zunächst das Unterthema „angebotsinduzierte Marktanforderungen" (Kap. 5.1.2.1), bevor im Anschluss Interviewpassagen präsentiert werden, in welchen die „nachfrageinduzierten Marktanforderungen" an ambulante Pflegedienste im Mittelpunkt der Schilderungen stehen werden (Kap. 5.1.2.2).

5.1.2.1 Angebotsinduzierte Marktanforderungen

Gemäß dem Forschungsdesign der vorliegenden Untersuchung galt es unter anderem der Frage nachzugehen, welcher Stellenwert der wettbewerblich organisierten Angebotsstruktur in der ambulanten Pflege zukommt. Eigens hierfür sah der Interviewleitfaden einen Fragenkomplex vor, mit dem die Wissensbestände und Erfahrungen der befragten Pflegeakteure hinsichtlich der praktischen Bedeutung eines Wettbewerbs beziehungsweise einer Konkurrenz zwischen den ambulanten Pflegediensten erfasst werden sollte. Nachfolgend werden nunmehr ausgewählte Gesprächspassagen vorgestellt, die sich auf dieses Unterthema beziehen und die, bezogen auf ihre sachliche Aussagekraft, Repräsentativität für das befragte Sample beanspruchen können.

Im ersten Fall wird eine wachsende Bedeutung von Wettbewerbsstrukturen in der ambulanten Pflege thematisiert. Der zum Interviewzeitpunkt verbandspolitisch aktive Akteur beschreibt allgemeine Trends im Feld und berichtet in diesem Zusammenhang über ein Gespräch mit einem Vertreter eines privaten Personaldienstleistungsunternehmens, das im pflegerischen Versorgungssegment tätig werden wollte:

46	VPA Balz:
	Es gibt, also ich hab da momentan ganz viel damit zu tun und zwar, es gibt Fusionen von gleichartigen Einrichtungen eines Trägers, zum Beispiel von Caritas-Diakonie die sich zur GmbH zusammenschließen. Dann gibt es Pflegedienstketten, die aufgemacht werden, also zum Beispiel RENAFAN, das ist ein Berliner Konzern, der in Großstädten in Deutschland Pflegedienste aufkauft und sich rasend expandiert. Dann die DKV, die das gleiche macht, die sowohl ambulante Dienste als auch Seniorenresidenzen, Krankenhäuser kauft, um dann so Versorgungsnetzwerke aufzubauen. ... Und da bilden sich neue Strukturen heraus und äh, ich hatte letzte Woche ein Gespräch mit einem Investor, mit, der 7000 Mitarbeiter hat, Personaldienstleister, der extensiv in diesen Markt einsteigen möchte, weil er im Prinzip so runter gegangen ist, was die Personalkosten anbelangt, der ist sozusagen so kaputt, dass allmählich die Rendite-Erwartungen von Konzernen da, ja, allmählich sozusagen, ja, das die in Renditehöhen denken, wo sie denken, das wäre machbar und es lohnt sich in diesem Bereich einzusteigen. Also da ist ganz viel im Gange momentan.

Unter dem Motto „da ist ganz viel im Gange" zählt der Befragte verschiedenartige Strukturveränderungen in und um das ambulante Pflegefeld auf, in die der Befragte in seiner verbandspolitischen Funktion offenbar auch direkt involviert zu sein scheint. Beobachtet werden könne einerseits ein systematischer Fusionsprozess auf Seiten der konfessionellen Träger in der ambulanten Pflege, der für die betroffenen Akteure auch mit neuen rechtlichen Kooperationsformen verbunden sei. Auf der anderen Seite würden zusehends auch private Investoren verstärkt in das Versorgungsfeld einsteigen; dies geschehe in Form einer Privatisierung von ambulanten Pflegediensten, die sich trendhaft vor allem in Ballungsgebieten konzentriere, oder aber durch den Aufbau und Betrieb ganzer Versorgungsnetzwerke einschließlich der ambulanten Pflege durch privatwirtschaftliche Investoren. Darüber hinaus würden, vor dem Hintergrund von Gewinnerwartungen, auch private Personaldienstleister in das ambulante Pflegefeld einsteigen, so die durchaus kritische Stellungnahme des Befragten. Seine Kritik richtet sich hierbei offensichtlich an die systematische Absenkung der Gehälter, die durch den Personaldienstleister offenbar als Maßnahme zur Gewinnmaximierung betrieben wurde.

Auch andere befragte Leitungskräfte und verbandspolitisch aktive Akteure wiesen besonders auf einen wachsenden Konzentrationsprozess der konfessionellen oder privaten Träger hin. Ausgehend davon galt es, die Wissensbestände der Befragten in Hinblick auf die konkreten Anforderungen einzufangen, die im Kontext wachsender Wettbewerbsstrukturen im ambulanten Pflegefeld wahrgenommen werden. Ausgangspunkt der ersten Interviewpassage, in der ein Pdl eines konfessionellen ambulanten Pflegedienstes Position in Bezug auf wettbewerbliche Anforderungen bezieht, stellt beispielsweise die allgemeine Einstiegsfrage nach der Relevanz eines „Wettbewerbs in der ambulanten Pflege" dar, auf die hin der befragte Pflegedienstleiter Folgendes erläutert:

426	Y: Würden sie sagen, es existiert ein Wettbewerb in der ambulanten Pflege? Pdl Lenz: Also beim Preis schon. Denn es gibt einige wenige, die keine Investitionskosten in Rechnung stellen. Es gibt gerade bei privat-gewerblichen noch Einige, die noch Vergütungsvereinbarung haben, die bei zum Beispiel 27,52 Euro liegen, obwohl die inzwischen auch 28,40 Euro hätten abschließen können. Also diese 88 Cent nicht mitnehmen, um über den Preis dann den Kunden zu überzeugen. Wo mans auch merkt, ist, dass Leistungen nicht berechnet werden. Das ist dann ganz interessant, wenn jemand vier mal angefahren wird von näm privat-gewerblichen Dienst und die letzte Anfahrt gar nicht berechnet wird- sozusagen Service ist. Also auch wieder indirekt über den Preis. Bemerkt mans schon. Wo ich es dann auch merke, das ist, muss ich jetzt mal positiv formulieren, die Konkurrenz, das ist bei der Qualität. Also es gibt auch einige privat-gewerbliche Dienste, die haben n strammes Fortbildungsprogramm. Die haben richtig fitte Leute und da müssen wir uns schon auf die Hinterbeine stellen, dass wir Qualität halten können. Da merkt mans schon. Und die sind dadurch, dass auch nä hohe Identifikation mit dem eigenen Betrieb ist, die sind halt auch an den entsprechenden Schnittstellen auch sehr offensiv dran. Das heißt, bei der Pflegeüberleitung von dem hiesigen Klinikum, bei näm Sozialdienst, bei näm anderen Klinikum, bei den Hausärzten, sehr präsent. Das heißt, da holt der Chef selber die Verordnung ab oder wo unter Umständen nä Diakoniestation n Zivi schickt oder oder. Also da muss man auch gucken. Aber das finde ich nä Wettbewerbssituation die ist sehr sehr erfrischend. Weil, die holt uns so n bisschen hinterm Ofen vor.

Preis und Qualität sind nach Ansicht des Befragten die beiden Schlüsselfaktoren im Wettbewerb zwischen den ambulanten Pflegediensten. Die Konkurrenzsituation entsteht durch den Vergleich zwischen der Situation im eigenen ambulanten Pflegedienst und der Angebotsstruktur privater ambulanter Pflegedienste. Der „Wettbewerb" werde insofern in Form einer Polarisierung der Trägerschaften – konfessionell versus privat – wahrgenommen. Einige private ambulante Pflegedienste würden sich beispielsweise einen Wettbewerbsvorteil über günstigere Preisangebote für professionelle Pflegeleistungen verschaffen, obschon einer Preiserhöhung aus rechtlichen Gründen nichts im Wege stünde. So würde im Rahmen der Preiskalkulation oftmals auf eine Anrechnung von Investitionskosten auf die regulären Vergütungssätze im Rahmen der gesetzlichen Finanzierungssysteme (SGB XI und SGB V) verzichtet oder bereits abgeschlossene Vergütungserhöhungen für ambulante Pflegeleistungen gar nicht beziehungsweise verzögert an die Pflegebedürftigen in Form daran angeglichener Preise weiter gegeben. Zu den preissenkenden Strategien von privaten ambulanten Pflegediensten gehöre es mitunter auch, einzelne Leistungen gar nicht erst in Rechnung stellen. Der Qualitätswettbewerb wird vom Befragten indes deutlich positiver bewertet. Häufig würden private ambulante Pflegedienste nämlich verstärkt in die Mitarbeiter-Weiterbildung investieren, sich insofern auch über qualitative Maßstäbe und unabhängig von Kostenfragen einen Konkurrenzvorteil verschaffen. Ähnlich verhält es sich nach Ansicht des Befragten mit Blick auf die Bildung von Versorgungsnetzwerken, die von einigen privaten Anbietern aktiv betrieben würde. Die Bemühungen der Konkurrenten rund um eine qualitative Verbesserung ihres Leistungsangebots setzen andere ambulante Pflegedienste unter einen entsprechenden Handlungsdruck. Wettbewerb als Steuerungsansatz entfalte demzufolge auch eine positive Wirkung auf die Anbieter in der ambulanten Pflege.

Bezogen auf das Thema „Wettbewerb zwischen den ambulanten Pflegediensten" wiesen auch die anderen Interviews eine inhaltlich vergleichbare Tendenz auf. Besonders die Leitungskräfte bezogen sich in ihren Beschreibungen auf die allgemeine Konkurrenzsituation zwischen den ambulanten Pflegediensten und auf die hiervon ausgehenden Anforderungen für die Pflegedienste. Die dabei immer wieder aufgetretene Diskursstruktur in Bezug auf das Thema war auch in den anderen Interviews stets in Form einer Gegenüberstellung der Trägerschaften organisiert: Alle befragten Pflegeakteure, die in konfessionellen ambulanten Pflegediensten tätig waren, hoben stets die privaten Träger als Konkurrenten hervor, während die Vertreter privater ambulanter Pflegedienste im Gegenzug immer wieder auf den Wettbewerb mit den konfessionellen ambulanten Pflegediensten hinwiesen. In diesem Kontext steht beispielsweise auch der folgende Interviewabschnitt aus einem Gespräch mit einer Pdl in einem konfessionell getragenen Pflegedienst:

151	Pdl Koch: Ich habe, jetzt sag ich Ihnen mal, weil wir hier auch sehr große private Konkurrenz haben, geht auch ein bisschen an mein Ego. Früher waren wir alleine da. Frage ich mich dann schon, warum, wieso, weshalb. Weil immer von Angehörigen kommt, die sind billiger. Die wollen heute Kostenvoranschläge, wie überall. Und dann vergleichen die. Wir haben jetzt also nä Patientin verloren und- die ich schon kannte vor meiner Zeit als es noch normal hier war, vor der Pflegeversicherung. Dann war sie zwischenzeitlich bei ihrer Tochter, in einem anderen Ort, wurde dann auch von einem anderen Pflegedienst, der dafür zuständig war, versorgt. Jetzt ist sie wieder hier. So und dann hat sich die Schwiegertochter Kostenvoranschläge geholt, und hat den billigsten privaten Pflegedienst genommen, auch wenn´s nur zehn Euro im Monat sind.

Für den konfessionellen ambulanten Pflegedienst des Befragten habe sich die Wettbewerbssituation während der zurückliegenden Jahre deutlich verändert. Mit der Einführung der Pflegeversicherung siedelten sich zum ersten Mal auch private ambulante Pflegedienste in der unmittelbaren Nähe an und beendeten damit die lang anhaltende Phase, in der der konfessionelle ambulante Pflegedienst von Pdl Koch eine regionale Monopolstellung inne hatte. Seit dem musste der Pflegedienst Marktanteile an die Privaten abgeben. Die Erklärung dafür liege aus Sicht der Befragten bei den niedrigeren Preisen, die die Privaten für die Pflege veranschlagen. Für Pflegebedürftige sei – vergleichbar mit anderen Konsumbereichen außerhalb des Gesundheitsbereichs – der Preis längst wahlentscheidend bei der Auswahl des ambulanten Pflegedienstes. Zur Veranschaulichung der Härte im Preiswettbewerb, der regional zwischen den ambulanten Pflegediensten ausgefochten wird, soll auch ein zurückliegender Fall dienen. Bereits eine Preisdifferenz von zehn Euro pro Monat habe demnach für eine Patientin beziehungsweise ihre Angehörige als Grund ausgereicht, um sich gegen den ambulanten Pflegedienst von Pdl Koch, von dem die Patienten vor längerer Zeit bereits versorgt worden ist, zu entscheiden und zu einem privaten Anbieter zu wechseln.

Übereinstimmend mit den beiden eben dargelegten Stellungnahmen, haben viele der befragten Pflegeakteure in Leitungspositionen dem Kriterium „Preis" eine ähnlich hohe Bedeutung zur Positionierung auf dem Pflegemarkt beigemessen. Andere indes wiesen auf die geringen Preisdifferenzen zwischen den ambulanten Pflegediensten hin und stuften ihre Wirkung deshalb auch als vernachlässigbar ein. Beispielgebend dafür steht die folgende Sequenz, in der die Pdl eines privaten ambulanten Pflegedienstes den regionalen Wettbewerb mit konfessionellen ambulanten Pflegediensten thematisiert:

229	Pdl Meier:
	Also, was halt ist, es ist ja immer ein bisschen Konkurrenz. Es gibt eigentlich einen ganz großen Part, die Sozialstationen mit kirchlichen Trägern, und die Privaten. Und die Sozialstationen sind natürlich generell von der Größe schon mal stärker, schon für's Einzelne, für sich. Und die haben sich jetzt zusammen geschlossen, die katholische und die evangelische. Das heißt, dagegen muss man irgendwie an. Die haben jetzt auch so ein bisschen so ein Netzwerk. Und wir wollen auch ein Netzwerk aufbauen, wo aber einfach- also wir können uns nur mit Qualität hervorheben. Das ist der einzige Konkurrenzpunkt, wo wir sagen- weil wir haben die gleichen Preise, sag ich mal so, für die Pflegeeinsätze. Da gibt's Vereinbarungen mit den Krankenkassen. Die sind für jeden Pflegedienst bindend, was weiß ich, was nä große Toilette kostet oder wie auch immer. Von daher können wir uns preislich kaum differenzieren in dem Sinne. Das heißt wir können eigentlich nur über die Qualität eigentlich unsere Kunden gewinnen.
	Y:
	Was heißt das konkret, über Qualität?
	Pdl Meier:
	So als Beispiel, halt wirklich diesen Bereich, diese Beratung, also bessere Netzwerke schaffen, schon eigentlich in ner Kleinform wie Case-Management. Also dass man wirklich sagt: wenn man Patient aufnimmt, dass man halt schon mal echt anfängt mit der Anamnese, dass man guckt: wer ist alles eingebunden, wer ist der Hausarzt, ist vielleicht noch ein Physiotherapeut dabei, hat er nä feste Apotheke, schon Sanitätshaus. Also wirklich, dass man da ein bisschen sagt, also wir haben auch schon teilweise Kooperationen mit Hausärzten vereinzelt, dass die schon mal genau wissen erstens: was darf ich verordnen? Also das betrifft jetzt eher die Behandlungspflege, häusliche Krankenpflege. Da hama auch schon das Praxisteam geschult. Und dass die dann einfach auch wissen: super, die kann ich anrufen, das funktioniert.

Zunächst fällt auf, dass die grundlegende Diskursstruktur bezogen auf das Thema „Wettbewerb" hier wiederholt in Form einer Gegenüberstellung der Trägerschaften organisiert ist – diesmal freilich im umgekehrten Verhältnis (Wie aus einem anderen Interviewabschnitt mit der Befragten hervorgeht, stehen in der betreffenden Region insgesamt zwei private ambulante Pflegedienste, die miteinander kooperieren, zwei konfessionellen ambulanten Pflegediensten gegenüber). Dabei wird im regionalen Konzentrationsprozess innerhalb der Gruppe der konfessionellen ambulanten Pflegedienste offenbar ein ernstzunehmender Gefahrenpunkt für die Existenz des privaten Pflegedienstes angesehen: Am Horizont sichtbar drohe ein Verdrängungswettbewerb und eine regionale Vormachtstellung der Konfessionellen. Um diesem Negativszenario entgegen zu treten, soll die Marktposition des privaten ambulanten Pflegedienstes verbessert werden, „Qualität" dabei zum marktstrategischen Schlüsselfaktor avancieren und potentielle Pflegebedürftige vor allem über eine regionale „Netzwerkbildung" mit ansässigen Ärzten, Apotheken, Sanitätshäusern etc. von den qualitativen Vorteilen des privaten ambulanten Pflegedienstes überzeugt werden. Indes wird der „Preis", als ein weiterer denkbarer Wettbewerbsfaktor, mit dem Verweis auf die allgemeinen Regelungen zu den Vergütungsvereinbarungen im Rahmen der SGB XI und SGB XI für ambulante Pflegedienste mehr oder weniger ausgeschlossen. Die Befragte begründet dies mit den als zu gering befundenen Spielräumen bei der Preisgestaltung für ambulante Pflegeleistungen.

Obschon die inhaltlich unterschiedlichen Stellungnahmen bezüglich der Einschätzung der Relevanz des Kriteriums „Preis" im Anbieterwettbewerb auf scheinbar entsprechend heterogene Wissensbestände und Einstellungen bei den befragten Pflegeakteuren hinweisen, die praktische Bedeutung von verhältnismäßig geringen Preisdifferenzen für die Marktstellung eines ambulanten Pflegedienstes – anders als beim Thema „Qualität" – mitunter also umstritten sein könnte, bleibt eine abschließende Einschätzung der wirtschaftlichen Anforderungen bezüglich der Preisgestaltung unvollständig, solange in diesem Zusammenhang nicht auch die Bedeutung der Nachfrageseite berücksichtigt wird.

Um die marktbedingten Anforderungen an die ambulanten Pflegedienste hinsichtlich der Preisgestaltung umfassend vermessen zu können, soll im nächsten Schritt, aufbauend auf der Analyse der angebotsinduzierten Anforderungen, deshalb die Stellung der Nachfrageseite näher beleuchtet und eben auch die Frage beantwortet werden, welche nachfrageinduzierten Anforderungen auch im Hinblick auf die Preisgestaltung für die ambulanten Pflegedienste seitens der befragten Akteure identifiziert werden.

5.1.2.2 Nachfrageinduzierte Marktanforderungen

Das Thema „Pflegebedürftige und ihre Angehörigen" ist eines der am häufigsten angesprochenen Inhalte der Gespräche. In der Analyse der Interviews wurde eine überaus hohe inhaltliche Übereinstimmung der Aussagen in Bezug auf dieses Thema deutlich. Die inhaltlichen Stellungnahmen der Befragten, mitsamt der vielen und teilweise sehr dichten Beschreibungen von praktischen Vorkommnissen mit den Pflegebedürftigen beziehungsweise ihren Angehörigen, sind durchgehend dominiert von der Orientierung an einem spezifischen ökonomischen Interesse, das den Pflegeempfängern von ambulanten Pflegeleistungen zugesprochen wird: Pflegebedürftige und ihre Angehörige seien – als „Nachfrager" nach ambulanten Pflegeleistungen – in erster Linie an möglichst niedrigen Kosten für die professionelle Pflege interessiert. Erste Hinweise darauf lassen sich bereits aus einigen der oben dargelegten Analyseschritte ableiten. So wurden im letzten Kapitel, wenn auch nicht durchgängig, bereits geringe Preisunterschiede als ein wichtiges Wettbewerbskriterium herausgearbeitet und damit, direkt und indirekt, ein entsprechendes Interesse der Nachfrageseite nach niedrigen Kosten für die Pflege sichtbar gemacht (vgl. Kap. 5.1.2.1, Interviewsequenzen Pdl Lenz und Pdl Koch). Überhaupt wird die praktische Relevanz der Preise für Pflegeleistungen erst dann hinreichend erkenntlich, wenn, neben der Einschätzungen der Befragten zu konkurrierenden Preisangeboten, auch jene Wissensbestände und Einstellungen der Pflegeakteure berücksichtigt werden, die sich dezidiert mit den Prämissen der Pflegeempfänger in Bezug auf Leistungsqualität, und eben auch in Hinblick auf die Preisgestaltung auseinander setzen. Erst unter diesen Voraussetzungen werden auch die – sich vermeintlich widersprechenden – Stellungnahmen zur Bedeutung eines Preiswettbewerbs im Kap. 5.1.2.1 abschließend zu interpretieren sein. So soll im Folgenden zunächst eine Sequenz vorgestellt und näher analysiert werden, in der Pdl Meier auf die ökonomischen Interessen der Pflegeempfänger eingeht, und damit indirekt auch ihre Stellungnahme hinsichtlich der Relevanz von Preisdifferenzen zwischen den konkurrierenden ambulanten Pflegediensten (vgl. Kap. 5.1.2.1, Interviewsequenz Pdl Meier) inhaltlich nochmals in neuen Lichte erscheinen lässt:

493	Pdl Meier:
	Die Leute wollen für Pflege einfach kein Geld ausgeben. Also meistens kann man wirklich den Vertrag so gestalten, dass man die Pflegestufe ausschöpft, aber drüber ist echt immer schwierig, oder wenn des drüber, dann halt echt muss man sehr genau über den Umfang verhandeln. Also, ja, einfach die Leute teilweise nicht bereit sind, quasi für Pflege Geld-… Ich mein es sind natürlich auch Kosten, sicherlich. Man muss halt, sie sehen halt nicht, dass wir jetzt auch Fachkräfte sind. Ich vergleiche immer gern, wenn jetzt, was weiß ich, der Elektroinstallateur kommt oder jemand, der die Waschmaschine repariert, dann hat der auch sein Stundensatz, seine Anfahrt wie auch immer, der sicherlich deutlich höher ist als unserer. Aber das wird dann ohne Wenn und Aber bezahlt, weil's halt so ist. Dazu muss man natürlich sagen, ich mein, der kommt halt nicht jeden Tag. Das ist natürlich, wir kommen jeden Tag, das ist irgendwann, durch die Kosten sprengt des schon, klar, aber trotzdem, die Akzeptanz, das ist immer mit Fragezeichen, ja, warum kostet das jetzt so viel. Oder, sie sind doch jetzt nur nä halbe Stunde da gewesen. Oder- ich denk, das ist jetzt der große Unterschied, wir haben halt jetzt nur qualifizierte Kräfte, aber die Leute, die nur aufs Geld gucken, gehen vielleicht dann eher zu ner Sozialstation, die zwar auch an die gleichen Preise gebunden sind, aber des wird unterschieden nach Fachkraft und Nicht-Fachkraft. Und als Nicht-Fachkraft ist natürlich deutlich günstiger, wenn die dann die Zivis hin schicken. Also, es wird doch meistens die Qualität in dem Sinne, darauf kommst doch vielen Leuten nicht unbedingt an, und dann halt doch auf den Geldbeutel. Deswegen denke ich wenn wir jetzt mehr im Randgebiet wohnen würden, dann gebs hier sicher mehr Polinnen, Tschechinnen, sonst wie wer. Das ist auch mehr im Kommen, also keine Frage. Also grad wenn es um nä Rund-um-Versorgung geht, klar, kannst keine Fachkraft mehrere Stunden bei dir haben. Ist nicht bezahlbar.

Die Bereitschaft der Pflegebedürftigen, für Pflegeleistungen zu bezahlen, sei sehr gering, so die Befragte. Regelmäßig müssten deshalb zähe Verhandlungen mit den Leistungsempfängern geführt werden, sobald diese für die Pflegeversorgung über das Maß des Finanzierungsrahmens der Pflegeversicherung privat dazu bezahlen sollten. Ausgehend von der Beschreibung dieses Sachverhalts versucht Pdl Meier sogleich, diesen zu bewerten beziehungsweise die unterschiedlichen Interessenslagen der Anbieter- und der Nachfrageseite innerhalb dieser Konstellation zu rechtfertigen. Einerseits würden, nach Meinung der Befragten, die Pflegeempfänger es oftmals schlicht nicht wahr haben wollen, dass Pflege überhaupt Geld koste. Es fehle ihnen grundsätzlich an jener ökonomischen Wertschätzung für pflegerische Leistungen, die beispielsweise bei der Inanspruchnahme einer handwerklichen Dienstleistung wiederum selbstverständlich vorhanden sei. Andererseits aber würden sich Pflegebedürftige oftmals auch deshalb nicht an der Finanzierung der Pflege beteiligen wollen, da die eigentlich zu tragenden Kostenanteile ihre eigenen wirtschaftlichen Möglichkeiten objektiv überstiegen. Besonders deutlich würde das Defizit zwischen notwendiger und leistbarer finanziellen Eigenbeteiligung bei Pflegebedürftigen mit einem zeitlich umfänglichen Pflegebedarf ausfallen. In Folge dessen würden viele Pflegebedürftige bei der Auswahl des ambulanten Pflegedients beziehungsweise bei der Suche nach Pflegearrangements im allgemeinen primär auf möglichst geringe Kosten achten, statt auf qualitative Versorgungsaspekte.

In den hier skizzierten ökonomischen Interessenslagen der Pflegebedürftigen wird eine offenbar hohe Steuerungswirkung auf das Verhalten der Pflegebedürftigen sichtbar, die von den Preisen für Pflegeleistungen beziehungsweise von der Teilkasko-Struktur der Pflegeversicherung auszugehen scheint. Damit aber muss die vorherige Stellungnahme der Pdl Meier in Bezug auf die Bedeutung der Preisgestaltung für die Wettbewerbsposition der ambulanten Pflegedienste, die im letzten Kapitel bereits anschaulich gemacht wurde, neu konturiert werden (vgl. Kapitel 5.1.2.1). Zwar könnten sich ambulante Pflegedienste aufgrund der gesetzlich bindenden Vergütungsvereinbarungen für ambulante Pflegeleistungen bei den Preisen nur in Form von verhältnismäßig kleinen Differenzen voneinander unterscheiden, der Preis als Wettbewerbskriterium insofern nur eine begrenzte Steuerungswirkung entfalten. Grundsätzlich aber reichen offenbar diese kleinen Preisunterschiede bereits aus, um die Auswahl eines ambulanten Pflegedients mit entscheiden zu können. Wie sich hier gezeigt hat, können Preisabschläge für Versorgungsleistungen nach SGB XI seitens einiger ambulanter Pflegedienste offenbar durchaus entscheidungsrelevant für Pflegebedürftige sein, auch wenn dafür der Einsatz nicht examinierten Pflegepersonals vorausgesetzt werden müsste (andere Strategien zur Preissenkung wurden im Kapitel 5.1.2.1 genannt).

Die zögerliche Bereitschaft der Pflegebedürftigen und ihrer Angehörigen zur finanziellen Selbstbeteiligung an der Pflegeversorgung wurde auch in vielen anderen Interviews immer wieder geschildert. Beschrieben wurden Beispiele aus der Versorgungspraxis, wie Pflegebedürftige und ihre Angehörigen notwendige Leistungen abwählten, weil diese ihnen „zu teuer" (VPA Taubert, Z: 781) seien, und dass die Verhandlungen zwischen den ambulanten Pflegediensten und den Pflegebedürftigen über den Umfang der zu erbringenden Pflegeleistungen immer wieder vom „immer enger werdenden finanziellen Korsett der Menschen" (VPA Schneider, Z: 35f) bestimmt würden. Die befragte Geschäftsführerin eines priva-ten ambulanten Pflegediensts versucht in der folgenden Interviewsequenz, die Hintergründe für jene Motivlage der Angehörigen zu erklären, möglichst wenig Geld für professionelle Pflege ausgeben zu wollen:

628	Gf Hirte:
	Die Arbeitslosigkeit spielt natürlich auch in unserm Beruf mit hinein. Dadurch, dass viele Angehörige arbeitslos sind. Überwiegend immer noch die Frauen. Und die dann sagen, OK, ich krieg jetzt hier keinen Job, ähm, ich versorge meine Mut-ter und kriege das Pflegegeld, nehm keinen Pflegedienst. Oder ich teil mir das. Ich bleibe zu Hause, aber das Baden meiner Mutter kriege ich nicht mehr hin und dann kommt einmal in der Woche ein Pflegedienst. Also Angehörige gucken schon ganz genau ähm, wenn's geht, dass auch was übrig bleibt vom Pflegegeld.

Nach Ansicht der Befragten könne das Interesse vieler Angehöriger, bei der Ges-taltung der Pflegearrangements so gut es gehe auf professionelle Pflege zugunsten des Pflegegelds zu verzichten, vor dem Hintergrund ihrer allgemeinen wirtschaftli-chen Lebenssituation erklärt werden. Arbeitslosigkeit und fehlende Arbeitsmarkt-chancen seien unter vielen Angehörigen weit verbreitete Phänomene und ihre wirt-schaftliche Lage entsprechend prekär. Diese unterprivilegierte finanzielle Lage färbe eben auch auf ihre Präferenzen ab, wenn zwischen Sach- und Geldleistungen im Rahmen der Leistungsansprüche der Pflegeversicherung abzuwägen sei.

Eine befragte Pflegekraft, die seit einigen Jahren als geringfügig Beschäftig-te in einem konfessionellen ambulanten Pflegedienst tätig ist, antwortete bei-spielsweise bereits auf die allgemeine Einstiegsfrage nach den „wichtigsten Ver-änderungen im Berufsfeld" (Pn = Pflegekraft):

285	Pk Kant:
	Ja, so allgemein ist es mir in der letzten Zeit aufgefallen, dass die Patienten mehr aufs Geld achten. Also viel mehr aufs Geld achten, was vielleicht früher- Dass die viel, mehr nachfragen, auch, was ist in dieser Leistung drin, die wir erbringen, was macht die Schwester und ähm, was auch bei vielen Patienten ist, dass sie zum Beispiel in der Woche, normalerweise macht man, weiß nicht, meist machen wir an drei Tagen nä Ganzkörperwaschung, auch mit Baden, dann auch mal abwech-selnd, und dass viele Patienten sagen, ich möchte nur noch zweimal nä Ganzwä-sche und ansonsten Teilwaschung, weil ich einfach das Geld nicht mehr habe.

Hier wird gleich zu Beginn des Interviews eine veränderte Haltung der Pflegebedürftigen thematisiert, wenn es um Leistungsvereinbarungen mit dem ambulanten Pflegedienst gehe. Zunehmend würden die Pflegebedürftigen aus Kostengründen kritisch sondieren, inwiefern der Leistungsumfang, der durch die professionellen Pflegekräfte für gewöhnlich erbracht werde, reduziert werden könnte. Dies macht die Befragte am Beispiel der pflegerischen Leistung „Ganzkörperwäsche" fest. Viele Pflegebedürftige würden an die ambulanten Pflegedienste mit der Absicht herantreten, aus Kostengründen die Ganzkörperwäsche durch eine Teilkörperwäsche ersetzten zu lassen.

Ebenfalls bereits am Anfang des Gesprächs stand auch im folgenden Interview mit einer nicht-examinierten Pflegerin das Interesse der Pflegebedürftigen und ihrer Angehörigen nach möglichst günstigen Kosten für die professionelle Pflege im Vordergrund:

11	Pk Walzer:
	Manche, wo du weißt, die müssten eigentlich wenigstens zwei mal die Woche, was weiß ich, ganz gewaschen werden, oder wo die Angehörigen, die wollen das Pflegegeld raus haben, aber eigentlich können sie den nicht so gut versorgen, was weiß ich, z.B. mobilisieren oder so. Also, die haben einfach kein Geld.

Ihrer Beobachtung zu Folge würden einige Pflegebedürftige beziehungsweise ihre Angehörigen aus Geldmangel auf einige pflegerische Leistungen verzichten. Dies allerdings führe dazu, dass die Patienten oftmals unterversorgt wären. So zum Beispiel, wenn der Patient augenscheinlich zwei Mal pro Woche komplett gewaschen werden sollte, dies aus Kostengründen aber ablehne. Oder, wenn sich Angehörige aus finanziellen Gründen entscheiden würden, bestimmte Pflegeleistungen selbst zu übernehmen, obwohl sie voraussichtlich, z.B. in Sachen Mobilisierung des Patienten, in qualitativer Hinsicht damit überfordert seien.

5.1.3 Zusammenfassung

Im ersten Analyseschritt galt es, den wirtschaftlichen Bedingungen für die Arbeit von ambulanten Pflegediensten genauer auf den Grund zu gehen, die von den Pflegeakteuren wahrgenommenen ökonomischen Anforderungen und marktlichen Akteursinteressen im ambulanten Pflegefeld im Einzelnen einzufangen und damit ein insgesamt möglichst umfassendes Bild von den herrschenden Marktstrukturen für ambulante Pflegedienste zu skizzieren. Die gewonnenen Daten zeigen, dass wirtschaftliche Anforderungen in der Praxis der ambulanten Pflegedienste enorm relevant zu sein scheinen. Von ihrer erfolgreichen Bewältigung hänge nicht weniger ab als die wirtschaftliche Existenz der ambulanten Pflegedienste. Zu den ökonomischen Anforderungen zählen insbesondere: Anpassung an die überaus knapp bemessenen gesetzlichen Finanzierungsbedingungen, Neupositionierung aufgrund zunehmender Konkurrenzkämpfe zwischen den Pflegediensten und Berücksichtigung der teilweise restriktiven Preisinteressen von Pflegebedürftigen.

Als wesentlich für eine Beschreibung der wirtschaftlichen Anforderungen erwiesen sich einerseits die Implikationen der gesetzlichen Finanzierungsbedingungen für ambulante Pflegedienste, hier vor allem die Leistungsbereiche SGB XI und SGB V.[27] Unverkennbar zeigte sich in den inhaltlichen Stellungnahmen der Befragten, dass von diesen Finanzierungssystemen ein wachsender Kostendruck auf die Anbieter ambulanter Pflegeleistungen auszugehen scheint. Bezogen auf den Leistungsbereich der Pflegeversicherung würden sich einerseits ihre allgemeine Finanzierungsstruktur in Sinne einer Teilkasko-Absicherung, als auch andererseits die für zu gering befundenen Budgeterhöhungen für die einzelnen pflegerischen Leistungsbereiche der vergangenen Jahre deutlich bemerkbar machen. Nicht minder kritisch wurde die Finanzierungsstruktur im Leistungsbereich SGB V bewertet. Zum einen seien die zur Verfügung stehenden Budgets ebenfalls nicht kostendeckend, zum anderen werde bereits der Zugang zu den Leistungen seitens der Kostenträger immer stärker vom Motiv der Kostensenkung erschwert. In der pflegerischen Praxis steigt deshalb das Risiko einer immer größer werdenden Lücke zwischen dem Versorgungsbedarf und den Einnahmen aus den gesetzlichen Finanzierungssystemen, so das übereinstimmende Fazit der Pflegeakteure.

Im Rahmen der offenbar immer knapper werdenden Einnahmen aus den staatlichen Finanzierungstöpfen werden ambulante Pflegedienste zudem auch mit völlig anderen Herausforderung konfrontiert, nämlich mit einem wachsenden Wettbewerb, welcher sich um die beiden großen Pole von Trägerschaften organisiert und entsprechend vor allem zwischen privaten und konfessionellen Trägern ausgetragen wird.

Qualität und Preis avancieren dabei zu den wichtigsten Indikatoren, die aus Sicht der Pflegeakteure im Wettbewerb gegen den jeweils konkurrierenden Träger über Erfolg oder Misserfolg entscheiden. Dabei sollen Qualitätsverbesserungen vor allem durch die Bildung neuer Netzwerkstrukturen oder teilweise auch durch verstärkte Investitionen in die Qualifizierung der Mitarbeiter erreicht werden. In diesem Zusammenhang stehen auch die beobachteten neuartigen Fusionsprozesse und Kooperationsstrukturen, die inzwischen Einzug in die Versorgungslandschaft halten.

---

27 Der Vollständigkeit halber soll erwähnt werden, dass hier auch der Leistungsbereich SGB XII prinzipiell dazu zu zählen wäre. Angesichts des inhaltlich überaus geringen Stellenwerts des Themas „SGB XII" in den Interviews wurde von einer Berücksichtigung dieser Finanzierungsquelle jedoch abgesehen.

Zwar ist der Spielraum für Preisunterschiede zwischen den ambulanten Pflegediensten begrenzt, weil eine freie Preisgestaltung aufgrund der gesetzlich geregelten Vergütungssätze eingeschränkt ist. Dennoch zeigen die Erfahrungsberichte der Befragten, dass dem Faktor „Pflegekosten" trotz dieser geringen Spielräume insgesamt auf dem Markt eine enorm hohe Bedeutung beizumessen ist. Es sind oftmals nämlich kleinste Preisunterschiede, die für (potentielle) Pflegebedürftige entscheidungsrelevant sind, wenn sie einen Pflegedienst auswählen beziehungsweise wechseln wollen. Verstärkt wird dieser Preisdruck nicht zuletzt dadurch, dass sich Pflegebedürftige beziehungsweise ihre Angehörigen mitunter grundsätzlich nicht in der Lage sehen, einen finanziellen Eigenbeitrag, der den Leistungsumfang der Pflegeversicherung aufstockt, aufzubringen. Darüber hinaus wird der Preiskampf zwischen den Pflegediensten über die Leistungsabrechnungen ausgetragen: Um den Pflegebedürftigen zu gewinnen beziehungsweise zu halten, stellen Anbieter erbrachte Leistungen mitunter gar nicht erst in Rechnung.

Insbesondere für die Pflegenden in Leitungsfunktionen avanciert unter diesen wirtschaftlichen Bedingungen die Auseinandersetzung mit ökonomischen Vorgaben, Kennzahlen und entsprechenden Rationalisierungsmaßnahmen deshalb zur Schlüsselanforderung. Mit welchen Konsequenzen der Marktdruck für das praktische Handeln der Pflegeakteure in den Pflegediensten einhergeht, inwieweit die objektive Konkurrenzstruktur und der zunehmende Kostendruck im Rahmen der staatlichen Finanzierungssysteme zu Anpassungsprozessen in der Pflegeorganisation, der Personalstruktur oder im Leistungsangebot führt, welchen Stellenwert die wirtschaftliche Rationalität, Kosten zu senken, letztlich im Verhältnis zu pflegerischen Versorgungszielen einnimmt, wird in den folgenden Analyseschritten beantwortet.

5.2 Ökonomische Steuerung der Pflegedienste – Handlungsstrategien des Leitungspersonals

Im Wahrnehmungshorizont der befragten Pflegeakteure kommt wirtschaftlichen Anforderungen ein enorm hoher Stellenwert bei der Arbeit in ambulanten Pflegediensten zu. Aufgrund knapper Budgets, einem nachfrageseitigen Kostendruck und der zunehmenden Konkurrenz auf dem ambulanten Pflegemarkt würden Pflegedienste immer stärker mit der Notwendigkeit konfrontiert, betriebsinterne Maßnahmen zur Kostensenkung zu ergreifen, neue Kooperationsformen im regionalen Wettbewerb auszuloten oder auch das Leistungsprofil an marktförmige Bedingungen anzupassen. Ausgehend davon wird es die Aufgabe im folgenden Analyseschritt sein, das Forschungsinteresse auf die Frage zu fokussieren, wie genau sich die Relevanz der wirtschaftlichen Rationalität in der ambulanten

Pflegepraxis bemerkbar macht. Die dabei zu beantwortenden Fragen umfassen die folgenden Dimensionen:

- Welche ökonomischen Zielvorgaben für die Pflegedienste werden seitens der Befragten konkret formuliert (z.b. Gewinnerzielung/Verlustvermeidung)?
- Welche Maßnahmen implementieren die Akteure, um die wirtschaftlichen Ziele zu erreichen und welche Konsequenzen hat diese für die Versorgungsqualität?
- Welche normative Bedeutung haben ökonomische Interessen für die Befragten im Verhältnis zu qualitativen Versorgungszielen?

Ausgangspunkt für die Rekonstruktion der ökonomischen Handlungspraxis der Befragten bilden drei Fälle: Pdl Meier (Pflegedienstleiterin in einem privaten Pflegedienst), Pdl Lenz (Pflegedienstleiter in einem konfessionellen Pflegedienst) und Sbst Dietz (Inhaberin einer Stabsstelle bei einem konfessionellen Träger). Ihre Zusammenführung zu einer Untergruppe basiert auf der interpretativen Erschließung eines Orientierungsmusters, das diese drei Fälle eint und zugleich von der Handlungspraxis der anderen Befragten unterscheidet.

5.2.1   Handlungspraxis I: Nähe zur ökonomischen Sphäre

5.2.1.1   Fall Pdl Meier

Berufliche Laufbahn

Biographisches	Beim ersten Fall aus der Fallgruppe „Handlungspraxis I" handelt es sich um Pdl Meier. Die Mittdreißigerin ist als alleiniges Kind in einem traditionellen Arbeitermilieu aufgewachsen, der Vater arbeitete als Maurer, die Mutter als Bürokauffrau. Nach Abschluss der fachgebundenen Hochschulreife wollte Pdl Meier zunächst die Ausbildung zur Krankengymnastin aufnehmen, gab diese Pläne mit der Begründung der hohen Ausbildungskosten jedoch wieder auf und entschied sich statt dessen für eine Ausbildung in der Krankenpflege. Nach dem Berufsabschluss arbeitete die Befragte als Pflegekraft zunächst einige Jahren in einem Krankenhaus, bevor sie dann den Weg an die Hochschule wählte und ein Pflegestudium begann. Laut Auskunft der Befragten lag das Motiv dafür vor allem in der aus ihrer Sicht zu hohen Schichtdienstbelastung in der Krankenhauspflege. Nach Studienabschluss folgte der berufliche Einstieg in den privaten ambulanten Pflegedienst, in dem sie bis zum Interviewzeitpunkt tätig war.

	Zum Interviewzeitpunkt war die Befragte im Rahmen einer Vollzeitstelle mit je der Hälfte ihrer Arbeitszeit als Pflegedienstleiterin beziehungsweise in der direkten Pflege tätig. Damit ist Pdl Meier, neben der Geschäftsführerin, die einzige Leitungskraft in dem privaten Pflegedienst.
Berufliche Orientierung	In der bisherigen beruflichen Laufbahn von Pdl Meier, sowie besonders auch in ihren weiteren Berufsplänen, dokumentiert sich eine berufliche Aufstiegsorientierung m Arbeitsfeld Pflege. Vermutlich ist der Studienabschluss in der Pflege dabei von zentraler Bedeutung. Zum einen verleiht der akademische Titel einen formal höheren Qualifikationsstatus gegenüber der traditionellen Ausbildung in der Pflege. Zum anderen ist ein Studium mit überdurchschnittlichen Investitionskosten für die Befragte verbunden gewesen. Dies freilich nicht nur in finanzieller Hinsicht, sondern auch mit Blick auf die damit ansteigende Ausbildungsdauer, die mit acht Jahren (dreijährige Pflegeausbildung plus fünfjähriges Pflegestudium) objektiv wohl alle üblichen Ausbildungszeiten bis zum Erwerb eines ersten akademischen Titels übertreffen dürfte. Vor diesem Hintergrund erscheint ihr konkreter Ausstiegswunsch aus einer Tätigkeit in der direkten Pflege plausibel: Neben der offiziellen Begründung (zu hohe Arbeitsbelastung in der direkten Pflege) dokumentiert sich in den Berufsplänen die Suche nach einer ihrer höheren Qualifikation angemessenen Position, in der sich ihr formal höherer Abschluss, genauso aber auch die höheren Qualifizierungskosten innerhalb der Arbeitshierarchie im Pflegedienst widerspiegeln können. Daneben repräsentiert ihr beruflicher Werdegang auch einen sozialen Aufstieg. Sie war als erste Akademikerin in ihrer Familie nicht nur im Begriff, den allgemeinen Bildungsstatus ihrer Eltern auf dem zweiten Bildungsweg zu übertreffen. Mit einer möglichen Vollzeitstelle im Leitungsbereich würde ihr eine Position zu Teil werden, mit der sie ihren erworbenen Bildungsstatus auch in einen formal höheren Berufsstatus übersetzen könnte.

Strukturdaten des privaten Pflegediensts

Strukturdaten	Der private ambulante Pflegedienst, in dem die Befragte tätig ist, wurde Ende der 1990er Jahre gegründet. Er befindet sich in einer kleineren Stadt im süddeutschen Raum und beschäftigt knapp 20 Mitarbeiter. Bei den Mitarbeitern, die Aufgaben in der Pflegeversorgung übernehmen (also keine Hauswirtschaftsdienste), handelt es sich ausschließlich um examinierte Pflegekräfte, davon etwa die Hälfte in einem Vollzeit-Beschäftigungsverhältnis. Daneben gibt es zwei aktive Leitungspositionen im Pflegedienst, zum einen die Vollzeitstelle der Geschäftsführung und zum anderen die 50 %-ige Position der Pflegedienstleitung, die von der Befragten ausgeübt wird.

Wirtschaftliche Situation	Die wirtschaftliche Situation des Pflegedients muss als überaus zufriedenstellend eingeordnet werden. Während der vergangenen Jahre ist nicht nur die Größe des Pflegedients stetig gewachsen (Zuwächse bei den Patienten und Mitarbeitern), sondern ebenso die finanzielle Ertragslage: Der private Pflegedienst von Pdl Meier schreibt kontinuierlich steigende Gewinne.

Fallrekonstruktion

Charakteristisch für das gesamte Interview mit Pdl Meier ist die hohe thematische Dichte in Bezug auf das Thema „wirtschaftliche Anforderungen" und die hiermit verbundenen Veränderungen im Pflegedienst. Dies ist im Besonderen vor allem darauf zurück zu führen, dass sich der Pflegedienst von Pdl Meier zum Zeitpunkt des Interviews mitten in einer umfassenden wirtschaftlichen Restrukturierung befand, die durch die Geschäftsführerin initiiert wurde. Dabei wurde die Planung, Umsetzung und Kontrolle der wirtschaftlichen Restrukturierung von einer Unternehmensberatung organisiert, die auf die wirtschaftliche Modernisierung von ambulanten Pflegediensten spezialisiert war.

Die Beschreibungen und Argumentationen von Pdl Meier beziehen sich, direkt wie indirekt, immer wieder auf die teilweise massiven organisatorischen Veränderungen im Pflegedienst, mit Hilfe derer eine wirtschaftliche Optimierung des Pflegedients erhofft wurde. Von einer detaillierten und dementsprechend umfänglichen Auflistung der Interviewpassagen, die die konkreten Maßnahmen zur wirtschaftlichen Restrukturierung zum Thema haben, wird an dieser Stelle jedoch abgesehen. Weil jene ökonomischen Umstrukturierungsmaßnahmen einen herausragenden Stellenwert im gesamten Interview eingenommen haben und von hoher Relevanz für die forschungsleitende Fragestellung sind, wird nachfolgend eine tabellarische Zusammenfassung der beschriebenen Umstrukturierungsmaßnahmen wieder gegeben (vgl. Tabelle 9).

Tabelle 9: Fall Pdl Meier: ökonomische Rationalisierung im Pflegedienst.

Umstrukturierungsmaßnahmen im Pflegedienst von Pdl Meier
▪ Flexibilisierung von Arbeitszeiten und Gehältern (Abschaffung fester Monatsgehälter zu Gunsten einer stundengenauen Vergütung auf der Grundlage einer Gehaltsgarantie in Höhe von 75 %) ▪ Arbeitsverdichtung durch radikale Verkürzung der Einsatzzeiten (Bei allen Patienten werden neue Zeitkontingente errechnet, die sich an der Durchschnittszeit der schnellsten Mitarbeiter im Pflegedienst orientierten, plus einem Toleranzwert von zehn Prozent)

- Erstellung von Verfahrensstandards zum Zweck der Zeitreduktion in der Versorgung (Rationalisierung der Versorgungsabläufe im häuslichen Umfeld der Patienten durch Erstellung von detaillierten Handlungsplänen)
- offizielle Festlegung von wirtschaftlichen Gewinnzielen im Pflegedienst inklusive einer Gewinnbeteiligung der Mitarbeiter (Die Höhe der Gewinnbeteiligung für Mitarbeiter ist teilweise abhängig von den Ergebnissen einer ebenfalls eingeführten Mitarbeiter-Beurteilung)
- regionale Kooperation mit einem anderen privaten Pflegedienst zum Zweck der strategischen Marktpositionierung im Wettbewerb mit konfessionellen Pflegediensten
- vierteljährliche Patientenvisiten durch das Leitungspersonal mit dem Ziel der Versorgungsevaluation und Mitarbeiterbeurteilung

Bereits die Vielfalt und Reichweite der Maßnahmen zur wirtschaftlichen Optimierung im Pflegedienst von Pdl Meier liefern eine Erklärung dafür, warum das Thema „wirtschaftliche Anforderungen" im Allgemeinen einen dermaßen hohen Stellenwert im gesamten Interview einnimmt. Im Folgenden werden nunmehr ausgewählte Interviewpassagen analysiert, die einzelne Unterthemen fokussieren und auf derer Grundlage die handlungsleitenden Orientierungsrahmen von Pdl Meier rekonstruiert werden können.

Zunächst folgt eine Interviewsequenz, in der die Befragte ihre berufliche Situation im Pflegedienst vor dem Hintergrund ihres Wechsels in die Position als Pflegedienstleiterin reflektiert:

272	Y:

Was hat sich für Sie im Verlauf der Jahre verändert?
Pdl Meier:
Ja, also, erstens, generell, fangen wir mal bei der Körperpflege an, dass wir da, oder, dass ich da schon, na ja, auf Qualität achte, sag ich mal so. Das ist, ja, dass die Haut eingecremt wird, was weiß ich, dass die Fingernägel geschnitten sind, oder lauter so Sachen. Aber es ist natürlich, klar, ich denk mittlerweile mehr wirtschaftlich, ich denk jetzt nicht mehr an den Patienten, der muss jetzt gut versorgt sein, sicherlich, es bleibt. Aber ich denk natürlich auch an die Richtung, rechnet sich's für uns, wenn ich jetzt, um den zu waschen, nä dreiviertel Stunde brauche und aber nur einmal große Toilette abrechnen kann? Gibt's vielleicht noch andere Positionen, die das auch mit beinhaltet, die man auch abrechnen kann? Es ist schon viel mehr der Finanzierungsaspekt dazu gekommen, ganz klar. Das hat sich jetzt schon- von Anfang, wo ich also wirklich vorläufig hier nur die Touren gefahren bin und noch nicht diese Leitungsposition in dem Sinne hatte- und jetzt eigentlich das Touren Fahren eigentlich in den Hintergrund getreten ist, ich fahr trotzdem weiter diese Tour, aber jetzt hauptsächlich halt mit den Zahlen zu tun habe. Also, ich kann jetzt sagen, mein Arbeiten selbst vor Ort hat sich nicht geändert.

> Das nicht. Also das nicht, dass ich jetzt sag, oh, ich muss mich jetzt, ich muss jetzt mich beeilen. Den Druck mache ich mir nicht. Weil ich dann sag, na ja, dann ist halt meine Freizeit, oder wie auch immer, die halt jetzt dran hängt. Das ist halt nä Motivationssache dann.

Die Bearbeitung des Themas „wirtschaftliche Anforderungen" erfolgt von Anfang an innerhalb eines funktionsspezifischen Erfahrungszusammenhangs als Pflegedienstleiterin und ist dezidiert an den Positionswechsel in die Führungsrolle gekoppelt. Während pflegerische Handlungsmotive primär im berufsbiographischen Kontext hergestellt werden – als praktisch Pflegende sieht sich die Befragte für die Versorgungsqualität zuständig – und inhaltlich durch pflegefachliche Anforderungen definiert werden (Hautpflege etc.), gewinnen ökonomische Handlungsmotive erst mit der Übernahme von Aufgaben der Pflegedienstleitung an Relevanz. Die Rechtfertigung der ökonomischen Handlungsrationalität erfolgt demnach vor dem Hintergrund eines stereotypen Handlungsentwurfs an eine Leitungskraft und in Abgrenzung zum berufsbiographisch verankerten Erfahrungshintergrund als Pflegerin. Im Bewusstsein dieser doppelten Motivlage expliziert die Befragte einen an sich selbst gerichteten zweckrationalen Handlungsentwurf: In ihrer derzeitigen Position sehe sich Pdl Meier beiden Handlungsmotiven gleichermaßen verpflichtet und beabsichtige insofern, in ihrer Handlungspraxis sowohl ökonomischen als auch pflegerischen Anforderungen gerecht zu werden.

Allerdings fällt im weiteren Verlauf dieser Sequenz ihr recht unkritischer Umgang mit der Anhäufung von Überstunden auf. Sie betont, dass sich ihr Versorgungshandeln beim Patienten nicht verändert habe, weil sie sich trotz der engen Zeitkontingente für die Pflege „den Druck nicht mache". Pdl Meier spielt hier darauf an, dass sie sich mehr Zeit für die Versorgung der Patienten nimmt, als dies in den neuen und restriktiven Zeitvorgaben in ihrem Pflegedienst eigentlich definiert sei. Wie zudem in einem anderen Interviewabschnitt deutlich wird, leistet Pdl Meier kontinuierlich und systematisch Überstunden, verheimlicht diesen Umstand jedoch gegenüber ihren Kollegen und ihrer Vorgesetzten. Die an eigener Haut erlebte Unmittelbarkeit der sachlogischen Problematik eines steigenden Zeitdrucks in der Pflegeversorgung in Folge der restriktiven Zeitkontingente – Pdl Meier selbst wird mit der Pflege innerhalb der schmalen Zeitkorridore nicht fertig – ist hier, wie auch im gesamten Interview, kein kritisches Thema. Statt dessen ist die Aufarbeitung des Phänomens Zeitdruck von einer Individualisierung der Wahrnehmungs- und Handlungsoptionen gekennzeichnet. Die organisatorisch vorentschiedene Zeitnot in der Pflegepraxis wird, trotz der eigenen Überstunden, gar nicht prinzipiell hinterfragt. Es geht statt dessen nur noch um die Bewältigung des institutionalisierten Zeitdefizits. Pflege unter Zeitdruck und die Bereitschaft zu unbezahlten Überstunden sei für sie eben „Motivationssache".

Damit aber bekommt ihr zweckrationaler Handlungsentwurf, demgemäß Pdl Meier ökonomischen wie pflegerischen Anforderungen gleicher Maßen nachkommen möchte, Risse. Die integrative Handlungsmaxime kann im Praxisfall der Zeitkontingente eigentlich nur deshalb bestehen, weil Pdl Meier die Folgen des organisatorischen Instruments individualisiert und von sich selbst Altruismus als Lösung für das Zeitproblem in der Pflegepraxis abfordert.

In der folgenden Interviewsequenz beschreibt Pdl Meier die Auswirkungen der neuen Zeitkontingente nunmehr auf die Arbeitssituation aller Mitarbeiter im Pflegedienst. Sie führt aus, dass es in Folge der Einführung von Zeitkontingenten zu Konflikten zwischen den Mitarbeitern – entlang der Frontlinie „langsame" versus „schnelle" Pflegekräfte – gekommen sei. Die „Langsamen", die sich häufig eben nicht an die Zeitvorgaben halten könnten und deshalb auch unbezahlte Überstunden machen müssten, würden versuchen, gegenüber den Vorgesetzten die Arbeitsqualität der „Schnellen" in Frage zu stellen:

603	Pdl Meier:
	Wenn jetzt natürlich jemand langsamer ist als der Durchschnitt im Zeitkontingent, kann´s gut und gerne sein, dass er, was weiß ich, pro Woche nä Stunde eigentlich nicht bezahlt wird. Und es schafft halt große Unruhen zwischen den Mitarbeitern, natürlich zwischen den Langsamen und den Schnellen. Bei den Schnellen, die natürlich mit die Zeiten vorgegeben haben, werden dann natürlich extrem Fehler gesucht, ob der dann vielleicht nicht so qualitativ hochwertig arbeitet, ob er vielleicht vergessen hat, die Nägel zu schneiden, oder nä Tablette falsch gerichtet hat, wie auch immer. Also Fehler, die jedem passieren können, die auch den Langsamen passieren, muss man sagen. Aber bei den Schnellen werden sie gesucht. Und es ist schon oft, dass manche Mitarbeiter nach einem Jahr immer noch gucken, ohh, darf ich jetzt noch mal schauen, wie viel Zeit hätte ich bei dem Patienten gehabt, und wie lange hätte ich jetzt brauchen dürften? Ich hab aber doch des und des gemacht heute, heute war doch mit Rasur, und- wie auch immer. Also es gibt manche, die verstehen es immer noch nicht. ... Weil früher hat man ja wirklich die Zeit aufgeschrieben, wo man gebraucht hat. Da war ja eigentlich der Schnelle benachteiligt, so gesehen. Von daher ist jetzt nä faire gleichwertige Sache. Jeder hat sein Aufgabenspektrum, was er machen muss, und muss halt gucken.

Für eine Analyse dieser Interviewpassage müssen zunächst zwei inhaltlich unterschiedliche Ebenen von einander getrennt werden: (1) Beschreibung der Reaktionen innerhalb der Mitarbeiterschaft im Pflegedienst und (2) Beschreibung und Rechtfertigung des eigenen Handelns von Pdl Meier.

Zum ersten Punkt: Die Erläuterungen von Pdl Meier bezüglich der Einführung der knappen Zeitkontingente weisen zunächst einmal darauf hin, dass die wirtschaftlich motivierten Maßnahmen mit dem Ziel der Verkürzung von Pflegezeiten im Pflegedienst keineswegs reibungslos umgesetzt werden konnten. Vielmehr scheint diese Form der betriebsökonomischen Rationalisierung offenbar dauerhaft von Widerständen aus der Mitarbeiterschaft begleitet worden zu sein. Die Einführung der rigiden Zeitvorgaben wurde nämlich keineswegs deterministisch von den Pflegekräften in der Versorgungspraxis mitgetragen, sondern provozierte vielmehr auch eine offenkundige Kritik innerhalb eines Teils der Mitarbeiterschaft. Dass dabei vor allem Versorgungsaspekte als Argumente gegen eine Zeitverknappung ins Feld geführt wurden, weist im Allgemeinen darauf hin, dass die pflegefachliche Wertsphäre durchaus von hohen Stellenwert zu sein scheint, wenn etwaige Umstrukturierungsmaßnahmen im Pflegedienst vorgenommen werden.

Zum zweiten Punkt: Allerdings zeigt die Schilderung des praktischen Falls, bei dem Mitarbeiter vergeblich zusätzliche Zeit für die Pflege einfordern, bereits das objektive Ergebnis des betriebsinternen Aushandlungsprozesses bezogen auf die konkrete Frage der handlungspraktischen Gültigkeit von Zeitkontingenten. Demnach sind die neuen Zeitkontingente für alle Pflegekräfte im Pflegedienst bindend und nicht hinterfragbar, auch noch dann, wenn im Einzelfall konkrete pflegefachliche Gründe für eine punktuelle Aufstockung der Zeitbudgets seitens einer Pflegekraft an das Leitungspersonal vorgebracht würden. Die definitive Unhinterfragbarkeit der Zeitbudgets wird gleich noch zum Bestandteil der betriebsinternen Sozialisation einer Pflegekraft erklärt und jedem Mitarbeiter, der diese Spielregeln mit eben jenen pflegefachlichen Einwänden dennoch zu hinterfragen versucht, Verständnislosigkeit oder Anpassungsunfähigkeit vorgehalten („Also, es gibt manche, die verstehen es immer noch nicht"). Insofern dokumentiert sich hier, dass die Befragte als Pflegedienstleiterin in Entscheidungen verwickelt ist, die ihrem zweckrationalen Handlungsentwurf (Integration ökonomischer und pflegerischen Anforderungen) eigentlich zuwider laufen. Sie ist in der Funktion als Pflegedienstleiterin damit beschäftigt, einer Kostensenkungsmaßnahme zu ihrer Durchsetzung zu verhelfen – trotz der absehbar negativen Folgen für die Versorgungspraxis.

Obschon die pflegefachlichen Probleme jener Maßnahmen mehr oder weniger klar auf der Hand liegen – dafür sprechen nicht nur die offiziellen Klagen der Mitarbeiter, sondern auch ihre eigene Praxis der systematischen Überstunden –, dokumentiert sich in den Stellungnahmen der Befragten, dass dieser kritische Horizont von ihr überhaupt nicht aufgespannt zu werden scheint. Statt dessen kommt es zu einer Sphärentrennung zwischen der Handlungssphäre als Pflegedienstleiterin und der pflegepraktischen Sphäre. Während sie sich in ihrer Pflegepraxis geradezu anti-ökonomisch verhält, indem sie ihre eigenen Zeitvorgaben unterwandert und unbezahlte Überstunden ansammelt, weicht sie als Pflegedienstleiterin nicht von der restriktiven Linie ihrer Geschäftsführerin ab und verhilft dem ökonomischen Interesse nach geringen Personalkosten zur Durchset-

zung. Im Rahmen der Handlungssphäre als Pflegedienstleiterin werden alle pflegefachlichen Einwände gegen die restriktive Kostensenkungsmaßnahme „Zeitkontingent" von ihr mit dem Hinweis auf individuelle Unzulänglichkeiten abgewehrt; die Kausalität zwischen dem Zeitkontingent einerseits und dem daraus
resultierenden Zeitdruck als Versorgungsproblem andererseits systematisch um-
gebogen: Wenn eine Pflegekraft (einschließlich ihrer eigenen Person) mit den
knappen Zeitvorgaben nicht zurecht kommt, dann sei dies eben ein individuelles
Problem der Pflegekraft, nicht das des Leitungspersonals, von dem diese knappen Zeitvorgaben in Gestalt einer organisatorischen Umstrukturierung eingerich-
tet wurden. Auch spiele der Zeitaspekt bei der Frage der Versorgungsqualität
grundsätzlich keine Rolle. Entlang ihrer Doppelposition als Pflegekraft und Pflegedienstleiterin verändern sich auch ihre Handlungs- und Bewertungslogiken.
Während sie sich als Pflegende in der direkten Pflege Zeit für die Patienten
nimmt, um dem Versorgungsbedarf gerecht zu werden, entwickelt sie innerhalb
der neuen Handlungssphäre als Leitungskraft offenbar eine primär ökonomische
Haltung und kämpft für die Durchsetzung des Zeitdrucks in der Pflege.

Zu einem bestimmten Zeitpunkt im Interview entwarf Pdl Meier aber auch
eine kritische Perspektive auf die reale Qualität der Pflege ihres Pflegediensts.
Ausgehend von der Frage nach ihrer persönlichen Definition einer „guten Pflege", an die gleich die Frage nach der Umsetzung dieser in die Praxis angeschlossen war, entwickelte sich ein kritischer Diskursverlauf, innerhalb dessen Pdl
Meier die grundsätzliche Relevanz von „Zeit" – neben der Bedeutung einer „Bezugspflege" und der Erbringung aller sachlich notwendigen Pflegeleistungen –
als Bedingung für eine hohe pflegerische Versorgungsqualität hervorgehoben hat
und darauf aufbauend mehr oder weniger deutliche Worte fand, als sie diesen
Versorgungsanspruch mit der Versorgungsrealität im Pflegedienst bemessen
sollte:

445	Y:
	Was ist für Sie eigentlich gute Pflege?
	Pdl Meier:
	Ja, da spielt schon ziemlich natürlich die Zeit mit, mir Zeit nehmen können, nach individuellen Wünschen, bisschen auf individuelle Wünsche vom Patienten eingehen zu können und halt auch die Pflege im erforderlichen Umfang durchführen zu können. Also jetzt halt, wenn ich denk, wenn der sollte wirklich täglich gewaschen werden, dass ich das dann auch kann und nicht, dass er sagt, ohh, das kann ich aber nicht zahlen, kommen sie nur einmal die Woche. ... Auch mal Zeit für ein paar Worte haben noch dazu. Einfach auch Bezugspflege, dass jetzt nicht jeden Tag jemand anderes kommt, sondern dass da schon immer wenigsten mal für ein zwei Wochen immer so ein bisschen einen Ansprechpartner hat um nä Vertrauensbasis auch aufzubauen.

Y:
Würden Sie sagen, sie können diese Vorstellungen von der guten Pflege umsetzen?
Pdl Meier:
Zum Teil schon, also Bezugspflege ja, da achten wir ja sehr drauf, auf jeden Fall, dass es morgens funktioniert, abends funktionierts nicht. Aber morgens haben wir schon Bezugspflege. ... Aber eben immer, das bedarfsgerechte passt nicht unbedingt. Also es ist halt wenigstens der Minimalbedarf, dass wir sagen, OK, soweit halt, dass du es noch verantworten kannst. Auch wenn du es vielleicht gern hättest, dass die mehr machen können. Dass du wenigstens sagst, OK, es ist jetzt keine Gefährdung oder Verwahrlosung jetzt nicht, wenn ich jetzt nur das so und so mach. ...
Y:
Hat sich gerade bei dieser Frage da rückwirkend da was verändert, also sind solche Fälle mehr geworden?
Pdl Meier:
Ich denk, wahrscheinlich mehr. Die Leute wollen für Pflege einfach kein Geld ausgeben. Also meistens kann man wirklich den Vertrag so gestalten, dass man die Pflegestufe ausschöpft, aber drüber ist echt immer schwierig, oder wenn des drüber, dann halt echt muss man sehr genau über den Umfang verhandeln. Also, ja, einfach die Leute teilweise nicht bereit sind, quasi für Pflege Geld-... Ich mein es sind natürlich auch Kosten, sicherlich. Man muss halt, sie sehen halt nicht, dass wir jetzt auch Fachkräfte sind. Ich vergleiche immer gern, wenn jetzt, was weiß ich, der Elektroinstallateur kommt oder jemand, der die Waschmaschine repariert, dann hat der auch sein Stundensatz, seine Anfahrt wie auch immer, der sicherlich deutlich höher ist als unserer. Aber das wird dann ohne Wenn und Aber bezahlt, weils halt so ist. Dazu muss man natürlich sagen, ich mein, der kommt halt nicht jeden Tag. Das ist natürlich, wir kommen jeden Tag, das ist irgendwann, durch die Kosten sprengt des schon, klar, aber trotzdem, die Akzeptanz, das ist immer mit Fragezeichen, ja, warum kostet das jetzt so viel. Oder, sie sind doch jetzt nur nä halbe Stunde da gewesen. Oder- ich denk, das ist jetzt der große Unterschied, wir haben halt jetzt nur qualifizierte Kräfte, aber die Leute, die nur aufs Geld gucken, gehen vielleicht dann eher zu ner Sozialstation, die zwar auch an die gleichen Preise gebunden sind, aber des wird unterschieden nach Fachkraft und Nicht-Fachkraft. Und als Nicht-Fachkraft ist natürlich deutlich günstiger, wenn die dann die Zivis hin schicken. Also, es wird doch meistens die Qualität in dem Sinne, darauf kommst doch vielen Leuten nicht unbedingt an, und dann halt doch auf den Geldbeutel.

Im Rahmen der hier kritischen Aufarbeitung des Themas „Versorgungsqualität/Versorgungsprobleme" wird genau *ein* negativer Horizont aufgespannt, nämlich die Zuzahlungsbereitschaft der Pflegebedürftigen. Offensichtlich entspricht das Verhalten der Pflegebedürftigen in Hinblick auf ihre finanzielle Eigenbeteiligung an der Pflege nicht den Vorstellungen von Pdl Meier. Die Kostenbeteiligung der Pflegebedürftigen sollte nach ihrer Ansicht nämlich viel höher ausfallen – wie bei der Inanspruchnahme anderer Dienstleistungen für gewöhnlich eben auch. Nur im Rahmen einer entsprechend höheren Bereitschaft zu Zuzahlungen könne eine gute Pflegeversorgung realisiert werden.

Die Engführung des kritischen Diskurses im Zusammenhang mit dem Thema „Versorgungsqualität/Versorgungsprobleme" auf die Zuzahlungsbereitschaft der Pflegebedürftigen ist überraschend – stehen die aufgezählten Versorgungsprobleme sachlogisch doch auch im Zusammenhang mit den umfänglichen wirtschaftlichen Rationalisierungsmaßnahmen in ihrem Pflegedienst. Dies gilt besonders mit Blick auf die Einführung der „Zeitkontingente". So hebt Pdl Meier bei ihrer kritischen Einschätzung der tatsächlich realisierbaren Qualitätsziele einerseits gerade die Bedeutung von Zeit als allgemeines Qualitätskriterium für eine bedarfsgerechte Pflege hervor, unterlässt es andererseits aber, hier einen Zusammenhang zum restriktiven Instrument „Zeitkontingent" in ihrem Pflegedienst herzustellen – obschon die aufgetauchten Probleme des Instruments, wie oben auch dargestellt, sehr oft im Interview angesprochen wurden.

In der gewissen Einseitigkeit im Diskursverlauf zum Thema „Versorgungsqualität/Versorgungsprobleme" wird insofern wiederholt eine atheoretische Sphärentrennung zwischen der Handlungssphäre als Pflegedienstleiterin und der pflegepraktischen Sphäre sichtbar. Als Pflegedienstleiterin ist die Befragte an umfänglichen wirtschaftlichen Rationalisierungsmaßnahmen beteiligt, unterlässt es allerdings auch an dieser Stelle, jedweden kritischen Zusammenhang zwischen ihren Entscheidungen in der Führungsposition und der pflegerischen Versorgungspraxis herzustellen. Mit dem alternativen Angebot des Horizonts „Zuzahlungsbereitschaft der Pflegebedürftigen", das als Erklärung und Lösung der realen Versorgungsprobleme dienen soll, dokumentiert Pdl Meier hier vielmehr ein Orientierungsmuster, das der marktökonomischen Rationalität durchaus sehr nahe kommt. Die Verantwortung für die pflegerische Versorgungsqualität liege hiernach eigentlich nicht mehr beim ambulanten Pflegedienst – und damit im Besonderen eben auch nicht bei der Befragten, die als Pflegedienstleiterin strukturrelevante Entscheidungen zu treffen hat –, sondern vor allem beim Nachfrager. Entscheidend für die Steuerung des individuellen Qualitätsniveaus in der Pflegeversorgung sei die Kaufkraft des Pflegebedürftigen, also die Höhe seiner Zuzahlungen zu den gesetzlich garantierten Sachleistungen im Rahmen der Pflegeversicherung.

Zusammenfassung

Der Pflegedienst von Pdl Meier ist einer intensiven ökonomischen Rationalisierung unterworfen. Vor dem Hintergrund einer Gewinnerwartung wurden vielfältige organisatorische Veränderungen durchgesetzt (vgl. Tabelle 9), die teilweise erhebliche Probleme in der Versorgung nach sich ziehen.

Davon ausgehend dokumentiert sich in den Erläuterungen und Beschreibungen von Pdl Meier ein ambivalentes und widersprüchliches Orientierungsmuster. Ihr berufliches Selbstverständnis als Pflegedienstleiterin ist es zwar, sich
in der Handlungssphäre als Leitungskraft der betriebswirtschaftlichen Optimierung des Pflegediensts zu widmen, ohne dabei die Sphäre der Pflegepraxis aus
den Augen zu verlieren. Infolge der umfänglichen wirtschaftlichen Rationalisierungsmaßnahmen, die seitens einer Unternehmensberatung im Pflegedienst der
Befragten implementiert wurden, wird die Befragte allerdings systematisch in
Situationen verstrickt, in denen ihr innerer Anspruch der Integration pflegerischer und ökonomischer Anforderungen gebrochen wird. Zwischen dem, was
aus pflegefachlicher Perspektive an wichtigen Bedingungen für gute Pflege eigentlich vorzuhalten wäre, und dem, was aus betriebswirtschaftlichen Motiven
heraus umgesetzt wurde, klafft scheinbar eine objektive Lücke.

Besonders gut sichtbar werden die widersprüchlichen Handlungsanforderungen an ihrer eigenen, in sich gespaltenen Berufspraxis hinsichtlich der Zeitkontingente. Ist Pdl Meier in der direkten Pflege tätig, so unterwandert sie nämlich die von ihr selbst mitgetragenen engen Zeitkorridore und leistet – sozusagen
ganz „unökonomisch" und sich selbst widersprechend – systematisch unbezahlte
Überstunden. In gewisser Weise entsteht also das Bild von zwei voneinander
völlig abgeschotteten Handlungssphären, zwischen denen die Befragte in ihrer
Doppelfunktion hin und her wechselt. Weder kündigt sie in der Position als Pflegedienstleiterin die Einhaltung ökonomischer Zielvorgaben auf, noch ist sie gewillt, sich in der pflegerischen Versorgung dem Zeitdruck zu fügen und Versorgungsmängel hinzunehmen.

5.2.1.2 Fall Pdl Lenz

Berufliche Laufbahn

| Biographisches | Beim zweiten Fallbeispiel handelt es sich um den Fall Pdl Lenz. Der Mittvierziger ist Einzelkind, Herkunft aus einem kleinbürgerlichen Arbeitnehmermilieu. Der Vater war Lehrer an einer Gesamtschule, die Mutter kaufmännische Angestellte. Nach dem Abitur überlegte der Befragte zunächst, ein pädagogisches Studium zu beginnen, revidierte diese Pläne nach dem Zivildienst jedoch wieder und entschied sich für die Aufnahme einer Krankenpflegeausbildung. Nach Abschluss des Krankenpflegeexamens und einer mehrjährigen Berufspraxis in der Krankenhauspflege wechselte der Befragte in das Versorgungsfeld ambulante Pflege, das er seit dem nicht mehr verlassen hat. Der Einstieg erfolgte als stellvertretender Pflegedienstleiter in einem konfessionellen Pflegedienst. Kurze Zeit später machte sich der |

	Befragte – begründet mit fehlenden Aufstiegsmöglichkeiten in jenem Pflegedienst – selbstständig und wurde Mit-Eigentümer eines privaten ambulanten Pflegediensts. Infolge persönlicher Zerwürfnisse mit dem Geschäftspartner stieg der Befragte nach einigen Jahren aus der Teilhabe am Pflegedienst wieder aus und übernahm eine koordinierende Stabsstelle bei einem konfessionellen Träger. In dieser Position war der Befragte mehrere Jahre tätig. Zu seinen inhaltlichen Aufgaben zählte vor allem, die einzelnen ambulanten Pflegedienste im Trägerverbund im Rahmen einer wirtschaftlichen Umstrukturierungsphase zu begleiten. Zum Zeitpunkt des Interviews hatte der Befragte diese Stabsstelle vor wenigen Monaten aufgegeben und trägerintern in die Position als Pflegedienstleiter eines ambulanten Pflegediensts gewechselt. Seit dem arbeitet Pdl Lenz zu 80 Prozent als Pflegedienstleiter und zu 20 Prozent in der direkten Pflege.
Berufliche Orientierung	Der berufliche Werdegang von Pdl Lenz lässt auf eine Orientierung an leitenden Positionen im Berufsfeld Pflege erkennen. Bereits der Einstieg in die ambulante Pflege erfolgte durch die Übernahme einer Leitungsfunktion. Seit dem hat der Befragte vielfältige Führungserfahrungen im ambulanten Pflegefeld gesammelt. Aber auch die Stellungnahmen des Befragten hinsichtlich seiner zurückliegenden beruflichen Motive, wie zukünftigen Ambitionen, sprechen eine deutliche Sprache. Pdl Lenz beschreibt sich als „Organisator", „Berater" und vor allem auch als „eine Art Unternehmensberater" im ambulanten Pflegefeld. In seiner neuen Anstellung als Pflegedienstleiter sieht sich der Befragte primär mit der Herausforderung konfrontiert, auf der Grundlage seiner bisherigen Erfahrungen die notwendig scheinenden wirtschaftlichen Umstrukturierungsmaßnahmen in seinem Pflegedienst umzusetzen.

Strukturdaten des konfessionellen Pflegediensts

Strukturdaten	Der konfessionelle Träger des Pflegediensts kann als Anbieter ambulanter Pflegeleistungen insgesamt auf eine lange Versorgungstradition in der betreffenden Region zurückblicken. Die Aufgabe der ambulanten Pflegeversorgung ist in jenem Stadtgebiet (ca. 80 000 Einwohner) und in der umliegenden Peripherie unter mehreren Pflegediensten des Trägers mit der Größe von durchschnittlich ca. 10 bis 30 Mitarbeitern aufgeteilt. Der Pflegedienst von Pdl Lenz beschäftigt etwa 15 Mitarbeiter, mehrheitlich Pflegekräfte mit Examen, daneben aber auch zwei nicht examinierte Pflegehilfskräfte. Neben der Position des Befragten als Pflegedienstleitung gibt es keine weitere freigestellte Führungsposition im Pflegedienst. Die Funktion des dem Befragten formal übergeordneten Geschäftsführers ist innerhalb des Trägers zentralisiert.

Wirtschaftliche Situation	Die wirtschaftliche Situation des Pflegediensts ist sehr schwierig. Seit Jahren schon schreibt der Pflegedienst finanziell Verluste, die dann mittels einer Quersubventionierung seitens des Trägers kompensiert werden müssen. Gerade auch vor diesem Hintergrund sieht Pdl Lenz seine vordringliche Aufgabe darin, die wirtschaftliche Situation des Pflegediensten mittelfristig zu verbessern.

Fallrekonstruktion

Das Interview mit Pdl Lenz war ebenfalls von einer hohen thematischen Dichte in Bezug auf das Thema „wirtschaftliche Anforderungen" gekennzeichnet. Laut Auskunft des Befragten befand sich sein Pflegedienst seit Jahren in den „roten Zahlen", konnte allerdings mittels einer Quersubventionierung des kirchlichen Trägers wirtschaftlich am Leben gehalten werden. Die erste Interviewpassage setzt sogleich an dieser Sachlage an und hat das Projekt Kostensenkung im Pflegedienst zum Thema. Der Befragte reflektiert darin zunächst seine Handlungsziele als neuer Pflegedienstleiter und macht deutlich, dass er, analog zu seiner vorherigen Arbeitsstelle, primär wirtschaftlichen Anforderungen verpflichtet sei:

507	Also im Prinzip bin ich ja früher beim Diakonischen Werk so was wie nä verbandsinterne Unternehmensberatung gewesen. Also wie kann man die Tätigkeiten drum herum besser organisieren, damit die Zeit vor Ort für die Patienten gleich bleibt. Also- und jetzt bin ich im Prinzip in der gleichen Situation. Ich habe keine Vorgabe über das Kennzahlenziel. Wir haben schon nä gewisse Drucksituation, die ich mir aber auch selber definiere. ... Also ich denke mal so, in ein, zwei Jahren müssen wir wissen, wie wir mit dieser Situation klar kommen, entweder zusammenführen mit einer Leitung, komplett freigestellt. Oder oder oder. Und da, also da setz ich mir selber schon das Ziel, zu mindestens etwas durch n anderen Personalmix, durch nä bessere Organisation das Betriebsergebnis nicht schön zu schreiben aber besser zu gestalten, also nicht mehr ganz so rot.

In der Explikation seiner Ziele als neuer Pflegedienstleiter dokumentiert sich bereits eine allgemein hohe Bedeutung der wirtschaftlichen Rationalität im Handlungsentwurf des Befragten. Pdl Lenz ist bemüht, sein berufliches Profil, angelehnt an seine vorherige Stabsstelle, durch die Hervorhebung von wirtschaftlichen Kompetenzen und Erfahrungen im ambulanten Pflegefeld zu charakterisieren. Sein berufliches Selbstverständnis als Experte für ökonomische Fragen wird zudem auch sprachlich in Szene gesetzt: Pdl Lenz vergleicht seine Funktion, früher wie heute, mit der eines „Unternehmensberaters".

Wie sehr jene Selbstzuschreibung in handlungspraktischer Hinsicht ihre Berechtigung zu finden scheint, zeigt die Erläuterung seiner wirtschaftlichen Erwartungshaltung im Kontrast zur Position des Geschäftsführers. Der Befragte inszeniert sich hierbei nämlich als wirtschaftlich ambitionierter als sein Vorgesetzter, geht es um die Definition von Kostensenkungszielen für den Pflegedienst. Auch scheint er bereits weiter gehende Zukunftsszenarien zur wirtschaftlichen Existenzsicherung des Pflegediensts entwickelt zu haben. Anders gesagt, für Pdl Lenz avanciert die Bewältigung der Sachlage „Kostendefizit" zur Selbstverständlichkeit. Der Impetus als „Unternehmensberater" kommt im funktionsspezifischen Kontext der vorherigen und der aktuellen Leitungsposition bereits zum Ausdruck: Eine entsprechende Arbeitsanweisung zur radikalen Kostensenkung seitens des Vorgesetzten ist nicht nötig.

Allerdings möchte Pdl Lenz sein Leitungshandeln keineswegs allein auf wirtschaftliche Maßstäbe verengt sehen. In der Formulierung der Kernanforderung, vor die er sich als „Unternehmensberater" von ambulanten Pflegediensten gestellt sieht („...wie kann man die Tätigkeiten drum herum besser organisieren, damit die Zeit vor Ort für die Patienten gleich bleibt."), kommt vielmehr eine integrative Handlungsintention zum Vorschein. Er wolle einerseits die Organisation im Pflegedienst effizienter strukturieren, um so Kosten zu sparen. Dies soll andererseits ausdrücklich aber nicht dazu führen, dass die Pflegekräfte in der Versorgung immer weniger Zeit für die Pflege haben. In dem er Zeit als Qualitätskriterium der Pflege versteht, formuliert Pdl Lenz also eine an sich selbst gerichtete Handlungsnorm, der gemäß er Kostensenkungsziele nicht auf Kosten der Pflegequalität umzusetzen beabsichtige.

Auch in der nächsten Interviewsequenz bildet das integrative Handlungsziel der finanziellen Konsolidierung im Pflegedienst den Rahmen. Pdl Lenz zählt darin verschiedene Ansatzpunkte im Pflegedienst auf, mit Hilfe derer er das wirtschaftliche Ziel der Defizitvermeidung erreichen will. Dazu gehören die Absenkung von Gehältern und kostensenkende Veränderungen in der Organisation:

---

161 | Pdl Lenz:
Also, da müssen wir mittelfristig zu Strukturen kommen, wo wir kostendeckend arbeiten. Da sind wir auch im Wettbewerb. Es gibt andere ambulante Dienste, die inzwischen kostendeckend arbeiten. Und auch keine schlechte Qualität haben. Also, da muss sich was verändern. Und das ist auch so nä ganz heftige Diskrepanz für mich, dass ich einerseits sehe, ich gönne jedem, was auf dem Lohnstreifen steht. Aber ich bin auch verantwortlich für das Unternehmen, dass es wirtschaftlich geführt wird. Und das ist nä ziemliche Schere, sag ich mal. ... Also, ich denke, in der Wettbewerbssituation gegenüber privat-gewerblichen, wenn man da sieht, dass die teilweise 20, 25 % weniger bezahlen, das ist einfach schon mal nä Hausmarke. Dann muss man auch deutlich sehen, es ist nä Frage der Organisation, von der Ablaufplanung. Also, das sind mit Sicherheit Ressourcen. Also, wie wird die indirekte Pflege- betriebswirtschaftlich nennt sich das ja so schön, die unproduktive Zeit, obwohl das ja viel gemacht wird, aber einfach kein Cashflow ist- wie wird die besser organisiert?

Im Mittelpunkt dieser Sequenz steht die Erläuterung und Rechtfertigung von Kostensenkungsmaßnahmen. Dazu wird zunächst der Gegenhorizont „konkurrierende (private) Pflegedienste" aufgespannt. Pdl Lenz bemerkt, dass private Wettbewerber sehr wohl eine positive wirtschaftliche Bilanz ausweisen könnten. Dies vor allem deshalb, weil sich die Privaten einer mehr oder minder umfassenden wirtschaftlichen Rationalisierung unterworfen hätten. Einige setzten ein niedrigeres Gehaltsniveau durch, andere wiederum wiesen effiziente Organisationsstrukturen vor. Der Fingerzeig auf die Situation von konkurrierenden Pflegediensten führt zugleich auch zum inhaltlichen Fahrplan für die wirtschaftliche Rationalisierung des eigenen Pflegedienstes. Pdl Lenz beabsichtige, auch im eigenen Pflegedienst die Gehälter zu senken sowie Veränderungen in der Organisation mit dem Ziel der Kostensenkung vorzunehmen.

Dass der Befragte sein Leitungshandeln wiederholt aber nicht allein auf wirtschaftliche Maßstäbe verengt sehen will, dokumentiert sich in seinem argumentativen Einschub in Bezug auf die Folgen der Kostensenkungsmaßnahmen bei den „konkurrierenden Pflegediensten". Sein Vermerk, dass jene privaten Pflegedienste, die ihre Kosten radikal gesenkt hätten, dennoch eine gute Versorgungsqualität erbringen könnten, dient hier zur normativen Rahmung seiner eigenen Kostensenkungspläne. Richtschnur seiner Entscheidungen als Pflegedienstleiter sei demnach nicht ausschließlich wirtschaftliches Kalkül. Pdl Lenz repräsentiert auf der Grundlage des beschriebenen ökonomischen Handlungsbedarfs im Pflegedienst eine Handlungstheorie zur wirtschaftlichen Rationalisierung, derzufolge das ökonomische Normziel „Kostensenkung" dem pflegerischen Normziel „hohe Versorgungsqualität" nicht übergeordnet werden dürfe – und eben auch nicht müsse.

Betrachtet man die Erläuterungen in Bezug auf die einzelnen Kostensenkungsmaßnahmen der Reihe nach, so wird deutlich, dass die Gehaltshöhe offenbar zu einer der prioritären Handlungsoptionen von Pdl Lenz zählt. Er „gönne" seinen Mitarbeitern zwar einen möglichst hohen Lohn, müsse sich in seiner Leitungsfunktion als Verantwortlicher für die wirtschaftliche Situation des Pflegedienstes und mit Blick auf das niedrigere Gehaltsniveau in anderen Pflegediensten aber dennoch für eine Gehaltssenkung einsetzen. In der reflexiven Explikation des Spannungsverhältnisses zwischen ökonomischen Interessen und Mitarbeiterinteressen, das im Horizont der „konkurrierenden Pflegedienste" überhaupt erst hergestellt wurde, wird zugleich seine Praxis als Pflegedienstleiter im Kontext eines zweckrationalen Handlungsentwurfs an die Führungsposition sichtbar. So rechtfertigt der Befragte seinen Handlungsfokus auf den wirtschaftlichen Erfolg des Pflegedienstes eben ganz ausdrücklich mit seiner Führungsposition („...ich bin auch verantwortlich für das Unternehmen...") und positioniert sich damit, als Vertreter des sonst bloß abstrakten Interesses nach niedrigen Kosten, ganz bewusst gegen die Interessen der Beschäftigten nach höheren Löhnen.

Das zweite Handlungsfeld, in dem Pdl Lenz Veränderungen durchsetzen möchte, betrifft die gesamte Organisation im ambulanten Pflegedienst. Dabei soll eine Kostensenkung vor allem durch Maßnahmen zur Steigerung der Effizienz bei den allgemeinen Arbeitsabläufen im Pflegedienst oder bei der Einsatzplangestaltung erreicht werden. Auffällig an den diesbezüglichen Erläuterungen ist, dass Pdl Lenz hier wiederholt auch sprachlich seine Nähe zur ökonomischen Sphäre dokumentiert, wenn er explizit Begriffe aus der Welt der Wirtschaft zur Verdeutlichung seiner Motivlage gebraucht („unproduktive Zeit", „Cash Flow").

In Anbetracht des gesamten Diskursverlaufs im Interview mit Pdl Lenz bleibt festzuhalten, dass der Befragte in weiten Teilen des Interviews immer wieder auf den ökonomisch bedingten Bedarf an Umstrukturierungsmaßnahmen in seinem Pflegedienst zu sprechen kommt. Im Folgenden wird deshalb exemplarisch eine Interviewpassage vorgestellt, in der das – gemessen an der thematischen Dichte im gesamten Gespräch – dominante Thema Personalstruktur nochmals behandelt wird. Darin setzt sich Pdl Lenz für den vermehrten Einsatz nicht examinierter Pflegekräfte ein, wobei er zugleich deutlich zu machen versucht, dass er an dieser wirtschaftlichen Maßnahme trotz pflegefachlicher Einwände aus seiner Mitarbeiterschaft festhalten möchte. In diesem Zusammenhang berichtet der Befragte über Konflikte, die in Folge des Bekanntwerdens seiner Vorschläge im Pflegedienst zwischen ihm und den Pflegekräften aufgekommen seien:

| 196 | Pdl Lenz: Wie ich dann hier her gekommen bin, musste ich feststellen, von den Köpfen, die hier angestellt sind, sind zwei nicht examinierte Fachkräfte. Alle andere sind Fachkräfte. Das ist ein sehr sehr großer Anteil. Das muss sich deutlich ändern. Da weiß ich aber auch nicht, inwieweit das in die Caritas-Philosophie passt. … Es wird vielmehr in Richtung Alltagsbegleitung gehen, Hauswirtschaftshilfen, ETC, PP. Wo man einfach ganz andere Preise umsetzt. ... Und da kann ich nur Personal einsetzen, das entsprechend geringer vergütet wird. Sprich, ich habe da dann, hab ich diese Option auch gegenüber meinem Geschäftsführer vertreten, 400 Euro Basis, 7,50 Euro die Stunde. Und das sag ich auch im Vorstellungsgespräch auch gleich, ich weiß, dass ich hier ausbeute. Aber- und da wird Transparenz rein gebracht. Und dann beschreibe ich, was noch an anderen Kosten mit rein läuft. Und dann sag ich, das ist aber das Angebot, was wir machen können. Und fachlich, inhaltlich, von der Wertigkeit der Arbeit, da bin ich drei Monate lang hier auch etwas irritiert angeguckt worden. Da ist deutlich zu mir gesagt worden, also, die Alltagsbegleitung ist genauso hochwertig, wichtig, wie die Fachpflege im Bereich SGB V, oder die Körperpflege im Bereich SGB XI durch Fachkräfte. Das hat auch deutlich Irritationen ausgelöst. Aber, das halt ich aus. |

Thematisch setzt sich in dieser Sequenz das Motiv der Gehaltssenkung beziehungsweise Senkung der Personalkosten kontinuierlich fort. So bestätigt sich in der Art und Weise, wie der Befragte das Thema behandelt, seine normative Position in Bezug auf die höher gestellte Relevanz des betriebsökonomischen Interesses nach Kostensenkung im Verhältnis zu den Interessen der Beschäftigten nach hohen Löhnen. Pdl Lenz expliziert hier ein ökonomisches Orientierungswissen, demzufolge der vermehrte Einsatz von gering Qualifizierten wirtschaftlich unhinterfragbar sei (Dequalifizierung als ökonomischer Sachzwang). Zugleich dokumentiert die Metapher „ich weiß, dass ich hier ausbeute" im Rahmen von Vorstellungsgesprächen seine Praxis als ökonomisch orientierter Pflegedienstleiter. Pdl Lenz spielt quasi mit dem Bild als „Ausbeuter", das in gewisser Weise kapitalistische Produktionsstrukturen im Pflegedienst vermitteln soll. Gegenüber neuen Mitarbeitern inszeniert sich Pdl Lenz ganz offen als ein Unternehmer, für den das wirtschaftliche Wohl des Pflegedienstes prioritär ist. Die neuen Mitarbeiter können sich indes als die „ausgebeuteten Arbeiter" verstehen.

Die Nähe zur ökonomischen Sphäre bei Pdl Lenz zeigt sich daneben auch darin, dass das Handlungsmotiv des Befragten, niedrige Löhne durchzusetzen, offenbar völlig unabhängig von etwaigen Aufforderungen seines Vorgesetzten hergestellt wurde. So scheint es vielmehr Pdl Lenz selbst gewesen zu sein, der mit dem Vorschlag, einen Stundenlohn von 7,50 Euro einzuführen, an seinen Geschäftsführer herangetreten ist. Korrespondierend mit dem obigen Ergebnis erscheint für Pdl Lenz die Durchsetzung niedriger Löhne in seiner Position also nicht nur als legitimes Motiv, sondern avanciert bereits zum Bestandteil seines beruflichen Selbstverständnisses als Pflegedienstleiter – kein Vorgesetzter muss ihn dazu auffordern. In gewisser Weise findet seine Selbstdarstellung als ökonomischer Modernisierer ihren Höhepunkt darin, dass Pdl Lenz als gar nicht sicher erklärt, ob seine harte Linie überhaupt noch mit der Unternehmenskultur des konfessionellen Trägers übereinstimmt („Da weiß ich aber auch nicht, inwieweit das in die Caritas-Philosophie passt").

Allerdings wird – analog zum Fall Pdl Meier – auch ersichtlich, dass betriebsökonomisch motivierte Maßnahmen zur Kostensenkung seitens der Mitarbeiterschaft im Pflegedienst kritisch in Hinblick auf ihre pflegefachlichen Konsequenzen geprüft zu werden scheinen. Im konkreten Fall der Maßnahme Dequalifizierung ist es offenbar zu Widerständen gekommen. Mitarbeiter haben sich gegen die Haltung ihres Vorgesetzten Pdl Lenz aufgelehnt und ihre Position auf der Grundlage einer pflegefachlichen Argumentation gerechtfertigt.

Darin dokumentieren sich ein Bruch im zweckrationalen Handlungsentwurf des Befragten, ökonomische Interessen durchsetzen zu wollen, ohne dabei die Qualität der Versorgung zu beschädigen. In den Beschreibungen der Konflikte zwischen ihm und den Mitarbeitern schimmert durch, dass Pdl Lenz in der Handlungspraxis als Pflegedienstleiter pflegerische Interessen den ökonomischen Zielen unterordnet und die Dequalifizierung eben trotz des pflegefachlich begründeten Widerstands aus der Mitarbeiterschaft durchzusetzen beabsichtigt.

In der nächsten Interviewsequenz stellt das Thema „Versorgungsqualität/ Versorgungsprobleme" den Diskursrahmen dar. Es ist zugleich die letzte Gesprächspassage innerhalb der Fallrekonstruktion. Darin entwickelt Pdl Lenz, auf die Frage nach dem realen Niveau der Versorgungsqualität, eine – analog zum Fall Pdl Meier – durchaus spannende Diskursstruktur, die ihren Höhepunkt in einer Umdrehung der Frager-Antwortgeber-Rollen zwischen dem Interviewer und dem Befragten erreicht:

269	Y:
	Würden Sie sagen, dass Sie eine gute Versorgung gewährleisten können?
	Pdl Lenz:
	Also, ich denke, da muss man ganz klar sehen, was der Gesetzgeber mit dem SGB XI 94 initiiert hat. Viele von den Kolleginnen und Kollegen haben gedacht, damit soll die professionelle Pflege gefördert werden. Aber da drum geht's ja gar nicht. Sondern eigentlich sollen die gefördert werden, die zu 80 Prozent die Pflegebedürftigen pflegen, die Laien. Das heißt, die Angehörigenpflege. … Von daher muss auch von Anfang an deutlich werden- und das ist auch das gewesen, was für mich spannend war, wie ich dann 97 in diesen privat gewerblichen Dienst eingestiegen bin. Der Kollege hat´s wirklich noch versucht, alles im Rahmen der gesetzlichen Leistungsgrenzen zu händeln. Hab ich gesagt, ne, ne, das ist nä Teilkaskoversicherung. Und die Teilkaskoleistung muss beschrieben werden. Und da muss von Anfang an deutlich gesagt werden, wir sind nicht der billige Jakob sondern wir stehen für nä bestimmte Qualität. Wir sind zwar nicht der Mercedes, den können sie sich nicht leisten, aber wir sind n Mittelklasse Golf und kein Goggo-Mobil. Und das hat sich umgesetzt. Das hat funktioniert. … Und was man auch sehen muss, dass wir uns gesellschaftlich überhaupt nicht leisten können, gerade nach der Wiedervereinigung, diese ganzen Kosten auf die Allgemeinheit umzuschichten. Also, da ist jeder auch n Stück für sich selber verantwortlich. Also sind Sie Zusatz-Pflegeversichert?

Die Frage zum Thema „Versorgungsqualität/Versorgungsprobleme" löst beim Befragten eine grundsätzliche Argumentationskette aus, mit der er vor allem seinen Standpunkt in Bezug auf ein reduziertes Leistungsverständnis als logische Konsequenz der Teilkasko-Leistungsstruktur im Rahmen der Pflegeversicherung deutlich zu machen versucht. Insofern wird damit bei der Bearbeitung des Themas „Versorgungsqualität/Versorgungsprobleme" von Anfang an ein durchaus kritischer Horizont aufgespannt. In der Beschreibung seines Vorgehens als Mit-Teilhaber eines privaten Pflegedienstes, das er am Anspruch der Vollversorgung seines damaligen Geschäftspartners kontrastiert, dokumentiert sich, dass seine Position längst schon in eine habitualisierte Praxisform übergegangen zu sein scheint. Demnach sei der Befragte – analog zu einem Autoverkäufer – bestrebt, jedem Pflegebedürftigen das Niveau der Pflegequalität deutlich zu machen, das er im Rahmen der Leistungsgrenzen der Pflegeversicherung anzubieten bereit sei, nämlich das einer „Mittelklasse"-Pflege. Indes habe er sich im Rahmen der Leistungsansprüche der Pflegeversicherung längst vom Anspruch distanziert, bei jedem Pflegebedürftigen eine Vollversorgung sicherstellen zu wollen. Zugespitzt formuliert: Der habituelle Stil von Pdl Lenz gleicht – um wieder seine Automarktmetapher aufzugreifen – an dieser Stelle also durchaus dem eines Verkäufers von Konsumgütern. Der Zugang zu einem hohen Qualitätsniveau sei kaufkraftabhängig, und seine Funktion eben keine andere als die, sein Angebot an pflegerischen Leistungen der finanziellen Zuzahlungsbereitschaft beziehungsweise -fähigkeit („... der Mercedes, den können sie sich nicht leisten") der Pflegebedürftigen entsprechend auszurichten.

Die Nachfrage des Befragten nach dem Abschluss einer privaten Pflegeversicherung beim Interviewer bildet einen dramaturgischen Höhepunkt im Rahmen der Rechtfertigung eines reduzierten beziehungsweise kaufkraftabhängigen Leistungsverständnisses, das Pdl Lenz als Anbieter ambulanter Pflegeleistungen praktiziert. Statt einer Kritik am rationierten Schutz durch die Pflegeversicherung wird die Beschränktheit der staatlichen Absicherung, quasi aus makro-politischer Perspektive, verteidigt. Betont wird statt dessen die Notwendigkeit einer privaten Vorsorge für den Pflegefall und das Fehlen einer solchen privaten Absicherung wird implizit bereits in einen Vorwurf der mangelhaften „Eigenverantwortung" übersetzt. Darin wird die Nähe des Befragten zur ökonomischen Sphäre wiederholt gut sichtbar. Die Verantwortung für die Sicherstellung einer bedarfsgerechten Pflegeversorgung wird aus der Hand des Anbieters in die private Sphäre des Pflegebedürftigen gegeben und kaufkraftabhängige Leistungsdifferenzen, wie für jeden Konsumbereich üblich, damit zum Normalfall gedeutet.

Zwischenbilanz: In Übereinstimmung mit dem Fall Pdl Meier konnte auch im Fall Pdl Lenz eine handlungspraktische Nähe zur ökonomischen Sphäre rekonstruiert werden. In der neuen Position als Pflegedienstleiter schreibt er sich selbst die Verantwortung für den wirtschaftlichen Erfolg des Pflegediensts zu und versucht bereits in Eigeninitiative, seinen Vorgesetzten von seinen Vorschlägen zur Kostensenkung im finanziell angeschlagenen Pflegedienst zu überzeugen. Unbedingt soll der Pflegedienst aus der Verlustzone heraus kommen und zumindest keine Defizite ausweisen. Das primär wirtschaftliche Selbstverständnis des Befragten findet auch seinen sprachlichen Ausdruck: Pdl Lenz bezeichnet sich selbst auch als „Unternehmensberater" oder verwendet ökonomische Fachbegriffe, um seine Kompetenzen als wirtschaftlicher Modernisierer zu dokumentieren. Letztlich aber will er sich nicht einseitig als bloß ökonomisch verstanden wissen. Vielmehr beabsichtige er einen Konsolidierungskurs im Pflegedienst einzuschlagen, der explizit nicht auf Kosten der Pflegequalität gehen soll.

Der integrative Handlungsentwurf von Pdl Lenz, der im funktionsspezifischen Erfahrungsraum im Rahmen der gehoben Leitungspositionen einerseits und dem berufsbiographischen Erfahrungsraum als gelernter Krankenpfleger andererseits hergestellt wird, wird in der Handlungspraxis als Pflegedienstleiter teilweise jedoch gebrochen. Zum einen erklärt Pdl Lenz die Sparmaßnahme Dequalifizierung aus ökonomischer Perspektive bereits für nicht hinterfragbar und entzieht diese Entscheidung damit einer pflegefachlichen Auseinandersetzung. Ein solcher impliziter Nachrang der pflegerischen Orientierung in der Praxis dokumentiert sich zum anderen auch mit Blick auf den Leistungsanspruch, den Pdl Lenz an Anbieter professioneller Pflege durchzusetzen bemüht ist: das Leistungsprinzip der Bedarfsdeckung soll zugunsten eines kaufkraftabhängigen Leistungsanspruchs abgelöst werden.

5.2.1.3 Fall Sbst Dietz

Berufliche Laufbahn

| Biographisches | Die Mittvierzigerin Sbst (Stabsstelle) Dietz wuchs in einem traditionellen Arbeitermilieu im ländlichen Raum auf, ihr Vater war Handwerker, ihre Mutter Krankenschwester. Nach dem Abitur beschloss die Befragte, eine Ausbildung in der Kinderkrankenpflege zu beginnen – ihr „fiel nichts anderes ein" – und arbeitete, nach dem Ausbildungsabschluss, mehr als zehn Jahre als Kinderkrankenpflegerin in einem städtischen Krankenhaus. Begründet mit fehlenden Aufstiegsmöglichkeiten als Kinderkrankenschwester entschloss sich Dietz dann, ein vierjähriges Pflegestudium aufzunehmen. Nach Abschluss kehrte sie zurück in das örtliche Krankenhaus und arbeitete dort je mit einer halben Stelle als Ausbildungsbetreuerin und – im Rahmen einer neuen Stabsstelle – als Qualitätsbeauftragte. Die berufliche Perspektive im Krankenhaus verengte sich jedoch schnell wieder – beide Positionen waren befristet, die Befragte sollte danach wieder zurück auf die Kinderstation. In Anbetracht dessen entschloss sich die Befragte für einen Wechsel des Arbeitgebers und fand eine Anstellung bei einem konfessionellen Träger für ambulante Pflegedienste. Dort nahm sie eine Stabsstelle an, die sie zum Interviewzeitpunkt seit etwa fünf Jahren ausübte. Hier ist sie für unterschiedliche Aufgabenbereiche zuständig: verbandliche Tätigkeiten, Qualitätssicherung und wirtschaftliche Modernisierung der Pflegedienste. Gerade der letzte Aufgabenbereich habe laut ihrer Auskunft an Intensität zugenommen. In diesem Zusammenhang beschreibt Sbst Dietz ihre Funktion als „Puffer", „Vermittler" und „Berater" zwischen dem Geschäftsführer einerseits, der für die regional verteilten Pflegedienste zentral zuständig ist, und den Pflegedienstleitungen in den einzelnen Pflegediensten andererseits. |

Berufliche Orientierung	Im bisherigen beruflichen Werdegang der Befragten wird die Tendenz einer Aufstiegsorientierung deutlich ersichtlich, wobei mit dem Aufstieg zugleich wiederholt auch ein Ausstieg aus der direkten Pflege verbunden ist. Besonders dem Erwerb eines Studienabschlusses dürfte in diesem Zusammenhang eine grundsätzlich hohe Bedeutung zukommen. Angesichts der ansonsten spärlichen Aufstiegsmöglichkeiten im Pflegeberuf bot sich mit dem Studium wohl eine aussichtsreiche Gelegenheit, eine solche berufliche Veränderung herbei zu führen. Denn als Akademikerin konnte die Befragte das typische Qualifikationsniveau in der Pflege übertreffen und sich insofern genau darüber Aufstiegschancen erhoffen. Indes würde, mit einer Rückkehr zur vorherigen Wirkungsstätte als Kinderkrankenschwester, nicht nur ihre vierjährige Bildungsinvestition quasi entwertet – dies betrifft nicht nur, aber eben auch den Aspekt des Gehaltsniveaus –, sondern ihre berufliche Aufstiegsorientierung grundsätzlich ad absurdum geführt.

Strukturdaten des konfessionellen Trägers

Strukturdaten	Der Arbeitgeber von Sbst Dietz kann auf eine lange regionale Versorgungstradition zurückblicken, die neben dem Angebot von Sozialstationen auch andere soziale Dienste umfasst. Das Einzugsgebiet der ambulanten Pflegedienste erstreckt sich über mehrere Stadt- und Landkreise. Es werden insgesamt knapp zehn Pflegedienste vom Träger unterhalten, in verschiedenen Größen, angefangen von kleinen Sozialstation mit etwa sieben bis zehn Mitarbeitern bis hin zu größeren Pflegediensten mit 40 und mehr Angestellten. Die formale Personalstruktur hinsichtlich der Leitungsaufgaben für den Bereich der ambulanten Pflegedienste ist folgender Maßen gestaltet: Jeder Pflegedienst wird vor Ort von einer Pflegedienstleitung geführt. Dem übergestellt sind, neben dem Verwaltungsapparat, insgesamt drei Positionen, die in der regionalen Zentrale des Trägers zusammengefasst werden. Dazu gehören der Geschäftsführer, ein Controller und die Befragte als Inhaberin einer Stabsstelle.
Wirtschaftliche Situation	Die wirtschaftliche Lage der ambulanten Pflegedienste des Trägers ist durchaus heterogen verteilt. Es gibt Pflegedienste, die seit Jahren stabil Überschüsse produzieren, ebenso aber auch Pflegedienste mit negativer Bilanz. Jährlich erfolgen deshalb Ausgleichszahlungen. Die Verluste der einen werden durch die Überschüsse der anderen Pflegedienste wieder aufgefangen. Gerade die Existenz von unrentablen Pflegediensten ist Anlass für innerbetriebliche Kostensenkungsprogramme.

Fallrekonstruktion

Wirtschaftliche Themen, allen voran der Kostendruck, prägten auch das Interview mit Sbst Dietz. Im Kontext ihrer Stabsstelle stand die Bearbeitung dieser Themen dabei häufig im Lichte von grundsätzlichen Strukturentwicklungen innerhalb des Trägers. Beschrieben wurden neueste Trends auf der überregionalen Träger-Ebene und davon die ökonomischen Implikationen für die Pflegedienste in der Region abgeleitet (vgl. Tabelle 10).

Tabelle 10: Fall Sbst Dietz: ökonomische Rationalisierung im Pflegedienst.

Wirtschaftliche Strukturentwicklungen beim konfessionellen Träger
▪ trägerinterne Zusammenschlüsse von einzelnen Pflegediensten zum Zweck der Kostenreduktion
▪ Einsatz von externen Unternehmensberatern auf der Ebene von einzelnen Pflegediensten oder regionalen Verbünden zum Zweck der Kostenreduktion
▪ Einsatz eines überregionalen „Benchmarking"-Verfahren, um trägerintern die wirtschaftliche Situation der Pflegedienste kontinuierlich miteinander zu vergleichen

Ausgehend von diesen strukturellen und bundesweiten Entwicklungen innerhalb des konfessionellen Trägers, in denen sich bereits recht deutlich eine steigende Relevanz der wirtschaftlichen Steuerungsrationalität dokumentiert, fokussierten die Stellungnahmen und Beschreibungen der Befragten häufig einen entsprechenden Bedarf an Maßnahmen zur wirtschaftlichen Optimierung der Pflegedienste in der eigenen Region. Im Einzelnen bezogen sich die Erläuterungen der Befragten zum einen auf Veränderungen im Bereich der Organisation und Personalstruktur von Pflegediensten (effiziente Tourenplanung, Zeitvorgaben, Personalkürzung und Gehaltssenkung). Der zweite überaus häufig angesprochene Ansatzpunkt zur wirtschaftlichen Optimierung betraf die Leistungsanpassung der Pflegedienste an die Kaufkraft der Pflegebedürftigen.

Im Mittelpunkt der folgenden Interviewsequenz steht der erste Bereich an Maßnahmen zur Kostensenkung, vor allem die organisatorischen Veränderungen. Auf die das Interview mehr oder weniger bereits abschließende Frage nach etwaigen wirtschaftlichen Vorgaben, die seitens des konfessionellen Trägers an die regionale Niederlassung der Befragten herangetragen würden, zog die Befragte ein allgemeines Resümee in Bezug auf den Bedarf an betriebswirtschaftlichen Interventionen innerhalb ihrer regionalen Zuständigkeiten und fasste noch einmal die einzelnen Ansatzpunkte für eine Kostensenkung in den Pflegediensten zusammen:

881	Sbst Dietz:
	Ja, ja, der Druck ist da auch stärker. Klar. Wir hatten halt von den vier, wenn ich halt in der Stadt bleibe, von vier Sozialstationen, da haben wir halt eine, die kontinuierlich Minus gefahren hat. Wir haben natürlich auch eine, die macht immer positiv. Und natürlich hat die Sozialstation schon mehr Druck, ganz klar. Weil die kriegt alleine Druck von der andern Pflegedienstleitung, die sagt, ich fütter dich hier mit durch, hier, jetzt komm auch mal in die Puschen. Also so, nä. Das zum einen. Und zum anderen hatten wir da auch mal n Studenten von der Uni, der dann auch noch mal wirklich nä genaue Analyse der Tourenpläne gemacht hat. ... In der Sozialstation in der das war, die hatten zum Teil wie gesagt längere Wegezeiten. Und da muss man sich überlegen, wie macht man das. Also, dass die zum Beispiel in einem Ort noch mal n Dienstfahrzeug wo hinstellen. Und dass die Versorgung für die Mitarbeiter, die holen sich dann das Auto und fährt dann gezielt an, so dass die net jedes Mal in die Sozialstation erst muss und so. Hier Benzinpreise, gucken sie sich das mal an, das ist nä Katastrophe. Wie viel das alles kostet. Die Versicherungen dann dazu und die Autos die, Preise. ... Also es geht um Vorgaben auch, der Einsatzzeiten an die Mitarbeiter, Mitarbeiterinnen. Find ich auch realistisch. Ich finds, ich mein, das hat man halt im stationären Bereich nicht. Man hat keine Zeitvorgabe, egal ob jetzt Zeitvorgabe, Altenpflege oder Krankenhaus, ja. Also ich hat´s in der Kinderklinik nicht. Wie lang ich jetzt jemanden waschen darf. Wie lange ich jemanden nä Pneumonie-Prophylaxe angedeihen darf. Wobei ja diese ganzen Prophylaxen, die sind ja enthalten in diesen einzelnen Leistungskomplexen. Das ist auch in diesem Vertrag hinterlegt, was das alles drin ist. Und da weigern die Pflegekräfte sich natürlich, das auch noch extra zu dokumentieren. Und da hab ich gesagt, da müssen sie aber wenigstens nä Pflegeplanung schreiben. Also ist schon alles net so einfach. Die sind alle enthalten. Also in Bezug auf die Vergütung. ... Und dann haben wir noch mal genau geguckt, wie es mit m Personal ist. Also, kann da was eingespart werden. Weil es war auch noch deutlich, dass da n Rücklauf an Patienten gewesen ist. Dann muss man halt, das ist halt in der ambulanten Pflege, wenn da jemand einen befristeten Vertrag hat, und jetzt ist es halt ein Auf und Ab. ... Also ich denk mir, wir haben ja hier wie gesagt unsern Buchhalter und Controller, der hat für die vier Sozialstationen macht der, stellt der monatlich nä betriebswirtschaftliche Auswertung und da sind eigentlich alle Einnahmen und Kosten gegenübergestellt, also für die vier Sozialstationen gibt es jetzt schon feste Kennzahlen und, dass man da eben miteinander vergleichen kann.

Bei der Bearbeitung des Themas „wirtschaftliche Anforderungen" drängt sich vor allem der Horizont „trägerinterne ökonomische Konkurrenz und Kontrolle der Pflegedienste" in den Vordergrund. Dafür stellvertretend steht das Beispiel der vier Pflegedienste, die im gleichen Stadtgebiet niedergelassen und wirtschaftlich unterschiedlich erfolgreich sind. Der betriebsinterne Vergleich der Kosten und Erlöse in den Pflegediensten untereinander erweist sich für das Leitungspersonal offenbar bereits als das Mittel der Wahl, wenn es um die wirtschaftliche Steuerung der Pflegedienste im Allgemeinen und die Ausarbeitung von Handlungsstrategien zur wirtschaftlichen Reorganisation im Besonderen geht. „Kennzahlen" dienen hierbei als Orientierungshilfe, der monatliche Vergleich der wirtschaftlichen Situation zwischen den Pflegediensten aber taugt nicht nur als Seismograph zur Abbildung der ökonomischen Situation, sondern transportiert bereits eine neue ökonomische Steuerungskultur. Im Rahmen dieser wird jeder Pflegedienst in die wirtschaftliche Eigenverantwortlichkeit überführt und soll sich im Vergleich mit den Ergebnissen anderer Pflegedienste messen und bewähren können. Darin freilich bleibt für die Praxis der finanziellen Quersubventionierung zwischen den Pflegediensten, wie es gerade für konfessionelle Träger lange Zeit üblich war (und formal auch weiterhin möglich ist), aber kaum noch Legitimationsraum. Erst aus der Perspektive der einzelwirtschaftlichen Bewertungskultur der Pflegedienste erscheint auch der zu Beginn der Sequenz geschilderte Konflikt zwischen zwei Pflegedienstleitern hinreichend verstehbar. Darin findet das Instrument des internen Benchmarking nämlich bereits schon seine soziale Entsprechung. Obschon die Pflegedienste unter dem Dach des konfessionellen Trägers gemeinsam organisiert sind, scheint im Zuge der betriebsinternen Vergleiche dennoch eine Konkurrenzkultur zwischen dem Leitungspersonal ausgebildet zu sein, derzufolge es zu Spannungen zwischen den Vertretern von „profitablen" und „nicht profitablen" Pflegediensten gekommen ist. Die Rationalität der Pflegedienstleitung, die Gewinne erwirtschaftet und für die es als kaum noch logisch und richtig erscheint, einen ökonomisch schlechter aufgestellten Kollegen finanziell zu unterstützen, ist schon am Steuerungsprinzip der ökonomischen Konkurrenz angepasst.

In der Aufzählung und Beschreibung der einzelnen Maßnahmen zur Kostensenkung in den Pflegediensten dokumentiert sich weiterhin eine ambivalente Orientierungsstruktur der Befragten in Bezug auf die Haltung gegenüber der ökonomisch motivierten Maßnahmen. So beinhaltet die Diskursstruktur im Kontext der beiden Unterthemen Tourenpläne und Personalkürzung zunächst die normative Rechtfertigung jeder dieser Maßnahmen im Rahmen einer primär ökonomischen Rationalität. Bei der Legitimation von Interventionen bezüglich der Neuordnung von Tourenplänen, die seitens eines hospitierenden Studenten vorgeschlagen wurden, stützt sich Sbst Dietz beispielsweise offensiv und ausschließlich auf das Kostenargument und lässt diese Maßnahmen im Spiegel der realen Ausgaben für Autos, Material und Zeit etc. als nicht hinterfragbar erscheinen („... das ist nä Katastrophe. Wie viel das alles kostet." usw.).

Indes fällt bei ihrer Argumentation zum Unterthema Zeitkontingente eine kritischere Diskursstruktur auf (Wie aus einem anderen Interviewabschnitt hervorgeht, wurden trägerintern durchschnittliche Zeitrichtwerte für die einzelnen Leistungen gebildet. Die Zeitrichtwerte orientieren sich an den finanziellen Einnahmen, abzüglich aller Verwaltungskosten und sonstigen indirekten Ausgaben.).

So wird das Thema diesmal mit einer doch eher distanzierten Legitimation der Maßnahme eingeleitet („Find ich auch realistisch"). Vor allem irritiert in diesem Zusammenhang aber der Vergleich mit der Arbeitsorganisation im Krankenhaus und in der Altenpflege. Im Rahmen dieser Gegenüberstellung erscheint die Einrichtung von Zeitkontingenten in der ambulanten Pflegeversorgung nämlich geradezu als ein Sonderweg, der in keinem anderen pflegerischen Versorgungssetting vorzufinden sei. Dafür steht auch ihr Rückblick auf die eigene Berufspraxis als Kinderkrankenschwester, in dem sich zugleich auch noch eine kritische Haltung gegenüber der Einrichtung von Zeitkontingenten dokumentiert. Im Hinweis eben, dass ihr in der Zeit als Kinderkrankenschwester niemand vorgeschrieben hätte, wie viel Zeit sie sich für eine pflegerische Maßnahme am Patienten nehmen „darf", spiegelt sich eine allgemeine Skepsis und Distanz gegenüber dem Instrument wieder. Die Option einer zeitlichen Strukturierung der Kinderkrankenpflege wird offenbar als ein Eingriff in die pflegerische Autonomie gedeutet.

Im weiteren Verlauf dieser Interviewsequenz wird ihre kritische Haltung, die im Kontext der berufsbiographisch verwurzelten Sphäre als praktisch Pflegende gerade hergestellt wurde, jedoch nicht fortgeführt und damit vom hier aufschimmernden Widerspruch zwischen der pflegerischen Orientierung und der Orientierung an wirtschaftlichen Anforderungen abgelassen. Sbst Dietz wechselt statt dessen das Unterthema und fokussiert nunmehr die Bedeutung der Dokumentation von Prophylaxe-Maßnahmen seitens der Pflegekräfte als Bedingung für ihre Finanzierung. Damit wendet die Befragte die Perspektive und bietet nunmehr einen unproblematischen Handlungsentwurf für die Lösung eines finanziellen Problems an. Sie betont ihre Absicht, die Pflegekräfte dazu anzuhalten, alle erbrachten Pflegeleistungen zu dokumentieren, weil nur so ihre Finanzierung sichergestellt werden könne. In diesem Beispiel finden wirtschaftliche und pflegerische Anforderungen nunmehr ihre handlungspraktische Entsprechung. Sbst Dietz verlangt für die Lösung des Finanzierungsproblems von den Pflegekräften sozusagen lediglich einen etwas gründlicheren Dokumentationsaufwand, greift damit nicht in die Handlungspraxis der Pflegekräfte im Rahmen der direkten Versorgung ein und dokumentiert damit, dass sie in ihrer Praxis als Leitungskraft finanzielle Lösungen anbietet, die nicht auf Kosten der Pflegequalität durchgesetzt werden müssen.

Mit Blick auf das gesamte Interview zeigte sich, dass das Thema Zeitdruck zum Schlüsselthema des gesamten Gesprächs avancierte – dies jedoch stets im Rahmen einer spezifischen und immer wiederkehrenden Diskursstruktur. So konnte nicht nur rekonstruiert werden, dass für Sbst Dietz der ihrer Ansicht nach gestiegene Zeitdruck in der direkten Pflege ein wichtiges Thema darstellt. In ihren Stellungnahmen und Beschreibungen dokumentierte sich auch eine implizit kritische Haltung gegenüber dem real steigenden Zeitdruck sowie das Handlungsmotiv, daran etwas ändern zu wollen. Gleichfalls prägte die Diskursstruktur in diesem

Zusammenhang, dass Sbst Dietz im Interview immer wiederkehrend eine spezifische Lösungsstrategie angeboten hat, um dem Zeitdruck erfolgreich begegnen zu können. Forciert werden sollte demnach die Einrichtung einer Art Verkaufskultur in den betroffenen ambulanten Pflegediensten. Die Befragte ist in diesem Zusammenhang vor allem darum bemüht, die Pflegekräfte beziehungsweise die Pflegedienstleitungen stärker in Aushandlungsprozesse vor Ort mit dem Patienten treten zu lassen, wenn es im Einzelfall zu Zeitproblemen in der häuslichen Pflege kommt. Ziel müsse es nach ihrer Ansicht dabei sein, die Pflegebedürftigen dazu zu bewegen, dass sie entsprechend mehr Geld für die Pflege ausgeben.

Beispielgebend dafür steht die folgende Interviewpassage, in der das Thema Zeitdruck in der Pflege den Ausgangspunkt der Erläuterungen bildet. Sbst Dietz skizziert darin zunächst verschiedene Erklärungsansätze für den immer wiederkehrenden Zeitdruck. So würden die Ursachen dafür zum einen in der „Tagesform" der Pflegekräfte liegen – die vorgegebenen Zeitfenster für die Versorgung könnten in der Praxis sozusagen nur unter den Bedingungen des reibungslosen Ablaufs und eines recht schnellen Arbeitsstils eingehalten werden. Zum anderen wäre der objektive Versorgungsbedarf bei den Patienten oftmals aber auch dermaßen umfangreich, dass es für die Pflegekräfte – selbst wenn diese also schnell sind – schlicht unmöglich sei, innerhalb der knappen Zeitfenster zurecht zu kommen:

| 622 | Sbst Dietz:
Und natürlich gibt's auch, es ist auch tagesabhängig. Jeder ist net jeden Tag immer so fit. Oder es ist auch patientenabhängig. Jetzt hab ich denjenigen grad frisch gewaschen, jetzt liegt er wieder im Bett und jetzt hat er sich aber wieder eingenässt, da kann ich ihn ja net liegen lassen. Und das ist dann aber so, dass wir da schon sagen, das dokumentieren die dann, und das kriegen die dann auch als Dienstzeit. Also wenn sie's begründen können, kriegen sie das auch als Dienstzeit angerechnet. Und wo wir jetzt aber auch merken, diejenige braucht jetzt wirklich viel viel länger da, da will man natürlich die Leistung anpassen. Da müssen wir natürlich schon sagen, hier das geht net, wir können bei Ihnen net nur nä kleine Pflege abrechnen, also wir müssen jetzt auch noch mal umfangreich Hilfe bei der Ausscheidung oder einfache Hilfe zunächst erstmal noch dazu nehmen. Geht net anders. Und das ist die Aufgabe der Pflegedienstleitung. Und das fällt uns n bisschen schwer. … Es wird eigentlich eher darüber gearbeitet, dass die Mitarbeiter mehr den Druck kriegen, nä. Du musst schneller sein. Als, dass der Weg eher gesucht wird, da nä Leistungsanpassung zu verändern. … Man muss verkaufen können. Ich hatte eine Fortbildung von einem Referenten von unserer Träger-Akademie in Baden-Württemberg, der Professor Müller: Darf's ein bisschen mehr sein. Sehr interessant, sehr gut. Der hat das auch ganz deutlich rüber gebracht, mit diesen Incentives und so. |

> Y:
> Was sind Incentives?
> Sbst Dietz:
> Das sind so Serviceleistungen. Oder auch so, ich hab Ihnen heute mal die Bröt-
> chen mitgebracht, nä. Das hab ich nur heute mal gemacht und Sie müssen das
> auch net bezahlen. Also zum Beispiel, dass Arche [Name eines privaten Trägers,
> hier anonymisiert] ich mein, die haben ja mal so nä Aktion gehabt, dass sie Sonn-
> tags auch ihren in der häuslichen Pflege vom häuslichen Pflegedienst die Brötchen
> ihren Klienten mitgebracht haben, kostenlos. Das wurde natürlich da auch öffent-
> lich entsprechend publik gemacht. Oder hier im letzten Jahr, wo's so warm war,
> da haben die ihren Leuten nä Kiste Wasser gebracht. ... In der Fortbildung ging's
> wirklich konkret auch so da drum, zu sagen, ach, jetzt komm ich heute wieder zu
> der und ich weiß genau, ich krieg die net aus dem Bett- der hat das also sehr an-
> schaulich gemacht. Und ach, eigentlich müsst ich ja meiner Pflegedienstleitung
> sagen, dass man da was machen müssen. Ach na ja, jetzt mach ich's halt nochmal.
> Also, net nur nä Sensibilität bei den Pflegedienstleitungen sondern auch, dass die
> Mitarbeiter entsprechend Rückmeldung geben.

Wiederholt steht das Thema Zeitvorgaben für die Pflege hier in einem durchaus kritischen Rahmen. Die Befragte erkennt mehr oder weniger an, dass die seitens der regionalen Zentrale vorgegebenen Zeitbudgets für die Deckung der realen pflegerischen Bedarfslagen oftmals kaum ausreichend sind. In der darin zum Ausdruck gebrachten Kritik kommt insofern zum Ausdruck, dass die pflegeri-sche Anforderung nach ausreichend Zeit in der Handlungspraxis der Befragten relevant bleibt, eben trotz der herrschenden finanziellen Zwänge in der ambulan-ten Pflege. Sbst Dietz solidarisiert sich in diesem Zusammenhang also mit den Pflegekräften und inszeniert sich – quer zur formalen Hierarchiestruktur beim Träger – sozusagen als Kritikerin der Praxis der Pflegedienstleitungen, die nichts gegen den Zeitdruck unternehmen würden. Mit anderen Worten, in der Aufarbei-tung des Themas Zeitvorgaben dokumentiert sich eine hohe Relevanz der pflege-rischen Orientierung, die der Handlungspraxis der Befragten zu Grunde liegt und diese strukturiert. Vor dem Hintergrund ihrer eigenen Vergangenheit als Kinder-krankenschwester tritt sie dem wachsenden Zeitdruck in der ambulanten Pflege mit kritischer Sensibilität gegenüber und sucht – jenseits der formalen Hierar-chiestrukturen und gewachsenen Entscheidungsroutinen auf der Ebene der Pfle-gedienstleitung – als Inhaberin der Stabsstelle aktiv nach einem neuen Problem-lösungsansatz.

In der favorisierten Lösungsstrategie allerdings, dem Zeitdruck durch die Etablierung einer Art Verkaufskultur in der Beziehung zum Pflegebedürftigen zu begegnen („Man muss verkaufen können"), spiegelt sich nunmehr eine Orientie-rungsstruktur bei der Befragten wieder, die durch eine Nähe zur ökonomischen Sphäre gekennzeichnet ist. Sachlich betrachtet wird mit der Forderung an die

Pflegekräfte und ihre Pflegedienstleitungen, im Bedarfsfall den Pflegebedürftigen entsprechend auch zusätzliche Pflegeleistungen zu verkaufen, zwar durchaus
eine systemkonforme Lösung angeboten – ist im Rahmen der Pflegeversicherung
doch vorgesehen, dass Pflegekräfte und Pflegebedürftige über den Umgang an
Sachleistungen, und damit auch über die finanzielle Eigenbeteiligung, zu verhandeln haben. Der analytische Blick auf die Praxis der Befragten lässt jedoch
ein Orientierungswissen erkennen, das – durch ein spezifisches Fortbildungspro-
gramm geprägt – tendenziell doch eher auf den Habitus eines Verkäufers zusteu-
ert, und im Rahmen einer pflegerischen Leistungslogik insgesamt doch etwas
befremdlich anmuten dürfte. Offensichtlich ist, dass hier typische Verkaufsstrategien aus der Wirtschaftswelt importiert werden sollen. Dazu zählt beispielsweise das Angebot von sogenannten „Incentive"-Leistungen. Als klassisches
Marketinginstrument, das in der üblichen Konsumsphäre weitläufig seine Anwendung findet, soll es nunmehr auch in der ambulanten Pflege mit dem Ziel
etabliert werden, als Pflegedienst attraktiv gegenüber den (potentiellen) Leistungsempfängern dazustehen. Noch mehr, im Verweis auf einen benachbarten
privaten Pflegedienst, der die „Incentives" schon länger anbietet, dokumentiert
sich – jenseits einer zögerlichen Haltung gegenüber dem Import von Marketingstrategien – in gewisser Weise bereits schon die Unhinterfragbarkeit einer Anwendung von ökonomischen Wissensbeständen im Feld der ambulanten Pflege.
Wer nicht auf den Zug „Incentives" aufspringt – so lautet hier das implizite Regelwissen –, der wird im Wettbewerb das Nachsehen haben.

Offensichtlich ist auch, dass sich die hier abzeichnende Nähe der Befragten
zur ökonomischen Sphäre nicht alleine auf die hohe Relevanz des spezifischen
Orientierungswissens rund um das Marketinginstrument „Incentives" reduzieren
lässt. Die durchaus provozierende Formel „Darf's ein bisschen mehr sein?", die
Sbst Dietz aktiv bemüht, transportiert viel mehr. Hinter dieser, in freundliche Worte gekleideten klassischen Nachfrage eines Verkäufers verbirgt sich bekanntlich
nichts weniger als das strukturelle Interesse eines Kaufmanns an einer Kundenbe-
ziehung: Umsatzsteigerung und Profitmaximierung. Sbst Dietz spielt demnach
nicht nur mit dem Bild der Pflegekraft in der Rolle eines Verkäufers, sondern ist
schon um eine Normalisierung der ökonomischen Wertsphäre, mitsamt der Legitimation einer auf Umsatzsteigerung fixierten Perspektive, im pflegerischen Feld
bemüht. Die Verkaufs-Metapher „Darf's ein bisschen mehr sein?" ist nicht nur
eine Begleitmusik für den Import von betriebswirtschaftlichem Wissen in das Feld
der ambulanten Pflege. In ihr ist bereits ein Kulturwandel enthalten, nämlich die
Ablösung der bedürfnisorientierten Beziehung zwischen Pflegekraft und Patient
durch die aktive Hervorhebung des Geschäftscharakters.

Eine ähnliche Diskursstruktur ist auch der folgenden Interviewsequenz zu
entnehmen. Thematisch wiederholt sich darin die Auseinandersetzung hinsichtlich des Verkaufens von Pflegeleistungen. Diesmal jedoch wird grundsätzlich die

Frage zur Diskussion gestellt, inwiefern Pflegeleistungen, für die der Pflegebedürftige nicht bezahlt, überhaupt noch erbracht werden sollten:

219	Sbst Dietz: Wir haben halt feste Leistungskomplexe, grad im SGB elf, zum Beispiel, kleine Pflege. Dann gibt es kleine Pflege, große Pflege, große erweiterte Pflege. Und dann gibt es entsprechende, zuwählbare Leistungen. Und, zum Beispiel Transfer vom Bett zur Toilette oder Kämmen, Rasieren oder, einfach Hilfe bei der Ausscheidung. Und, da sind so die Dinge, wo wir schon versuchen, diese Leistungskomplexe ganzheitlich zu verkaufen. Beziehungsweise, es ist halt für alle Beteiligten etwas schwierig nachzuvollziehen, warum jetzt die Schwester den jetzt net noch vom Bett- warum das extra Geld kostet, den vom Bett zur Toilette zu bewegen. Das muss man natürlich den Klienten, den Patienten entsprechend erklären. Und da, das ist schon net ganz so einfach. Auch ja, und wie gesagt, ihr seid von dem Träger, warum macht ihr das net mal mit? Könnt ihr net mal noch den Müll runter nehmen? Also so, nä. Ich mein, das machen wir ja, das ist es ja halt. Aber dieser Zeitdruck halt, nä. Wenn dann halt noch mal n bisschen länger gedauert hat, nä. Ich mein, das kostet alles Zeit. Und es ist halt schon in der ambulanten Pflege wirklich so, ich hab jetzt mir, wir haben einzelne Fachzeitschriften abonniert, die auch in die Sozialstationen gehen. ... Die sagen halt, jeder Einsatz muss entsprechend kalkuliert werden. Dass man da eben net nur damit kalkuliert, was wirklich abrechenbar ist und wofür Geld kommt, sondern dass man auch aufschreibt, Blumen gegossen, Post mit hochgebracht, Brötchen mitgebracht, ohne Vergütung, nä. Aber das kostet ja auch Zeit. Rollläden hochgezogen, und so. Und das sind so Dinge, die fällt, also das fällt uns schwer. Kann ich jetzt eigentlich vorrangig für unseren Träger sagen. Ich glaub, dass da die Privaten besser aufgestellt sind, dass das eher in den Köpfen drin ist, dass sie das besser kommunizieren.

In den Stellungnahmen und Beschreibungen, die einerseits die Verkaufskultur einfordern und andererseits als Erklärung dafür dienen, warum es trägerintern noch problematisch sei, eine solche Verkaufskultur in der Beziehung zwischen Pflegekraft und Pflegebedürftigen zu etablieren, kommt die Nähe zur ökonomischen Sphäre bei Sbst Dietz wiederholt deutlich zum Vorschein. Leistung nur noch gegen Bezahlung – die Befragte setzt sich in ihrer Leitungsfunktion systematisch für die Durchsetzung dieser markttypischen Verkaufsmentalität bei den Pflegekräften ein. Ihrer Maxime zu Folge sollen die Pflegenden „ganzheitliche Pflege verkaufen" und im Gegenzug die Erbringung unbezahlter Pflegeleistungen verweigern.

Zur Rechtfertigung ihrer Haltung verweist die Befragte auf entsprechende Beiträge aus Fachzeitschriften und auf die Praxis der privaten Konkurrenten, die eine Verkaufskultur in der Beziehung zu ihren Patienten bereits etabliert hätten. Damit spannt Sbst Dietz einen Horizont, bei dem die trägerinterne Überführung der Beziehung zwischen Pflegekraft und Patient in eine Geschäftsbeziehung schon einer *nachholenden* Modernisierung gleichkommt. Ein solches Vorgehen sei mit Blick auf externe Empfehlungen und Konkurrenten nämlich längst Routine; die Abhängigkeit der Pflege von der privaten Zuzahlungsbereitschaft der Pflegebedürftigen werde bereits öffentlich von Fachexperten akzeptiert und sei bei anderen Anbietern institutionell schon verankert; Verkaufen, Kalkulieren und Handeln seien schon zu völlig normalisierten Handlungsmaßstäben in den Aushandlungsprozessen rund um ein Pflegearrangement mit dem Pflegebedürftigen avanciert.

Zusammenfassung
Der konfessionelle Arbeitgeber von Sbst Dietz ist um eine ökonomische Modernisierung der regional tätigen Pflegedienste bemüht. Ziel ist es, alle Pflegedienste in die „schwarzen Zahlen" zu überführen. Dazu werden verschiedene Anstrengungen unternommen, von der Beauftragung einer Unternehmensberatung, der Einrichtung permanenter Betriebsvergleiche, bis hin zur Teilnahme an Fortbildungsmaßnahmen, die das Leitungspersonal an das ökonomische Know-how heranführen sollen.

Davon ausgehend zeigen die Erläuterungen und Beschreibungen von Sbst Dietz, dass ihrem Handeln in der Position als Inhaberin einer Stabsstelle eine Nähe zur ökonomischen Sphäre zu Grunde liegt. So dokumentiert sich in der Bearbeitung des prominenten Themas „Zeitdruck" zunächst eine hohe Ambivalenz im Umgang mit den wirtschaftlichen Zwang, die Kosten mittels der Kürzung der Versorgungszeiten für die Pflege senken zu müssen. Zwar bleibt Sbst Dietz der pflegerischen Orientierung treu und setzt sich als Inhaberin der Stabsstelle aktiv dafür ein, dass die Pflegekräfte mehr Zeit für die Pflege bekommen. Allerdings verhilft sie damit einer neuen ökonomischen Steuerungsrationalität radikal zur Durchsetzung und reicht den Kostendruck letztlich an die Pflegebedürftigen weiter. Denn die zusätzliche Zeit soll, mittels einer gezielten Verkaufsstrategie umgesetzt, von den Leistungsempfängern bezahlt werden. Zugleich zeigt sie in ihrem Bemühen um die Etablierung einer Verkaufskultur in den Pflegediensten eine Handlungsstrategie, die überaus deutlich einem berufsethischen Umwälzungsprozess gleich kommen dürfte. In der zunehmenden Kaufkraftabhängigkeit beim Zugang zur Pflege, wie sie von Sbst Dietz forciert wird, kristallisiert sich die normative Ethik einer für die Konsumsphäre typischen Geschäftsbeziehung. Dies aber steht dem Bedarfsdeckungsprinzip in der Beziehung zwischen dem Professionellen und dem Patienten völlig unverbunden gegenüber.

5.2.2   Handlungspraxis II: Distanz zur ökonomischen Sphäre

Im nächsten Analyseschritt sollen nunmehr Fallbeispiele aus einer Gruppe von Befragten vorgestellt werden, deren Handlungsstrategien sich deutlich sichtbar von der Fallgruppe „Nähe zur ökonomischen Sphäre" unterscheiden. Es handelt sich hierbei um die Fälle Gf Ludwig und Gf Karl (beide Geschäftsführer von privaten Pflegediensten), sowie Pdl Schmidt und Pdl Koch (beide Pflegedienstleiter in konfessionellen Pflegediensten)

5.2.2.1   Fall Gf Ludwig

Berufliche Laufbahn

Biographisches	Bei der Befragten handelt es sich um die ca. 45-Jährige Gf (Geschäftsführerin) Ludwig. Gf Ludwig ist als Einzelkind in einem kleinbürgerlichen Arbeitnehmermilieu aufgewachsen, der Vater war Beamter (nicht leitender Angestellter), die Mutter Hausfrau. Als Abiturientin hatte sie sich bewusst gegen ein Studium und für die Aufnahme einer Krankenpflegeausbildung entschieden, weil sie sich eher als „Praktikerin" sah. Nach dem Pflegeexamen arbeitete sie für zunächst mehrere Jahre auf unterschiedlichen Krankenhausstationen. Insgesamt stieg jedoch die Unzufriedenheit mit der beruflichen Situation, weil sie nicht mehr „glücklich" war, im Beruf mehr „verändern" und sich auch mehr „Wissen" aneignen wollte. So entschloss sich die Befragte Mitte der 1990er Jahre für die Aufnahme eines Pflegestudiums. Nach Studienabschluss gründete die Befragte gemeinsam mit einem Partner den ambulanten Pflegedienst (ohne nennenswertes Eigenkapital und mit Hilfe eines staatlich geförderten Kredits). Nach wenigen Jahren trennte sich Frau Ludwig von ihrem Geschäftspartner aufgrund persönlicher Schwierigkeiten, auf die die Befragte aber nicht näher eingegangen ist („Es passte zwischen uns nicht mehr"). Seit dem ist Gf Ludwig alleinige Geschäftsführerin.
Berufliche Orientierung	Für Gf Ludwig dürfte die Gründung des Pflegedienstes und die Position als Geschäftsführerin einen Höhepunkt in ihrer beruflichen Laufbahn darstellen. Sie ist als Krankenschwester zum Studium gekommen, um dadurch eine Veränderung ihrer beruflichen Situation zu erreichen. Dieses Ziel scheint nahezu vollends erfüllt. In der Position als Geschäftsführerin verfügt sie über verhältnismäßig viel Gestaltungsspielraum im Pflegeberuf und als Pflegeakademikerin ist sie auch formal den Pflegekräften ohne Studienabschluss übergestellt. In den Schilderungen der Befragten, die ihr Selbstverständnis und ihre Handlungspraxis in der Position als Geschäftsführerin fokussiert ha-

ben, kristallisierte sich zugleich auch ein hoher praktischer wie sinn-
stiftender Bezug zur Pflegepraxis. Gf Ludwig betonte immer wieder,
dass sie regelmäßig und sehr gerne Aufgaben der praktischen Pflege
übernimmt. Der berufliche Aufstieg verläuft im Fall Gf Ludwig also
nicht über einen Ausstieg aus einer Tätigkeit in der direkten Pflege.
Vielmehr ist ihre berufliche Laufbahn vom Wunsch geprägt, über den
bildungs- und positionsmäßigen Aufstieg nicht den Kontakt zum Patienten aufzugeben.

Strukturdaten des privaten Pflegedienstes

Strukturdaten	Der private ambulante Pflegedienst ist in einer mittelgroßen Stadt ansässig und seit mehr als zehn Jahren in Betrieb. Er beschäftigt etwa 20 examinierte Pflegekräfte, überwiegend in einer Teilzeitbeschäftigung. Neben der Position der Geschäftsführung gibt es zwei Pflegedienstleitungen (Pdl und stellvertretende Pdl).
Wirtschaftliche Situation	Die wirtschaftliche Situation des Pflegediensts kann laut der Befragten, nach einer wirtschaftlich schwierigen Anfangszeit, mittlerweile als sehr zufriedenstellend eingestuft werden. Seit einigen Jahren verzeichnet Gf Ludwig sowohl einen Umsatzanstieg als auch kontinuierlich steigende Gewinne.

Fallrekonstruktion

Ähnlich wie in den vorhergehenden Fällen kann die Relevanz des Themas „wirtschaftliche Anforderungen" auch im Interview mit Gf Ludwig bereits aufgrund der
oftmals selbstständigen Fokussierung seitens der Befragten als sehr hoch eingestuft
werden. Gf Ludwig wies regelmäßig auf die wirtschaftliche Dimension bei der
Führung des Pflegediensts hin, beschrieb konkrete Maßnahmen, thematisierte aber
ebenso auch Grenzen ökonomischer Eingriffe innerhalb der pflegerischen Versorgung. In diesem Kontext dokumentierte sich in den Darstellungen und Erläuterungen der Befragten – ebenfalls in Übereinstimmung mit allen anderen Fällen – regelmäßig die normative Richtschnur ihres Handelns, demgemäß wirtschaftliche
Anforderungen relevant, ihre Berücksichtigung jedoch nicht zu Lasten der pflegerischen Versorgungsqualität führen dürfe (integrative Handlungsintention: Berücksichtigung der pflegerischen und der ökonomischen Anforderungen).

Ausgehend davon konnte nach dem Analyseschritt der reflektierenden Interpretation und komparativen Analyse des Materials rekonstruiert werden, dass
zwischen Handlungsintention und Handlungspraxis Unterschiede existieren. Dabei lässt, im Kontrast zu den vorherigen Fällen, die Orientierungsstruktur im Fall
Gf Ludwig jedoch keine implizite Nachrangigkeit der pflegerischen Orientierung
in den Handlungsbeschreibungen und Argumentationen erkennen. Der Fall Gf ist
vielmehr von einer Distanz gegenüber der ökonomischen Sphäre gekennzeichnet.

Dazu werden im folgenden Sequenzen vorgestellt, in denen nacheinander die unterschiedlichen Facetten der Sphärenabgrenzung im Sinne einer Distanz gegenüber der ökonomischen Sphäre rekonstruierbar sind. Auf die Frage nach den Umständen der Gründung des Pflegediensts erläuterte die Befragte zunächst ein paar formale Daten zu dessen Geschichte und kam davon ausgehend sehr schnell auf ihre eigene Rolle als Geschäftsführerin zu sprechen:

71	Gf Ludwig: ... Ich hab mich natürlich jetzt deutlich aus der praktischen Pflege zurückgezogen, aber bis heute hin habe ich, und das ist eine riesengroße Flexibilität, dass ich mach alles, ich vertret auch meine- im aller schlimmsten Fall nä Hauswirtschaftlerin, wenn´s da ganz toll brennt und zieh mir nä Schürze um und mach dort dann die Hausarbeit, im aller größten Notfall. Und, und ich führe auch die Verhandlungen mit den Kassen. Also ich mach alles. Ich kenne alle Patienten, ich kann jeden vertreten im Akutfall. Ist deutlich weniger als früher, das ist klar, aber wenn des irgendwer brennt, springen wir ein. Und genau so habe ich auch mein Leitungsteam aufgebaut, also die arbeiten alle hauptsächlich administrativ, haben ihren eigenen Bereich, aber sind auch alle soweit eingearbeitet und vertraut mit der praktischen Pflege, dass sie jeder Zeit einspringen können. Und da ist halt nä riesen Ressource, die oft von vielen Pflegediensten oder Pflegeeinrichtungen gar nicht genutzt wird, weil die Arbeitnehmer und die Chefs wie auch immer zu einseitig nur arbeiten können.

Bereits in der übergeordneten Diskursstruktur dokumentiert sich eine hohe Relevanz der pflegerischen sowie der ökonomischen Sphäre innerhalb der Orientierungsstruktur von Gf Ludwig. Selbstständig und ohne Gesprächsimpulse seitens des Interviewers beschreibt die Befragte ihr Tätigkeitsprofil als Geschäftsführerin, in dem sich sehr schnell die doppelte Orientierungsstruktur widerspiegelt. Zwar sei sie als Leitungskraft, quasi Kraft des Amtes, von den Aufgaben der direkten Pflege zunehmend entbunden und nunmehr für administrative und ökonomische Angelegenheiten zuständig. Allerdings scheint die Handlungspraxis von Gf Ludwig zugleich strukturell von ihrer Nähe zur Pflegepraxis geprägt. Sie sei in das Tagesgeschäft der praktischen Pflege dermaßen fest eingebunden, dass sie stets sogar alle Patienten und ihre individuellen Versorgungsarrangements kenne und deren Versorgung im Bedarf auch selbst sofort übernehmen könne. In der Positionierung ihres Selbstverständnisses als Geschäftsführerin gegenüber dem Pol der nur „einseitig" der ökonomischen Orientierung zugewandten Leitungskräfte anderer Pflegedienste wird darüber hinaus auch sichtbar, dass sie gerade in der Doppelfunktion als Leitungskraft und praktisch Pflegende auch eine ökonomische „Ressource" erkennt und ihre Argumentation und Rechtfertigung insofern einem integrativen Handlungsentwurf verbunden bleibt: Ihre ausdrückliche Nähe zur pflegerischen Sphäre wird hier nicht auf Kosten einer Ablehnung einer ökonomischen Handlungsorientierung ideologisiert.

Eingangsfrage der nächsten Sequenz war die allgemeine Frage nach wichtigsten Veränderungen im derzeitigen Tätigkeitsfeld. Nach einigen allgemeinen Beschreibungen thematisierte Gf Ludwig daraufhin die Aspekte Personalqualifizierung und die der Tourenplanung/Organisation im Pflegedienst:

161	Gf Ludwig:
	... Wenn ich da noch was sagen kann, die Arbeitnehmer, also wir haben, also wir haben nur qualifiziertes Personal, also, examinierte Altenpfleger, oder Kranken- oder Kinderkrankenschwester. Und ich hab keine Hilfskraft. Ich hab auch die Touren gemischt, SGB fünf und SGB elf. Und im Vordergrund steht die Effizienz bezüglich der Anfahrtszeiten und des Anfahrtsweges. Manchmal muss ich wo hinfahren, das sich absolut nicht rechnet, das muss ich halt dann auch machen, o.k. Aber, was ich irgendwie selber beeinflussen kann, zum, zum öko- zum größeren, also Nutzen, das beeinflusse ich. Und wenn ich jetzt zum Beispiel Hilfskräfte im Team hätte, und ich müsste hier ihr, der Unexaminierten, eine Tour gestalten, weil sie halt keine SGB fünf Leistungen bringen- oder nä halbe Stunde später kommt dann die SGB fünf Schwester, und macht dann die Spritzen- auf so was lasse ich mich net ein. Außerdem ist es dann auch eine auseinander gerissene Pflege, keine ganzheitliche Pflege. Wo auch viele Informationen verloren geht, wo auch viel, ja, Unruhe entsteht. Weil einfach unqualifizierte Pflegekräfte, es, das selbst das, was sie tun, nicht artikulieren können, meistens, auch wenn sie es gut können, vom Herzen und vom Talent und von der Begabung und von der Menschlichkeit. Aber sie können, sie schaffen auf dem Bogen net des, zum Beispiel ein Pflegeprozess mit einfließen zu lassen, oder sich irgendwie weiter zu entwickeln, oder was zu erkennen, und davon abzuleiten, was zu verändern, oder Probleme zu erkennen, die Probleme zu beheben, das schaffen die net, das schaffen die meistens net. ... Auch wenn die qualifizierte Kraft viel teurer ist, aber unter dem Strich rechnet sich das, weil keine Folgeprobleme kommen. Das habe ich net kontroll- hab kein Controlling, mache keine Kalkulation. Da lerne ich auch keine Studien, oder probiere irgendwas aus. Das mache ich einfach vom Bauch her. Und es funktioniert, so. Sie wissen, was ich mein, ja.

Im Mittelpunkt der Sequenz steht die Erläuterung und Rechtfertigung von einigen strukturellen Entscheidungen, die Gf Ludwig bezogen auf die Personalpolitik und die Versorgungsorganisation im Pflegedienst getroffen hat. Ausgangspunkt hier ist die Darlegung ihrer Entscheidung gegen den Einsatz von gering qualifizierten Pflegekräften im Pflegedienst, gefolgt von Erläuterungen bezüglich ihrer Einflussnahme auf die Organisation der Fahrtdienste und einer differenzierten Rechtfertigung ihrer ablehnenden Haltung gegenüber unqualifizierten Pflegekräften. Interessant ist hierbei, dass die Diskursstruktur, die der Bearbeitung der jeweiligen Themen zu Grunde liegt, stets sowohl eine ökonomische Dimension umfasst, als auch eine pflegefachliche Begründungslinie beinhaltet, innerhalb der die Personalentscheidung, aber auch die organisatorischen Entscheidungsaspekte beschrieben und legitimiert werden.

Die integrative Handlungsintention und die dem zu Grunde liegende doppelte Orientierungsstruktur ist bereits in der Bearbeitung des Themas „Versorgungsorganisation" rekonstruierbar. Demzufolge sieht sich die Befragte beispielsweise zwar um eine möglichst kostensparende Tourengestaltung bemüht (d.h. vor allem kurze Anfahrzeiten), andererseits erweist sie aber auch die Bereitschaft, wirtschaftlich unrentabel Patienten zu versorgen. In der Explikation dieser beiden Handlungsdimensionen (Kostensenkung und Versorgungsgewährleistung) dokumentiert sich insofern nicht nur die Relevanz der ökonomischen Rationalität, sondern genauso auch ihre normative Grenze: Das selbst gesteckte Ziel der Kostensenkung hat eine hohe handlungspraktische Relevanz, wenngleich die Befragte demgegenüber pflegerische Normansprüche letztlich überzuordnen scheint und damit das Kostensenkungsmotiv wiederum zu konterkarieren bereit ist.

Der weitere Diskursverlauf in dieser Sequenz führt wieder zurück zum Eingangsthema Personalqualifikation. Darin rechtfertigt Gf Ludwig ihre ablehnende Haltung gegenüber gering Qualifizierten. Ins Feld geführt werden dazu sowohl pflegefachliche Gründe als auch ökonomische Argumente (höhere Kosten durch „Folgeprobleme"). Im Zusammenhang mit der Sachfrage Qualifikationsniveau zeigt sich also wiederholt die doppelte Orientierungsstruktur von Gf Ludwig, im Arbeitsalltag sowohl ökonomischen als auch pflegerischen Anforderungen gerecht zu werden. Die getroffene Strukturentscheidung gegen eine Dequalifizierung erscheint hier im Lichte der widerspruchsfreien Integration von pflegerischen und ökonomischen Nötigem.

Allerdings erhält die Diskursstruktur mit dem abschließendem Einschub („...hab kein Controlling..." usw.) eine interessante – und verglichen mit den vorhergehenden Fällen kontrastreiche – Wendung, in der sich eine Distanz gegenüber der ökonomischen Sphäre dokumentiert. So fällt die Prognose der Befragten hinsichtlich der wirtschaftlichen Konsequenzen einer Dequalifizierung überaus intuitiv aus (Siehe Metapher: „Bauchentscheidung"). Eine betriebswirtschaftlich-analytische Überprüfung ihrer These wird demgegenüber für unnötig erklärt. Interessant an dieser offensiven Repräsentation der intuitiven Entscheidungsfindung ist demnach vor allem, dass diese an einer betriebswirtschaftlich-analytischen Vorgehensweise selbstständig kontrastiert und ihr dezidiert vorgezogen wurde. Hierin wird – neben vielen anderen Facetten, die angesichts der Bevorzugung der *intuitiven* Entscheidungsfindung enthalten sein dürften – eine Orientierungsstruktur sichtbar, die primär im Kontext der pflegerischen Berufsbiographie verortet zu sein scheint und ausgehend von dieser jedwede Nähe zur betriebswirtschaftliche Expertise abwehrt. Ihre eindeutige kritische Position bezüglich des Einsatzes gering qualifizierter Pflegekräfte basiert auf einem pflegerischen Orientierungswissen beziehungsweise einer entsprechenden Wertsphäre und wird inhaltlich in erster Linie aus der pflegefachlichen Perspektive heraus begründet („...das schaffen die net..." usw.). Gleichfalls dokumentiert sich in der Selbstinszenierung der Befragten mittels einer aktiven Nicht-Identifikation mit betriebswirtschaftlicher Expertise („...mache keine Kalkulation. Da lerne ich auch keine Studien...") nicht nur ihre bereits erworbene Sicherheit hinsichtlich der Sachfrage Dequalifizierung, sondern zugleich eben auch eine Distanz zur ökonomischen Sphäre.

Ausgehend davon erscheint der nochmalige Blick darauf interessant, dass Gf Ludwig, eben trotz (!) ihrer Distanz gegenüber der Option, sich für die Entscheidungsfindung der Hilfe von betriebswirtschaftlichen Instrumenten zu bedienen, ihre Entscheidung dennoch mit wirtschaftlichen Argumenten rechtfertigt. Damit repräsentiert die Befragte ihre Entscheidungen als ökonomisch durchdacht und dokumentiert damit einerseits eine hohe Relevanz wirtschaftlicher Anforderungen in ihrer geschäftsführenden Tätigkeit. Andererseits verzichtet die Befragte bei genauerem Hinsehen – wie ausgeführt – auf ökonomische Instrumente, Beratung, Anleitung etc. und verschafft sich damit eine handlungspraktische Autonomie gegenüber der ökonomischen Sphäre. Diese Ambivalenz im Zusammenhang mit der Frage der Bedeutung ökonomischer Anforderungen im Handeln der Befragten lässt unmittelbar die Schlussfolgerung nahe liegend erscheinen, dass die Relevanz ökonomischer Anforderungen in der Handlungspraxis von Gf Ludwig grundsätzlich als *relativ* betrachtet werden könnte.

Diese Form der Distanz gegenüber der ökonomischen Sphäre stellt, vor dem Hintergrund ihrer Konsistenz im gesamten Interview, einen deutlichen Kontrastpunkt zu den zuvor dargelegten Fällen dar. Zur Veranschaulichung dessen, aber auch zur weiteren empirischen Konkretisierung, dient auch die folgende Interviewpassage, in der thematisch nunmehr ein anders gelagerter Frageimpuls den Gesprächsverlauf einleitet: die Option, eine Unternehmensberatung zur Analyse der Kosten-Nutzen-Situation zu beauftragen:

| 578 | Y:
Gerade habe ich ein Gespräch geführt mit einer Pflegedienstleiterin, bei ihr wurde eine Unternehmensberatung tätig und die kann jetzt auf dem Computerbildschirm sehen, bei welchem Patienten sie wie viel verdient.
Gf Ludwig:
Die ein, zwei Tage würde ich mich lieber in die Sonne legen … Bei einem bist du in ein, zwei Minuten fertig, bei dem anderen brauchst du vielleicht zwanzig Minuten, und vergütet kriegst nur zehn oder zwölf Minuten. Wenn ich natürlich zu viele hab, wo es 20 Minuten dauert, das rechnet sich dann net mehr, aber das merk ich dann spätestens nach zwei, drei Monaten. Aber ich spür das schon vorher. Weil meine Mitarbeiter wissen: du, ich mach da einen Verband, ich brauch da nä |

> halbe Stunde dafür. Und das kommt vom Team. Und da bin ich dankbar, das sind wichtige Informationen. Dann halt, hier spreche ich dann mit der Kasse ... oder da muss ich dann halt sehen, was ich mir dann einfallen lasse. Aber irgendwas lasse ich mir dann auch einfallen, ja.

In der abwertenden Erwiderung auf den Gesprächsimpuls, mit dem eine Stellungnahme hinsichtlich der Haltung gegenüber dem Einsatz von betriebswirtschaftlichen Verfahren im Pflegedienst generiert werden sollte, kommt – neben einigen anderen Lesarten – wiederholt die Distanz der Befragten gegenüber der ökonomischen Sphäre zum Ausdruck. Denn, obschon eine systematische und differenzierte Kontrolle der Kostenstruktur sachlich betrachtet wohl zur betriebswirtschaftlichen Optimierung des Pflegediensts führen könnte, würde sich die Befragte „lieber in die Sonne legen", anstatt sich einer solchen Dienstleistung zu bedienen. Mit anderen Worten, der Befragten fehlt grundlegend die Einsicht in den Mehrwert einer solch differenzierten betriebswirtschaftlichen Analyse zur Kontrolle der Kostensituation im Pflegedienst. Sie verlässt sich statt dessen auf ihr intuitives Wahrnehmungsvermögen („Gespür") beziehungsweise auf das Einschätzungsvermögen ihrer Mitarbeiter, toleriert auch nicht rentable Patienteneinsätze und sucht bei Bedarf nach individuellen Lösungen.

Obschon Gf Ludwig der ökonomischen Sphäre also distanziert gegenüber steht, bedeutet dies – und darauf sei nochmals hingewiesen – nicht, dass in diesem Fall wirtschaftliche Handlungsmaßstäbe grundsätzlich irrelevant seien. In der Sequenz dokumentiert sich vielmehr auch, dass Gf Ludwig – trotz der Distanz zur betriebswirtschaftlichen Expertise – durchaus wirtschaftliche Erwägungen anstellt, um das Ziel der Verlustvermeidung zu realisieren. So richtet sich ihre Aufmerksamkeit bei der Frage von Versorgungszeiten beispielsweise – jenseits der absoluten Tolerierung von Patienten mit verhältnismäßig langen Versorgungszeiten – darauf, eben ein wirtschaftlich möglichst positives Mischungsverhältnis zwischen einnahmeschwachen und einnahmestarken Patienten zu erhalten. Im Falle eines signifikant nicht rentablen Patienten bleibt Gf Ludwig ebenfalls einem ökonomisch Handlungsmotiv verbunden, indem sie aktiv Wege sondiert, um jene ökonomisch belastende Konstellation aufzulösen.

Zusammenfassung
Fasst man die dargelegten Ergebnisse hinsichtlich der Relevanz ökonomischer Anforderungen im Handeln von Gf Ludwig vorläufig zusammen, dann ließen sich diese auf die Formel „Distanz gegenüber der ökonomischen Sphäre" verdichten. In empirischer Hinsicht angesprochen ist damit eine grundlegende Skepsis und Abwehrhaltung der Befragten gegenüber der Sinnhaftigkeit und Anwendung von betriebswirtschaftlichen Methoden und Verfahren im engeren

Sinne, mit denen eine differenzierte Reorganisation des Pflegediensts zum Zwecke der ökonomischen Optimierung prinzipiell vorgenommen werden könnte. Die Befragte negiert einen entsprechenden Bedarf an ökonomischer Beratung, wehrt jeden betriebswirtschaftlichen Zugriff auf den Pflegedienst entsprechend ab (wie aus einer anderen Interviewpassage deutlich geworden ist, wehrt Gf Ludwig auch regelmäßige Anwerbeversuche seitens externer Unternehmensberater ab) und erhält sich dadurch insgesamt eine gewisse Handlungsautonomie gegenüber der ökonomischen Rationalität.

Zugleich ist die Orientierungsstruktur dadurch gekennzeichnet, dass Gf Ludwig das Ziel der Gesamtrentabilität nicht aus den Augen verliert. Die Kostenstruktur ihrer Patienten wird, wenn auch ohne Hilfe von differenzierten Kontrollinstrumenten, so doch in der Gesamtschau kontinuierlich verfolgt; die Personalentscheidungen gegen eine Dequalifizierung ihres Mitarbeiterstabs werden zwar nicht systematisch auf der Grundlage vorliegender Kosten-/Nutzenanalysen getroffen, zumindest aber stets auch in Hinblick auf ihre wirtschaftlichen Folgen für den Pflegedienst abgeschätzt. Die Distanz gegenüber der ökonomischen Sphäre bei Gf Ludwig bezeichnet demzufolge keine absolute, sondern vielmehr eine *relative* Distanz gegenüber der ökonomischen Rationalität. Es wird der wirtschaftliche Maßstab der Gesamtrentabilität als legitimes Handlungsmotiv vertreten, zugleich jedoch auf eine einzelwirtschaftliche Kontrolle und Reorganisation, mit der jeder einzelne Versorgungsablauf im Pflegedienst an seiner Rentabilität gewertet werden könnte, verzichtet.

5.2.2.2 Fall Gf Karl

Berufliche Laufbahn

| Biographisches | Auch für den folgenden Fall ist eine Distanz gegenüber der ökonomischen Sphäre prägend. Es handelt sich dabei um Gf Karl, der zum Zeitpunkt des Interviews seit knapp zehn Jahren alleiniger Geschäftsführer eines privaten Pflegediensts war. Gf Karl ist Vierzig und drittes Kind aus einem liberal-intellektuellem Milieu der ehemaligen Deutschen Demokratischen Republik (Vater: Hochschulprofessor, Mutter: leitende Angestellte). Nach Beendigung der achten Schulklasse ergriff der Befragte die Ausbildung zum Altenpfleger und arbeitete nach Ausbildungsende für mehr als zehn Jahre als Altenpfleger in einem Alten- und Pflegeheim. Der Befragte nahm sodann ein Angebot seines Arbeitgebers (konfessioneller Träger) an und wechselte in die Position des Pflegedienstleiters in einem neu gegründeten ambulanten Pflegedienst. Aufgrund persönlicher Auseinandersetzungen mit dem |

	Arbeitgeber in Bezug auf Gehalts- und Arbeitszeitfragen entschied sich der Befragte nach wenigen Jahren, selbstständig zu werden und einen eigenen Pflegedienst zu gründen. Hierzu gab der Befragte an, dass er sich das hierfür nötige Eigenkapital im Verlauf der Arbeitsjahre angespart hätte.
Berufliche Orientierung	In der Bildungs- und Berufsbiographie des Befragten zeigt sich zunächst ein mehr oder weniger krasser Bruch mit seinem Herkunftsmilieu. Während seine Eltern und auch seine beiden Geschwister erfolgreiche Akademikerlaufbahnen vorweisen können, brach der Befragte die Schullaufbahn bereits nach der achten Stufe ab, da er das schulische Leistungsniveau nicht weiter hätte halten können – so die Erklärung des Befragten. Seine Entscheidung für die Ausbildung in der Altenpflege beruhte weniger auf einer entsprechenden Berufsmotivation als vielmehr primär auf dem Interesse an einem sicheren Arbeitsplatz. Erst nach einigen Jahren der Berufstätigkeit, so scheint es, begann der Befragte, seine berufliche Laufbahn aktiv zu entwickeln, wechselte in Leitungspositionen und dokumentierte damit eine gewisse Aufstiegsorientierung im Berufsfeld. Diese ist allerdings – analog zum Fall Gf Ludwig – nicht an einen Abbruch der pflegepraktischen Tätigkeit gekoppelt. Gf Ludwig bindet sich willentlich regelmäßig in die Patientenversorgung vor Ort ein, will den Kontakt zur praktischen Pflege halten und legt Wert darauf, dass auch die Pflegedienstleiter Pflegetouren fahren.

Strukturdaten des privaten Pflegedienstes

Strukturdaten	Der private Pflegedienst ist in einem städtischen Raum niedergelassen und beschäftigt etwa 40 Mitarbeiter, die allesamt ein Pflegeexamen haben. Etwa zwei Drittel der Pflegenden arbeitet in Vollzeit. Neben seiner geschäftsführenden Position existiert eine Vollzeitstelle in der Pflegedienstleitung sowie eine Stellvertretung.
Wirtschaftliche Situation	Laut Selbstauskunft des Befragten ist die wirtschaftliche Situation des Pflegedienstes insgesamt zufriedenstellend. Abgesehen von der schwierigen Anfangszeit und einer problematischen Episode aufgrund einer steuerrechtlichen Forderung (Steuerrückzahlung) befindet sich der Pflegedienst mittlerweile stabil in der Gewinnzone.

Fallrekonstruktion

Das Thema „wirtschaftliche Anforderungen/Führung" stand auch im Fall Gf Karl häufig im Mittelpunkt des Interviews. Charakteristisch für die Art und Weise, wie hier das Thema behandelt wurde beziehungsweise wie die Handlungsanforderungen beschrieben wurden, war – ähnlich dem Fall Gf Ludwig – eine Diskursstruktur der Gegenüberstellung der eigenen ökonomischen Handlungsweise einerseits und einer streng betriebswirtschaftlichen Handlungsweise andererseits und eine sich darin dokumentierende aktive Distanznahme gegenüber der ökonomischen Sphäre im engeren Sinne. Die erste Interviewsequenz knüpft unmittelbar an den biographischen Teil des Interviews an. Gf Karl beginnt seine Erzählung mit dem Thema Schulzeit und entwickelt eine interessante Diskursstruktur. Gf Karl begründet seinen Schulabbruch, charakterisiert davon ausgehend recht kritisch den Arbeitsstil von Akademikern im Allgemeinen und versucht am Beispiel einer ortsansässigen, insolventen Firma sein Verständnis von einer richtigen Unternehmensführung deutlich zu machen:

51	Gf Karl:
	Ich war nicht der Hellste in der Schule, hat mit Dummheit nichts zu tun. Ich war faul. Für mich gabs nur Fahrrad fahren, reiten gehen- ich hatte ein Pferd, auf der Rennbahn. Da konnten mich alle kreuzweise. … Man weiß nie, wie es im Leben kommt, warum man was gemacht hat, ist auch Käse. Vielleicht hätte das passiert oder das passiert, dann wäre ich jetzt auch Akademiker, mein Gott. Ich find´s ätzend. Das wird alles immer so ausgewalzt. Und das Schwallen. Und dann sitzen dann alle. Ich weiß nicht. Ich mein, das ist alles so praxisfern. Aber das ist mit allem so, ob das jetzt Pflege- hat mit Pflege nix zu tun. Warum ist denn die Firma X [anonymisierter Name eines ortsansässigen Industrieunternehmens mit ca. 200-300 Mitarbeitern, das zum Interviewzeitpunkt insolvent geworden ist] pleite gegangen, der alte Chef- richtig alte Firma, alte Firma, richtig alt. Der Alte Chef- ist blöd, aber so wie ich, du machst ein Deal, du machst ein Handschlag, du machst ein Versprechen und bist pünktlich. So und dann sind die Söhne an die Macht gekommen, so, alles Betriebswirte. Der eine hat geschrieben über den Pauschaltourismus, seine Doktorarbeit, auf nem Kreuzdampfer. Was ist das für nä Voraussetzung für nä Firma. Die Alte ist früher, wenn Abendessen, Sitzung war, mit Lockenwicklern gekommen, hat die Tische mit ein gedeckt, hat Unkraut vor der Firma gehievt, so dann ist die nach Hause gefahren, hat sich geschminkt, ist rein, im Abendkleid, und hat die Gäste empfangen. Das meine ich eben. Und heute ist nur noch mit nem spitzen Stift, Ökonomie, Betriebswirtschaft. Das ist Käse. Du musst wissen, komm ich rum, komm ich nicht rum, fertig. Und vorausschauend denken über zwei, drei Jahre kannst du ehe nicht. Du musst einfach jeden Tag Stück für Stück dein Ding durchziehen. Und wenn du pleite bist- na und, dann kommt- wer weiß. So rechne ich. … Wenn du nur da sitzt und denkst, oh, die braucht schon wieder drei Sekunden länger, die Kerstin. Die Barbara machts doch viel schneller. Da geht's du ja kaputt.

Neben vielen anderen Stilmustern, die bereits auf den ersten Blick hier aufschimmern mögen, ist die sich in dieser Diskursstruktur dokumentierende antithetische Haltung des Befragten gegenüber der akademischen Welt im Allgemeinen und Betriebswirten/Ökonomen im Besonderen von Interesse für vorliegende Fragestellung. Seine Orientierungsstruktur ist durch eine praktische Intelligenz und die Abgrenzung gegenüber akademisch Qualifizierten gekennzeichnet. Hoch gehalten wird das Festhalten an traditionell bürgerlichen Tugenden („... du machst ein Handschlag, du machst ein Versprechen und bist pünktlich."), der vermeintlich typische Arbeitsstil von Akademikern, wie vieles Reden und Nachdenken, wird daran polarisiert und als für die Praxis untauglich abgewertet („Das wird alles immer so ausgewalzt. Und das Schwallen. Und dann sitzen dann alle."). Die Distanz gegenüber der ökonomischen Sphäre im engeren Sinne der betriebswirtschaftlichen Rationalisierung des Pflegedienstes, die in dieser ersten Interviewsequenz deutlich zum Vorschein kommt, steht insofern im Kontext dieser habitualisierten Denk-, Wahrnehmungs- und Handlungsschemata des Befragten. Die Frage der ökonomischen Steuerung eines Pflegedienstes wird im Kontext seiner Grundeinstellung hergestellt und zugleich auch pauschalisiert. Weder hätten Ökonomen und Betriebswirte die nötigen Kompetenzen, um einen Pflegedienst, wie auch irgend ein anderes Unternehmen, erfolgreich zu leiten, noch sei es überhaupt möglich, einen Pflegedienst wirtschaftlich sinnvoll zu rationalisieren. Die Art und Weise, wie Gf Karl seine klare Haltung am Beispiel der Steuerung von Pflegezeiten zu veranschaulichen versucht, lässt zudem erkennen, dass er grundsätzlich skeptisch gegenüber dem ökonomischen Nutzen einer betriebswirtschaftlichen Rationalisierung positioniert scheint. Der Aufwand für eine Zeitkontrolle seiner Mitarbeiter erscheint ihm größer als der erwartbare ökonomische Nutzen.

Ausgangspunkt der nächsten Interviewpassage, in der die Distanz gegenüber der ökonomischen Sphäre um ein weiteres Mal sichtbar wird, stellt das Thema private Zuzahlungen für Pflegeleistungen dar. Darin verdeutlicht Gf Karl seine Umgangsweise mit Patienten, deren Pflegegeld nicht ausreicht, um den eigentlich anfallenden Versorgungsbedarf finanziell decken zu können:

| 112 | Y:
Gibt es den Patientenfall, bei dem der Versorgungsbedarf so groß ist, dass das Pflegegeld nicht ausreicht, und der Patient selbst das nicht bezahlen kann?
Gf Karl:
Dann, entweder, ich stell einen Antrag, und wenn sie im Haus wohnen, geht's ja nicht. Stell einen Antrag beim Sozialamt, also Stadt, gibt's ja nicht mehr, Sozialamt, dieser Antrag auf Hilfe zur Pflege. Oder ich sag, wir kommen abends, ich versprech dir, du kommst in die Zwei [Pflegestufe]. Klappt's nicht, stelle ich dir keine Rechnung. Mach ich auch. Ich kann ihn ja nicht in irgend eine Ecke pressen, und dann wird es nicht übernommen, und sag ätsch pätsch, du musst mir jetzt 600 Euro geben. Geht ja nicht, wär unfair.
Y:
Und dann? Werden die Einsätze reduziert? |

Gf Karl:
Nee, ich versuch das so zu basteln, dass das Geld reicht, generell. Oder sag halt, 100 Euro, 200 Euro musst du zuzahlen. Das sage ich ihm vorher. Aber ich guck halt immer, dass es irgendwie reicht. Weil, ich finde, es unfair, die Leute müssen viel zu viel bezahlen. Und ich rechne auch nicht, wie ein Betriebswirt. Ich rechne Masse. Ich guck, unterm Strich müssen die Lohnkosten, so und so viel Prozent, muss meine Miete zahlen, ich muss gut leben, musst du ja, klar, ich mein ich will nicht reich werden, aber ich will ordentlich leben. So, und es muss unterm Strich stimmen. Und ich will keine Schulden haben. Also ich guck nicht, ob der Einzelne viel bringt. Weil ich denk, ein Einzelner bringt zwar wenig, aber du machst es gut bei dem und dann kommt der Nachbar, der bringt wieder viel. So denk ich halt.
Y:
Wie können Sie eigentlich überblicken, wie hoch die Kosten im Einzelfall sind? Haben Sie ein Computerprogramm?
Gf Karl:
Du kannst das gar nicht. Das sagen Betriebswirte. Neulich hat ein Betriebswirt zu mir gesagt, ein Betriebswirt könnte ein Pflegedienst leiten. Sag ich, na, das kann er eben nicht. Weil ich sag mal, du hast nä kleine Pflege oder eigentlich wäscht du den Rücken und die Beine. Brauchst aber im Prinzip länger, als bei einer großen Pflege. Weil, wer im Bett liegt, da wäschst du rucki-zucki. Denn wäscht du, drehst du, ziehst du an, der murrt nicht, fertig. Nä kleine Pflege, stehen sie doch mal auf, wo sind denn die Strümpfe, ich will heut nicht. Und da brauchst du für nä kleine Pflege manchmal länger. Du musst einfach gucken, am Endergebnis muss es stimmen, nicht bei dem Einzelnen. Mein, ich bleib jetzt bei einer kleinen Pflege keine zwei Stunden, nä. Das wäre zu extrem. Bin ja nicht die Wohlfahrt. Aber wenn die kleine Pflege manchmal eben 40 Minuten dauert, dann ist es eben halt so. Dafür dauert nä große Pflege halt weniger. Es muss unterm Strich stimmen.

Auf die erzählgenerierende Frage bezüglich der Präsenz von Patienten, die finanzielle Schwierigkeiten mit den Zuzahlungen haben, mit der zugleich ein Diskursrahmen ermöglicht wurde, innerhalb dessen eine gewisse Problematisierung von ökonomischen Bedingungen in der ambulanten Pflegeversorgung vorgesehen ist, entwickelt sich eine hoch spannende Erläuterung und Argumentation. Diese lässt sich thematisch in zwei Episoden einteilen, erstens die Sequenz zum Thema Patientenzuzahlungen und ausgehend davon die Bearbeitung des Themas wirtschaftliche Führung des Pflegediensts.

Die Erläuterung und Rechtfertigung von Handlungsmöglichkeiten in Bezug auf das Thema Zuzahlungen weisen auf eine Haltung hin, demgemäß Gf Karl sich als Anwalt seiner Patienten darstellt und damit einer markttypischen Handlungsrationalität zuwiderläuft. So wird die derzeitige Versicherungskonstellation, innerhalb derer gesetzlich Versicherte für Pflegeleistungen regelmäßig zuzahlen sollen, seitens Gf Karl für ungerecht gewertet („die Leute müssen viel zu viel bezahlen") und damit die Anwendung eines klassischen Marktinstruments zur

Steuerung der Pflegeversorgung auch normativ abgewehrt. Ausgehend davon werden verschiedene Handlungswege sichtbar, mit denen Gf Karl die Höhe der Zuzahlungen so weit wie möglich reduzieren möchte – einschließlich der aus Sicht von Gf Karl wirtschaftlich sicherlich ungünstigen Optionen, finanzielle Risiken zu übernehmen oder eine entsprechend niedrige Rechnung für die ambulante Pflegeleistungen auszustellen. Jenseits der (hypothetisch leicht denkbaren) praktischen Reproduktion einer Kaufkraftabhängigkeit beim Zugang zu Pflegeleistungen deuten die Handlungsbeschreibungen also darauf hin, dass Gf Karl in seiner Handlungspraxis Entscheidungen fällt, mit denen die Barriere Kaufkraftabhängigkeit von ambulanten Pflegeleistungen im Einzelfall gezielt umgangen beziehungsweise so weit wie möglich reduziert werden soll. Nicht nur repräsentiert sich darin das Motiv, den Betroffenen mit geringer Kaufkraft helfen zu wollen, sondern ebenso auch eine Handlungspraxis, mit der sich Gf Karl im Arrangement mit den Patienten jeweils eine gewisse Autonomie gegenüber der ökonomischen Rationalität verschaffen kann.

Der Diskursverlauf zeigt darauf hin eine thematische Wendung, in der sich zugleich auch eine grundlegende Distanz gegenüber der ökonomischen Sphäre dokumentiert. Gf Karl unternimmt, ausgehend vom Thema Zuzahlungen, auch bei der allgemeinen Frage nach der wirtschaftlichen Führung eines Pflegedienstes selbstständig eine aktive Distanznahme gegenüber betriebswirtschaftlichen Methoden und Verfahren. Dazu führt der Befragte ein Unterscheidungskriterium ein, mit dem er seine Handlungsweise bei der Führung des Pflegedienstes von einer streng betriebswirtschaftlichen Handlungsrationalität offensiv zu trennen und argumentativ zu verteidigen versucht. Der Befragte erläutert sein Handeln, das sich an der Gesamtrentabilität des Pflegedienstes orientiere, im Rahmen dessen aber auch nicht rentable Patienteneinsätze gerechtfertigt werden könnten, und kontrastiert dieses dann mit der betriebswirtschaftlichen Handlungsmaxime, die – so die Ansicht des Befragten – allein an der einzelwirtschaftlichen Rentabilität eines Pflegedienstes orientiert ist und im Rahmen derer nicht rentable Patienteneinsätze schnell unter Legitimationsdruck gerieten.

Obschon die diesen Sequenzen zu Grunde liegende Orientierungsstruktur also durchaus offenkundig von einer Distanz gegenüber der ökonomischen Sphäre gekennzeichnet ist, wäre es auch für diesen Fall verkürzt, vorschnell eine absolute Bedeutungslosigkeit jeder ökonomisch motivierten Handlungsweise bei Gf Karl abzuleiten. Im Gegenteil, Gf Karl betrachtet seine Handlungsstrategie als ökonomisch richtig. Nicht rentable Patienteneinsätze seien nämlich aufgrund der besonderen Versorgungsherausforderungen in Kombination mit den derzeitigen Finanzierungsbedingungen in der ambulanten Pflege unvermeidbar und seine Perspektive auf die Gesamtrentabilität demzufolge auch die *wirtschaftlich* adäquate. Zudem würde die Versorgung von kaum rentablen Patienten selbst wiederum einen *ökonomischen* Vorteil bringen, nämlich insofern, dass Gf Karl über diese Patientengruppen indirekt Zugang zu deren informellen Netzwerken bekomme und sich damit seine Chancen bezüglich der kontinuierlichen Akquise neuer Pflegebedürftiger grundsätzlich bewahren könne („Weil ich denk, ein Einzelner bringt zwar wenig, aber du machst es gut bei dem und dann kommt der Nachbar, der bringt wieder viel."). Nicht zuletzt, auch im abschließenden Einschub, in dem Gf Karl erläutert, dass er nicht rentable – weil zu lange – Versorgungszeiten zwar gewähre, dabei zugleich aber betont, dass dies seine ökonomischen Grenzen habe („Bin ja nicht die Wohlfahrt"), lässt sich die Relativität der handlungspraktischen Autonomie gegenüber der ökonomischen Rationalität wiederholt rekonstruieren. Darin distanziert sich Gf Karl zwar vom einzelwirtschaftlichen Rentabilitätskalkül, stellt zugleich aber auch klar, dass er als Geschäftsführer nicht *völlig* losgelöst von wirtschaftlichen Aspekten agieren kann. Das Ziel der Gesamtrentabilität bleibt vielmehr die Norm seines Handelns und seine Laisser-faire Haltung gegenüber unökonomischen Patienteneinsätzen letztlich damit an ein ökonomisches Sachziel gekoppelt.

Im Mittelpunkt der nächsten Sequenz stehen weitere Optionen zur wirtschaftlichen Einflussnahme auf den Pflegedienst, so vor allem die Frage der Erbringung unbezahlter Leistungen (Mülleimer leeren, kleinere Besorgungen erledigen) und die Tourenplanung. Zunächst wird deutlich, dass Gf Karl an der Erbringung dieser unbezahlten Leistungen festhalten möchte. Gf Karl beschreibt diesbezüglich eine Diskussion, die er mit einem Kollegen aus einem anderen Pflegedienst geführt und in der seine Position auch gegen die streng betriebswirtschaftliche Haltung des Kollegen verteidigt hatte:

561	Gf Karl:
	Du musst an der Basis sein. Und das ist Zuverlässigkeit. Das heißt,. ein Patient ruft an, ein Angehöriger, könnt ihr ein Brot mitbringen? Das muss klappen. Oder, wie oft rufen die an, manchmal läuft mittags das Telefon heiß, die Raucher, ach, könnt ihr nicht Zigaretten mitbringen? Das muss klappen. So ein Unternehmensberater würde sagen, nee, das ist nicht drin, das wird nicht gemacht. Und fertig. Und da hat mir einer vorgerechnet, von nem anderen Pflegedienst, wenn du von jedem Patienten in unserer Größe nä Mülltüte morgens mit raus nehmen würdest, das sind so und so viel Minuten, das wär eine volle Stelle. Hab ich gesagt, du tickst doch nicht richtig. Sag ich, hast du dir mal ausgerechnet, wie oft bei großer Pflege, wie oft du unter der Zeit draußen bist, das sind fünf Planstellen. Weißt du, so kannst du nicht rechnen. Du läufst doch ehe am Mülleimer vorbei. Und so rechnen die dann. Und das macht dich nur verrückt und lenkt dich ab. Du musst des auch vom Bauch raus machen. Ein Betriebswirt, der rechnet. Da fängt der an die Touren zu planen, das find ich auch so bescheuert. Du kannst doch nicht an den Steinberg [Stadtteil, hier anonymisiert] fahren, fährst dann wieder nach Steintal [Stadtteil, hier anonymisiert] und dann fährst du wieder an den Steinberg. Ja, wenn der eine Patient um acht will am Steinberg, und der nächste am Steinberg

> will aber erst um zehn oder um elf, dann kann ich net sagen, nee, ich zwing dich,
> du musst um halb neun. Das geht nicht. Aber so rechnen dann Betriebswirte.
> Dann gucken sie wie viel Papier du verbrauchst. Albern. Dann fangen sie mit den
> Versicherungen an, versuchen dich in eine Billigversicherung rein zu pressen.
> Alles Käse. Nach dem Krieg, die haben das alles aus dem Bauch gemacht, die
> hatten alle keine Betriebswirtschaft. So ist Deutschland aufgebaut worden, mit
> Handschlag, mit irgendwelchen Versprechen, die du auch einhältst, ohne schrift-
> lich.

Ein weiteres Mal dokumentiert sich in der dieser Sequenz zu Grunde liegenden
Orientierungsstruktur die Distanz des Befragten gegenüber der ökonomischen
Sphäre. Gf Karl distanziert sich darin ein ums andere Mal gegenüber dem einzelwirtschaftlichen Motiv, alle Leistungen in einem Pflegedienst auf ihre Einzelren-
tabilität zu überprüfen und daran auszurichten. Dabei baut die offensive Kontra-
Haltung wiederholt auf einer Unterscheidung und Bewertung von Denk- und Füh-
rungsstilen zur angemessenen Leitung eines Pflegediensts auf. Hier lässt sich sowohl das Orientierungswissen von Gf Karl in Bezug auf den seinerseits für richtig
befundenen Arbeits- und Führungsstil rekonstruieren (zentralen Stellenwert haben
wiederholt traditionell bürgerliche Tugenden wie Zuverlässigkeit, Bodenständigkeit etc.), als auch die gleichzeitige Distanzwahrung gegenüber der ökonomischen
Sphäre durch ihre Abwertung (ihre Abwertung erfährt die ökonomische Sphäre
durch spezifische Zuweisungen, wie Kalkulationswahn von Betriebswirten, deren
Ferne gegenüber der pflegerischen Praxis und deren Erfordernissen beziehungsweise die Priorisierung von Kennzahlen zu Lasten von Patientenwünschen). Die
Distanzwahrung findet ihren Ausdruck auch im teilweise aggressiv-abwertend
anmutenden Sprachstil („du tickst doch nicht richtig"/„find ich bescheuert"), mit
dem die einzelwirtschaftliche Perspektive nochmals kommentiert wird und in dem
sich – sprachlich wie inhaltlich – abermals eine starke Abwehrhaltung gegenüber
der ökonomischen Expertise im Besonderen widerspiegelt.

Zugleich wird deutlich, dass Gf Karl sich zwar gegen die Anwendung einer
betriebswirtschaftlichen Expertise auflehnt, diese Haltung jedoch keineswegs
gleichbedeutend mit einer grundsätzlich antithetischen Haltung gegenüber öko-
nomischem Denken und Handeln ist. Vielmehr ist die Erläuterung und Argumentation von Gf Karl in Form eines ökonomischen Fachdiskurses organisiert, mit
dem der Befragte seine Haltung in Abgrenzung zur betriebswirtschaftlichen Expertise wiederholt als die *ökonomisch* richtige darlegen möchte. Bezogen auf das
Thema „Erbringung unbezahlter Leistungen" wird der Ansatz der Einzelrentabi-
lität beispielsweise aus gleich mehreren Perspektiven kommentiert und als *ökonomisch* falsch abgewertet. Zum einen sei er übertrieben, weil die Entscheidung
für die Erbringung dieser Leistungen für die betroffene Pflegekraft gar nicht mit
einem nennenswerten ökonomischen Mehraufwand verbunden sei („Du läufst

doch ehe am Mülleimer vorbei.") und insofern auch nur unwesentlich zu einer wirtschaftlichen Mehrbelastung für den Pflegedienst führe. Zum anderen sei er unrealistisch kalkuliert, weil innerhalb der einzelwirtschaftlichen Betrachtungsweise, der zu Folge aus Kostengründen eigentlich nur bezahlte Leistungen erbracht werden dürften, völlig vergessen würde, dass die hier entstehenden Mehrkosten an anderer Stelle leicht wieder gegenfinanziert werden könnten.

Zum Ende der Passage dokumentiert sich die Distanz gegenüber der ökonomischen Sphäre in einer nochmals etwas anderen Akzentuierung. Die Metaphern „aus dem Bauch heraus", „mit Handschlag" oder „mündliche Versprechen" stehen zwar wiederholt für den von Gf Karl favorisierten Arbeits- und Führungsstil, der oben bereits ausgeführt wurde (gemeint sind traditionell bürgerliche Tugenden wie Zuverlässigkeit, Bodenständigkeit usw.). Hierin wird die Zuweisung der angemessenen Arbeitsmentalität in Abgrenzung zur betriebsökonomischen Expertise jedoch nicht mit den Besonderheiten gerechtfertigt, die sich im Feld der ambulanten Pflege – oder etwa im Feld Gesundheitsversorgung im Allgemeinen – ergeben, sondern auf den deutschen Wiederaufbau nach Kriegsende insgesamt bezogen. Das Orientierungswissen von Gf Karl, das sinngemäß auf die Formel „Es funktioniert besser ohne Ökonomen/Betriebswirte" zugespitzt werden könnte, ist in gewisser Weise demnach teilweise losgelöst vom funktional-sachlichen Bezug zur Pflegeversorgung beziehungsweise zum pflegerischen Orientierungswissen und erscheint vielmehr im Lichte einer abwehrenden Grundhaltung des Befragten gegenüber betriebsökonomischer und akademischer Expertise im Allgemeinen.

Zusammenfassung

Auch im Fall Gf Karl dokumentiert sich in den Handlungsbeschreibungen und -rechtfertigungen deutlich seine Distanz gegenüber der ökonomischen Sphäre in der Position als Leitungskraft. Ihm fehlt es an jedweder Einsicht in die Notwendigkeit und Wirksamkeit von betriebswirtschaftlichem Know-how zur ökonomischen Steuerung und Optimierung des Pflegediensts. Auch kämpft er aktiv gegen die Kultur der einzelwirtschaftlichen Rentabilität, demzufolge jeder Patienteneinsatz stets rentabel zu sein habe und setzt statt dessen auf das ökonomische Prinzip der Mischkalkulation. Damit wird zugleich deutlich, dass Gf Karl keineswegs grundsätzlich anti-ökonomisch handelt. Analog zum Fall Gf Ludwig behält der Befragte die Kostenstruktur im Pflegedienst sehr wohl im Auge und achtet darauf, dass das Verhältnis zwischen rentablen und nicht-rentablen Patienteneinsätzen in einem wirtschaftlich positiven Verhältnis zueinander steht.

5.2.2.3 Fall Pdl Schmidt

Berufliche Laufbahn

Biographisches	Pdl Schmidt ist als zweites Kind in einem traditionellen Arbeitermilieu aufgewachsen (Vater: Industriearbeiter, Mutter: Hausfrau und geringfügig Beschäftigte). Nach dem Realschulabschluss und Zivildienst begann der Befragte die Ausbildung zum Krankenpfleger und arbeitete nach Ausbildungsabschluss mehrere Jahre als Pfleger im Krankenhaus. Aufgrund einer empfundenen „Überlastung im klinischen Arbeitsalltag" suchte der Befragte dann jedoch nach einem Ausstiegsweg aus der Krankenhauspflege. Er bewarb sich um einen Studienplatz in der Pflege und absolvierte ein vierjähriges Pflegestudium. Nach Studienabschluss erfolgte der berufliche Einstieg in das ambulante Pflegefeld, zunächst für einige Monate als stellvertretender Pflegedienstleiter und kurze Zeit später als Pflegedienstleiter. Zum Interviewzeitpunkt konnte der knapp 40-Jährige auf eine insgesamt knapp dreijährige Berufserfahrung in der Position als Pflegedienstleiter des konfessionell getragenen Pflegediensts zurückblicken.
Berufliche Orientierung	Der berufliche Werdegang von Pdl Schmidt zeigt die Tendenz zum beruflichen Aufstieg. Den schlechten Arbeitsbedingungen in der Krankenhauspflege ausweichend, hat sich Pdl Schmidt für den Weg an die Hochschule entschieden und sich dadurch auf dem zweiten Bildungsweg von seinem sozialen Herkunftsmilieu ein Stück weit abgelöst. Sicherlich nicht zuletzt aufgrund seines akademischen Titels gelangen ihm der berufliche Wechsel in das pflegerische Versorgungssetting (vom Krankenhaus in die ambulante Pflege) und der Aufstieg in eine formal höher gestellte Leitungsposition im pflegerischen Berufsfeld (vom Krankenpfleger zum Pflegedienstleiter). Seine beruflichen Zukunftspläne sind jedoch von einer gewachsenen Unsicherheit einerseits und einer Orientierung an einer versorgungsnahen Tätigkeit andererseits geprägt. Aufgrund der seines Erachtens wirtschaftlich sehr restriktiven Rahmenbedingungen für ambulante Pflegedienste (dieses Thema ist freilich Gegenstand der unten stehenden Fallrekonstruktion) plant Pdl Schmidt einen beruflichen Umstieg in die Palliativ-Versorgung, um dort auch wieder stärker einer patientennahen Tätigkeit nachzugehen.

Strukturdaten des konfessionellen Pflegediensts

Strukturdaten	Der ambulante Pflegedienst von Pdl Schmidt ist in einem städtischen Gebiet ansässig (etwa 60 000 Einwohner). Getragen wird dieser von einem konfessionellen Träger, der insgesamt noch weitere Pflegedienste in der Region unterhält. Der Pflegedienst beschäftigt etwa 20 Mitarbeiter, davon die Mehrzahl in einer Teilzeitbeschäftigung. Das

	Qualifikationsprofil der beschäftigen Pflegekräfte umfasst Pflegekräfte mit einer dreijährigen Ausbildung in einem Pflegeberuf (etwa zwei Drittel) und Pflegehilfskräfte (etwa ein Drittel). Neben der von direkten pflegerischen Versorgungsaufgaben freigestellten Position der Pflegedienstleitung gibt es eine nicht freigestellte stellvertretende Pflegedienstleitung. Die Position der für den Pflegedienst zuständigen Geschäftsführung ist trägerintern zentralisiert und für alle Pflegedienste in dem Stadtgebiet zuständig.
Wirtschaftliche Situation	Die wirtschaftliche Situation des Pflegedienstes ist kritisch. Es werden zwar keine finanziellen Verluste geschrieben, der Pflegedienst kämpft jedoch jährlich um eine ausgeglichene Bilanz.

Fallrekonstruktion

Im Gesprächsverlauf mit Pdl Schmidt drängte sich von Anfang an eine hohe Relevanz des Themas „wirtschaftliche Anforderungen" auf. Bereits auf die allgemeine Frage nach dem beruflichen Werdegang/Zukunftspläne des Befragten antwortete dieser, dass er über einen Ausstieg aus der Position der Pflegedienstleitung nachdenkt, falls er „ganz versagt" oder falls die „roten Zahlen kommen". Der Befragte kam in diesem Zusammenhang auf seine persönliche Belastungssituation im Berufsalltag zu sprechen:

166	Y: Sie würden in der ambulante Pflege bleiben wollen? Pdl Schmidt: Ja, ich würde schon in der ambulanten Pflege letztendlich bleiben wollen. Mein Spezialgebiet ist ja noch für mich die Palliativ-Versorgung beziehungsweise der Hospizgedanke. Ich setz auch meine Fortbildung Palliativ-Care ab, die ich mir so als Hintertür offen gehalten habe, wenn ich hier ganz versage in Anführungszeichen oder wenn die roten Zahlen kommen sollten. Dass ich dann sage, ich sehe jetzt mehr den humanistischen Wert. Und vielleicht bin ja gar net so schlecht und hab auch n pädagogisches humanistisches christliches Gespür für diese Grenzpflege, sag ich mal, zwischen Leben und Tod, also Palliativ-Care und Hospiz. Das hab ich mir so als Hintertürchen genommen, jetzt für mich. Denn irgendwann istsind sie diesen- halten sie diese Diskrepanz oder Belastungen zwischen Wirtschaftlichkeit und gerecht Werden im eigentlichen fachlichen Sinne- da kommen sie sehr oft an Ihre Grenzen als Pflegedienstleitung. Y: Wie macht sich das bemerkbar, diese wirtschaftlichen Anforderungen? Pdl Schmidt: Ja, Sie sind natürlich in erster Linie gebunden als Pflegedienstleiter beziehungsweise müssen dafür Sorge tragen, dass Sie auch primär ihren Betrieb oder ihre Sozialstation nach wirtschaftlichen Kriterien führen. Und, dass alle gerechte- die,

> die gerecht und gut arbeiten, auch gerechten Lohn bekommen. Also die Bilanz muss dann so stimmen. Und da gibt's schon manche Zeitvorgaben. Weil einfach das Budget dann nimmer ausreicht, um den Mitarbeitern über Zeitbudget zu geben. Also es gibt genau definierte Zeitzonen, wie lange eine Ganzkörperpflege zu dauern hat, oder eine Teilkörperwäsche. Sind schon definiert. Um eben das wirtschaftlich zu gestalten. Man kann net jemanden nä Zeit geben und dann kriegen wir ja das gar net bezahlt von den Pflegekassen beziehungsweise von den Leistungsträgern.

Auf die einerseits in die Zukunft gerichtete und andererseits indirekt auf die derzeitige berufliche Zufriedenheit abzielende Frage nach etwaigen beruflichen Plänen antwortet Pdl Schmidt mit einer sehr aufschlussreichen Situationsbeschreibung. Diese beinhaltet nicht nur eine alternative berufliche Orientierung von Pdl Schmidt im Bereich der Palliativ-Versorgung, sondern enthält auch mehrere Aspekte seiner Unzufriedenheit mit der derzeitigen Position als Pflegedienstleiter, die mit einer erlebten Diskrepanz zwischen ökonomischen und pflegefachlichen Anforderungen im Handeln als Pflegedienstleiter begründet wird. Die Art und Weise, wie diese beruflichen Umstiegspläne und die derzeitige Unzufriedenheit vom Befragten selbst gerechtfertigt werden, deutet auf eine zugrunde liegende Orientierungsproblematik von Pdl Schmidt hin. Im Kern zeigt sich hier ein Orientierungskonflikt zwischen der pflegerischen und der ökonomischen Handlungssphäre. So ist die erste Hälfte der Gesprächssequenz von einer pflegerischen Orientierung bestimmt, in dem die beruflichen Umstiegspläne mittels einer aktiven Hinwendung zu pflegerisch-patientennahen Tätigkeiten einerseits sowie einer direkten Distanzierung gegenüber den aktuellen Management-Aufgaben andererseits legitimiert werden. Die indirekte Distanzierung gegenüber einer Management-Position erfolgt durch eine Selbstreflexion der eigenen Fähigkeiten: Während der Befragte mit der Aussage, dass er in der derzeitigen Position unter Umständen „ganz versagen" könnte, eine gewisse Skepsis gegenüber seinen eigenen Fähigkeiten/Qualitäten als ökonomisch orientierter Pflegedienstleiter zum Ausdruck bringt, deutet die Hervorhebung der eigenen Stärken beim „Gespür für Grenzpflege" im Kern auf ein Selbstverständnis als Pfleger – nicht hingegen als Manager/Leiter etc. Daneben lässt die Argumentation von Pdl Schmidt eine, aus pflegerischen Versorgungsansprüchen abgeleitete, direkte Distanzierung gegenüber den Management-Aufgaben erkennen. Der angestrebte Tätigkeitswechsel hat für Pdl Schmidt nämlich auch die Funktion eines Auswegs aus der erlebten Belastungssituation, die sich darin äußert, dass Pdl Schmidt aus pflegefachlicher Sicht die primär ökonomisch motivierten Entscheidungen – damit ist vorwiegend der steigende Zeitdruck in der Pflege angesprochen – nicht legitimiert und letztlich nicht verantworten will.

In der Art und Weise, wie der Befragte das Thema „wirtschaftliche Anforderungen" auf die Nachfrage hin darlegt, wird andererseits deutlich, dass für ihn
die Berücksichtigung primär ökonomischer Aspekte im Tagesgeschäft als Pflegedienstleiter alternativlos – quasi unhinterfragbar – erscheint. Als ausgeschlossen erscheint es Pdl Schmidt, einer Pflegekraft mehr Versorgungszeit zur Verfügung zu stellen als aus finanzieller Perspektive angemessen. Mit Blick auf die
vollständige Gesprächssequenz kommt genau hierin der eingangs angesprochene
Orientierungskonflikt zum Ausdruck. Während sich der Befragte zu Beginn der
Sequenz innerhalb eines pflegerischen Rahmens gegenüber dem eigenen ökonomischen Handeln als Leitungskraft teilweise aktiv und kritisch distanziert,
dabei im Kontext der eigenen beruflichen Sozialisation (Ausbildung zum Krankenpfleger und Berufserfahrung in der praktischen Pflege) pflegefachliche Normen geltend macht und sich selbst in der direkten Pflege besser aufgehoben
sieht, erfolgt gleich im Anschluss der Schritt der Legitimation genau dieses ökonomischen Handelns: Auf Grund der wirtschaftlichen Rahmenbedingungen könne man als Leitungskraft eben nicht anders handeln, als die Pflegezeiten dementsprechend zu reduzieren. Hier findet die ökonomische Handlungssphäre primär
an den funktionalen Notwendigkeiten in der Position als Leitungskraft Anknüp-
fung und bezieht genau darin seine normative Berechtigung. Allgemein gesprochen, die Bearbeitung des Themas „wirtschaftliche Anforderungen" weist darauf
hin, dass das Handeln von Pdl Schmidt grundsätzlich in zwei unterschiedlichen
und einander widersprechenden Orientierungssphären verortet zu sein scheint,
nämlich zum einen innerhalb einer pflegerischen Orientierung (Hintergrund:
berufliche Sozialisation in der praktischen Pflege) und zum anderen innerhalb
einer ökonomischen Orientierung (Hintergrund: ökonomischer Funktionsbezug
als Leitungskraft). Das Besondere hierbei ist, dass der Orientierungskonflikt ein,
im Sinne eines klassischen Dilemmas, bewusst wahrgenommener und reflektier-
ter Handlungs- und Bewertungskonflikt ist. Der Befragte sieht sich selbst als
Leitungskraft oft vor aus seiner Sicht alternativlose wirtschaftliche Entscheidungen gestellt, die seiner eigenen pflegerischen Orientierung zu wider laufen.

Im nächsten fallbezogenen Analyseschritt ging es darum, Sequenzen im Datenmaterial näher zu beleuchten, in denen, ausgehend vom übergeordneten Thema
„wirtschaftliche Anforderungen", Handlungsbeschreibungen und Argumentationen
von Pdl Schmidt im Mittelpunkt stehen, die sich auf Alltagsentscheidungen in seiner Leitungsposition beziehen. Ausgangspunkt der Analyse hier war die Frage, auf
welche Weise die Alltagsentscheidungen vom oben skizzierten Rahmungskonflikt
geprägt sind beziehungsweise wie etwaige Widersprüche zwischen den beiden
Entscheidungskontexten bearbeitet werden. Nachfolgend werden zwei Sequenzen
präsentiert, die charakteristisch für den Fall Pdl Schmidt sind.

Die erste Gesprächssequenz knüpft unmittelbar an die oben dargestellte
Passage an und beginnt mit einer Nachfrage bezüglich der Problematik Zeit-

druck. Pdl Schmidt bestätigt das Problem und berichtet, dass Zeitdruck beziehungsweise Überstunden ein relativ gewöhnliches Phänomen unter den Pflegenden in seinem Pflegedienst seien. Der Grund hierfür liege in den knappen Zeitvorgaben in den Einsatzplänen:

192	Y: Das heißt, wenn man so nä Tour kriegt für einen Tag, dass die Pflegekraft eigentlich länger braucht beim Patienten, als... Pdl Schmidt: ...ja, das kommt relativ häufig vor. Also, es ist erstmal so, dass man nä Tour doch schon gut auslastet beziehungsweise ich sag jetzt mal, eng strickt. Und dann sehen die Mitarbeiter eigentlich schon von vorne herein, dass sie doch unter einem gewissen Zeitdruck arbeiten, weil der, die folgenden Patienten auf ihre Zeiten fixiert sind. Ist eigentlich, könnte man ja wirtschaftlich als positiv sehen, wenn ich jetzt die Tour so eng stricke, dann ist es ja eigentlich gut, wenn die immer auf Uhr gucken. Die Alten rufen dann an, man kann sehen, wann kommen die. Von daher sind sie schon bisschen unter Zeitdruck die Mitarbeiter. Und natürlich auch unter den Zeitvorgaben der Pflege. Das ist ja einfach, die Module sind gewissen Zeitvorgaben unterlegen. Die variieren nach dem Prinzip, wie man sagt, bei einem Patienten, der pflegerisch aufwendiger ist, dem gebe ich 50 Minuten für nä große ganzheitliche Pflege, und ein Patient, meistens also sind das von der Pflegestufe drei Menschen, die brauchen länger als Menschen, die zum Beispiel Pflegestufe eins haben. Von der Wirtschaftlichkeit kann man die Patienten betrachten, eigentlich, die zeitlich wirtschaftlichen Patienten sind die günstigsten Patienten, diejenigen der Pflegestufe eins und zwei, weil ich ja n geringen Zeitaufwand habe für die Körperpflege. Also nach dem Motto Zeit ist Geld. Hab aber auf der anderen Seite nicht so ein hohes Budget, was ich ausschöpfen kann. ... Von daher muss ich immer so nä gesunde ausgeglichene Situation haben, ich der ich eben auch Einsen haben, die sind eigentlich schnell, so Zeit ist Geld aber auch Menschen mit Stufe drei. Weil die n höheres Budget haben. Die muss ich ja auch mit einplanen. Die lassen sich dann auch glatt einplanen. Die kann ich jeden Tag einplanen und die kann auch noch mit'm Spätdienst mit besetzen. Ich muss ja auch sehen, dass ich meine Kapazitäten und dass ich meine Betriebsmittel auslaste, das heißt, die Autos müssen ja abends ausgelastet sein, in den Spätdiensten. Wenn ich jetzt nur Frühdienste machen und die Autos rum stehen, das wär ja n totes Kapital.

Deutlich wird, dass in diesen Beschreibungen und Argumentationen des Handelns von Pdl Schmidt die doppelte Orientierung fortlaufend strukturgebend zu sein scheint. Dies wird besonders deutlich angesichts des mehrmaligen Perspektivwechsels, wenn Pdl Schmidt seine Entscheidungen hinsichtlich der Zeitvorgaben zu beschreiben und zu legitimieren versucht. So nimmt Pdl Schmidt – angeschlossen an die einleitende Frage – zunächst die Perspektive der Mitarbeiter ein und bejaht eine systematische Zeitproblematik als Folge der zeitkritischen Gestaltung der Einsatzpläne („es kommt relativ häufig vor"), bevor er dann die Ausprägung des Zeitdrucks implizit wieder zu relativieren versucht („bisschen unter Zeitdruck") und am Beispiel der auf die Einhaltung der Pflegetermine „fixierten Alten" explizit seine Perspektive wechselt und nunmehr auf der Grundlage einer ökonomischen Logik argumentiert: Patientenbeschwerden als Folge der Zeitnot in der direkten Pflege erfüllten für Pdl Schmidt eine willkommene Kontrollfunktion und seien deshalb „wirtschaftlich als positiv" zu werten (hier wird zugleich der Funktionsbezug des ökonomischen Rahmens wiederholt sichtbar). Auch in der darauf folgenden Erläuterung der konkreten Entscheidungskriterien bei der Definition von Zeitvorgaben dokumentiert sich die doppelte Rahmung. So werden seitens Pdl Schmidt zunächst pflegerische Kriterien für Zeitvorgaben geltend gemacht (Orientierung der Zeitvorgaben am Pflegeaufwand), dann wiederholt sich der Diskursverlauf und der Befragte wechselt selbstständig vom pflegerischen Rahmen hin zum ökonomischen Rahmen (Orientierung an den finanziellen Einnahmen der Pflegestufen). Der ökonomische Bezug wird auch durch die Verwendung von, aus der Wirtschaftswelt bekannten Schlagwörtern/Überschriften, wie „Zeit ist Geld" und „totes Kapital" sprachlich markiert. Insofern scheint der Rahmungskonflikt in der Handlungspraxis weder praktisch noch normativ aufgelöst. In den Beschreibungen von alltäglichen Entscheidungen dokumentiert sich vielmehr der immer währenden intentionale Versuch einer Integration beider Handlungslogiken: Pdl Schmidt sucht im Tagesgeschäft nach Kompromissvarianten bei ständiger Abwägung zwischen dem fachlich und dem ökonomisch Nötigen.

In der zweiten Sequenz steht nochmals das Thema „wirtschaftliche Anforderungen" im Mittelpunkt, diesmal jedoch eingeleitet mit einem Bezug auf allgemeine Kriterien zur Führung eines „lukrativen" Pflegedienstes. Hier macht Pdl Schmidt deutlich, dass es praktisch für einen wirtschaftlich optimal geführten Pflegedienst sei, zum einen möglichst viele Pflegehelfer einzustellen und zum anderen das Leistungsangebot ausschließlich auf den Versorgungsbereich im Rahmen des SGB XI zu beschränken:

280	Pdl Schmidt:
	Wenn Sie einen lukrativen Pflegedienst führen wollen, und dass Sie es sich so aussuchen können, wie Sie´s gern haben wollen bezüglich Lukrativität, dann stellen Sie am besten fünf Pflegehelferinnen ein oder zehn Pflegehelferinnen und halten diese gesetzliche Quote vor, von den Examinierten, aber arbeiten nur mit Pflegehelferinnen und nehmen nur SGB XI Leistung. Und Sie nehmen gute Pflegehelferinnen. Dann ist das viel viel lukrativer. Wenn wir diese Arbeitstiere Pflegehelferinnen net hätten, und diese gemischte Konstellation, könnten wir auch nicht mehr existieren. Denn die müssen das rein holen, was uns die examinierten Fachkräfte kosten, letztendlich. Schließe da meine Personalkosten nicht aus. Aber die, wenn Sie eine gute koordinierte Tour haben, mit- nur mit grundpflegerischen

Leistungen, wenn Sie das mal wirtschaftlich auswerten, auf eine Pflegehelferin, dann kommt da das meiste Geld rein. Also wenn ich sehe, wie unlukrativ die SGB V Leistungen Verbandswechsel ist, da könnten Sie gleich zu machen. Dann könnten Sie keinen Blumentopf mit gewinnen. Aber das ist nur ein Prestige-Objekt. Das ganze Wundmanagement ist nur ein Prestige-Objekt.
Y:
Inwiefern?
Pdl Schmidt:
Ja, dass man eben Professionalität hat, und Fachlichkeit. In dem Sinne meine ich das. Denn wenn ich sehe, ich hab eine Schwester, eine gute Fachkraft, die macht viele Verbände, aber die Tour wirtschaftlich, die verdient ihr Geld nicht. Das müssen andere mit finanzieren. Aber es ist halt nun mal so, dieses Amortisierungsprinzip, diese Ausgleichsprinzip.
Y:
Dann gibt es auch den Fall, dass man mit einem Patienten von vorne herein weiß, da holen wir das Geld nicht rein?
Pdl Schmidt:
Ja, den nehmen wir trotzdem auf. Dafür sind wir dann konfessionell. Wir scheuen auch die weiten Wege nicht. Es gibt ja Pflegedienste, die sagen von vorne herein, es ist unlukrativ, dass ich meinetwegen, bis nach Steindorf [Stadtteil, hier anonymisiert] oder irgendwo quer Beet fahre, und wir versuchen auch überall Fuß zu fassen.

Auch in dieser Sequenz, die von einer Explikation von Kriterien für einen „lukrativen Pflegedienst" eingeleitet ist, ist die Bearbeitung des Themas durch eine doppelte Rahmung strukturiert. Zunächst wird deutlich, dass Pdl Schmidt bereits über eine differenzierte ökonomische Handlungstheorie verfügt, die sich allein in der ökonomischen Orientierung bewegt und nur noch durch gesetzliche Bestimmungen korrigiert werden könnte (Motto: Welche Entscheidungen hinsichtlich der Dequalifizierung bei den Pflegenden einerseits und des pflegerischen Leistungsangebotes andererseits sind ökonomisch optimal und gesetzlich legitim?). Bezogen auf das Unterthema „Dequalifizierung" zeigt sich auch eine hohe handlungspraktische Relevanz des ökonomischen Rahmens. So liegt den Personalentscheidungen von Pdl Schmidt offenbar ein Handlungswissen zu Grunde, demzufolge die Personalstruktur in einem Pflegedienst, der ausschließlich examiniertes Pflegepersonal beschäftigt, ökonomisch schlicht undenkbar ist („da könnten sie gleich zu machen"). In diesem Zusammenhang zeigt sich allerdings ein offenbar nur sehr schwacher Widerspruch zur pflegerischen Wertsphäre bei Pdl Schmidt. So blieb eine (denkbare) pflegefachliche Kritik an der Dequalifizierung des Pflegepersonals im Leistungsbereich von SGB XI – dies gilt für das gesamte Interview – aus. Dies im Besonderen suggeriert insofern auch eine Diffusität des Befragten bezogen auf seine pflegefachliche Bewertung der Angemessenheit von Qualifikationsniveaus beim Pflegepersonal.

Der Diskursverlauf zeigt wiederholt aber auch, dass die selbst aufgestellte zweckrationale ökonomische Handlungstheorie von Pdl Schmidt wiederum gebrochen wird. Dabei erfolgt die Rechtfertigung des Bruchs mit der ökonomischen Rationalität stets in einem pflegerischen Rahmen. So wird die Entscheidung für die Leistungserbringung im SGB V-Bereich durch examiniertes Personal – trotz der von Pdl Schmidt beklagten wirtschaftlichen Kosten – durch versorgungsbezogene Argumente legitimiert („Fachlichkeit" und „Professionalität")[28] und der daraus erwachsende praktische Handlungswiderspruch mittels einer Quersubventionierung bei der Finanzierung aufgelöst.[29] Auch am dritten Unterthema, der Aufnahme von kostenintensiven Pflegebedürftigen aus humanistischen Gründen, zeigt sich eine solche Variante des Bruchs mit dem ökonomischen Handlungsentwurf. Hier greift ein explizites Regelwissen, das laut Pdl Schmidt zu Folge für alle Pflegedienste in der gleichen konfessionellen Trägerschaft zutrifft: Kein Pflegebedürftiger wird aus Kostengründen abgelehnt.

Zusammenfassung

Insgesamt charakteristisch für den Fall Schmidt scheint eine doppelte Orientierungsstruktur zu sein, die ökonomisch motivierten Entscheidungen zu Grunde liegt und die im Ergebnis eine offenbar ausgeprägte berufliche Unzufriedenheit beim Befragten zur Folge hat. Auf der einen Seite konnte eine ökonomische Orientierung rekonstruiert werden, die primär im Funktionskontext der Position der Pflegedienstleitung steht, institutionalisierten und rollenförmigen Wissensbeständen entspricht und die genau hieraus ihre normative und handlungspraktische Relevanz bezieht. Zweckrational ordnet sich der Befragte als Leitungskraft eigenständig und explizit der ökonomisch motivierten Handlungsweise zu und fokussiert immer wieder vor allem die Notwendigkeit einer Verknappung von Pflegezeiten im Pflegedienst. Auch seien Maßnahmen zur Dequalifizierung des Personals und zur Leistungseinschränkung ökonomisch angezeigt. Auf der anderen Seite konnte auch eine pflegerische Orientierung bei Pdl rekonstruiert werden, die im Kontext der beruflichen Sozialisation konstituiert ist, normativ auf eine möglichst hohe Versorgungsqualität abzielt und implizit ebenfalls strukturierend

---

28   Es muss hinzugefügt werden, dass die Rechtfertigung dieser Einschränkung wiederum auf eine Leistungshierarchie innerhalb der pflegerischen Wertsphäre bei Pdl Schmidt verweist, demnach Leistungen aus der Behandlungspflege aus pflegefachlicher Perspektive offenbar als anspruchsvoller eingeschätzt werden, als dies für Leistungen aus dem Bereich der Grundpflege der Fall ist.

29   Der handlungspraktische Bruch ist freilich wohl nur so lange aufrecht zu erhalten, wie die aus dem Leistungsbereich SGB XI stammenden Einnahmen die Defizite decken können.

für das Handeln von Pdl Schmidt ist, wenn der Befragte über Fragen hinsichtlich der Pflegezeiten, der Qualifikation oder des Leistungsangebots entscheidet. Die Distanz zur ökonomischen Sphäre dokumentiert sich im Fall Pdl Schmidt indirekt und erst mit Blick auf seinen aufschimmernden Orientierungskonflikt, dem er sich in seiner Leitungsposition ausgesetzt sieht. Die ökonomische Handlungssphäre wird im Fall Schmidt im funktionellen Kontext der Leitungsposition zwar legitimiert, zugleich aber der pflegerischen Handlungssphäre nicht widerspruchsfrei gegenüber gestellt. Seine berufliche Unzufriedenheit und der Wunsch nach einem Wechsel in eine versorgungsnahe Position zeigen vielmehr recht deutlich, dass für Pdl Schmidt der Arbeitsentwurf befremdlich bleibt, sich im Beruf primär den ökonomischen Anforderungen zu verpflichten, wenn dies auf Kosten der Pflegequalität gehe. Anders gesagt, die Distanz gegenüber der ökonomischen Sphäre spiegelt sich hier in der pflegefachlich begründeten Kritik an der wirtschaftlichen Rationalisierung des Pflegedienstes, die im Wunsch nach beruflicher Veränderung gipfelt und somit eine empfundene Alternativlosigkeit innerhalb seiner aktuellen Situation dokumentiert.

5.2.2.4   Fall Pdl Koch

Berufliche Laufbahn

Biographisches	Die Mittfünfzigerin Pdl Koch wuchs als erstes von vier Kindern in einem traditionellem Arbeitermilieu auf, ihr Vater und ihre Mutter waren nicht-leitende Angestellte. Nach dem Volksschulabschluss entschied sich die Befragte für die Ausbildung als Krankenschwester und arbeitete fortan für mehrere Jahre in der Krankenhauspflege. Aufgrund der ihrer Ansicht nach hohen Arbeitsbelastung im Krankenhaus wechselte Pdl Koch dann das Versorgungssetting und stieg als Pflegende in die ambulante Pflege bei einem konfessionellen Träger ein. Im Zuge einer trägerinternen Zusammenführung mehrerer ambulanter Pflegedienste wurde ihr seitens des Geschäftsführers zu Beginn der 1990er Jahre die Stelle als Pflegedienstleiterin angeboten. Die Befragte nahm dieses Angebot an und übernahm die Position als teilweise freigestellte Pflegedienstleiterin, die sie bis zum Interviewzeitpunkt inne hatte.
Berufliche Orientierung	Im beruflichen Werdegang der Befragten dokumentiert sich eine passiv-defensive Aufstiegsorientierung. So übte die Befragte den Pflegeberuf über mehrere Jahrzehnte kontinuierlich aus, ohne dabei eine formal höhere Position anzustreben. Etwaige Ambitionen im Pflegeberuf lassen sich hier nur indirekt ablesen. Zum einen, als sie der hohen Arbeitsbelastung im Krankenhaus auszuweichen versuchte und

das Versorgungssetting mit dem Ziel gewechselt hat, den Pflegeberuf unter besseren Arbeitsbedingungen auszuüben. Zum anderen freilich, als sie die Stelle als Pflegedienstleiterin angenommen hat, die ihr – so zumindest die Schilderungen der Befragten – allerdings eher zugetragen wurde, als dass sie sich selbst um eine solche Position bemüht hätte. Dass sie offenbar kaum offene Ambitionen in Richtung einer Leitungsposition im Berufsfeld Pflege zeigt, wird indirekt auch in ihren beruflichen Zukunftsplänen sichtbar. Zwar ist ihre Stelle als Pflegedienstleiterin im konfessionellen Pflegedienst unbefristet und eine Kündigung angesichts ihres Alters, der langjährigen Anstellung beim Träger sowie der daraus sich ableitbaren Abfindungsansprüche recht unwahrscheinlich. Dennoch aber zeigte die Befragte ihrerseits eine gewisse Offenheit für einen Tätigkeitswechsel, nicht zuletzt auch aufgrund der wirtschaftlichen Lage im Pflegedienst (siehe Ergebnisse der Fallrekonstruktion). Ihr alternatives Berufsziel wäre es, zurück zur Pflegearbeit mit den Patienten zu kehren.

Strukturdaten des konfessionellen Pflegediensts

Strukturdaten	Der ambulante Pflegedienst von Pdl Koch ist in einem ländlichen Gebiet ansässig und für ein Einzugsgebiet von etwa 10 Kilometern zuständig. Getragen wird dieser von einem konfessionellen Träger, der insgesamt noch weitere Pflegedienste in der Region unterhält. Der Pflegedienst beschäftigt etwa 15 Mitarbeiter, davon die Mehrzahl in einer Teilzeitbeschäftigung. Das Qualifikationsprofil der beschäftigen Pflegekräfte umfasst Pflegekräfte mit einer dreijährigen Ausbildung in einem Pflegeberuf (etwa zwei Drittel) und Pflegehilfskräfte (etwa ein Drittel). Neben der freigestellten Position der Pflegedienstleitung gibt es eine nicht freigestellte stellvertretende Pflegedienstleitung. Die Position der für den Pflegedienst zuständigen Geschäftsführung ist trägerintern zentralisiert und für alle Pflegedienste in der Region zuständig.
Wirtschaftliche Situation	Die wirtschaftliche Situation des Pflegedienstes ist überaus positiv. Im trägerinternen Vergleich mit allen Pflegediensten der Region schreibt der Pflegedienst von Pdl Koch seit Jahren schon die höchsten Überschüsse.

Fallrekonstruktion

Prägend für den Fall Pdl Koch ist die überaus hohe handlungspraktische Relevanz eines, wie bereits im Fall Pdl Schmidt rekonstruierten, Orientierungskonflikts. Dieser dokumentiert sich bereits im Interviewbeginn. Noch bevor der Interviewer die üblichen Erläuterungen zur Anonymität der Befragung beenden konnte, erwiderte Pdl Koch, dass sie eigentlich kein Problem mit einer möglichen Identifizierung ihrer Person habe und stellte ihre Sorglosigkeit gegenüber einer Kündigung seitens ihres Arbeitgebers heraus (ungeachtet dessen bleibt ihre Anonymität selbstverständlich gewahrt). Diesbezüglich deutete die Befragte auf einen tagesaktuellen Konflikt mit den Vorgesetzten hin. Kurze Zeit später im Gespräch kam Pdl Koch auf die Hintergründe des Konflikts zu sprechen und erklärte, dass es einen akuten Personalmangel im Pflegedienst der Befragten gäbe, den sie nicht mehr verantworten möchte:

1	Y:
	Ich wollte noch sagen, dass das Gespräch anonymisiert wird, sowohl personenbezogen, als auch...
	Pdl Koch:
	...da habe ich kein Problem mit, mir kann net viel passieren. A, kann mir nichts Besseres passieren, als dass mir gekündigt wird, so hart wie das klingt, weil, wir sind im kirchlichen Dienst, Sie können sich vorstellen, die Abfindung- hört sich hart an, gel? Also, ich bin allerdings auch heute schon ein bisschen frustriert, weil ich heute morgen noch von- aber OK, fragen sie mich jetzt einfach.
76	... Ich hab ein Problem das ich auch heute habe, grade heute morgen, ich fühl mich net ernst genommen. Und das kotzt mich an, ja. Also, ich hab heute morgen gerade gesagt, also wie gesagt, ich kann meinen Mund sehr schlecht halten, weil ich denk, ich hab jetzt langsam genug Erfahrung, und ich lass mir auch gerne was sagen, wenn das gerecht ist, wenn das in Ordnung ist. Aber ich hab ein Problem, deswegen auch die Nachfrage bei Ihnen, und das ist net negativ, sondern ich hab das Problem, wenn jemand, ich bin jetzt wirklich 21 Jahre hier, ist fast zu viel, sag ich Ihnen ganz ehrlich, ich hab garantiert noch genug Fehler, um Gottes Willen, ich bin auch bereit, mir was sagen zu lassen. Aber ich merke, dass ich von oben Sachen vorgegeben kriege, mit denen ich mich net identifizieren kann. Sprich, im Moment ist unsere Personaldecke sehr eng, sehr eng. Denn ich hab zum Beispiel den Punkt, ich kann im August keinen Dienstplan schreiben, hier für die Station. Weil eine ist schwanger, die hört jetzt auf, eine ist, hat gekündigt, die geht, eine zweite hat gekündigt drüben, die geht wieder ins Krankenhaus, weil sie bei uns nur drei Viertel Stellen kriegen, als junger Mensch, verständlich. Und ich hab jetzt an drei Leute, sprich unsere Qualitätsbeauftragte, unseren Finanzdirektor und unseren stellvertretenden Chef, weil ich es leid bin, hab ich jetzt nä Mail geschrieben, ich kann im August keinen Dienstplan schreiben oder ich muss gehen. Ich hab bis heute noch keine Nachricht. Weder von der Frau Hof [anonymisierter Name der Qualitätsbeauftragen], noch von dem Herrn Becker [anonymisierter Name des Geschäftsführers] beziehungsweise von dem Herrn Becker mündlich heute morgen, fing er wieder an. Und dann sage ich, Herr Becker, es reicht. Weil, er kommt mir dann mit meinen Kollegen, der hat das und das, und die Zahlen. Dann sage ich, Herr Becker, wissen sie was, ich bin´s leid nach Zahlen beurteilt zu werden, ich bin ein Mensch. Und wenn unsere Zahlen in den Keller gehen, bin ich auch bereit- Herr Becker, auch die Kirche ist so, sag ich. Da brauche ich mir

gar nichts vor zu machen, ich werde nach Zahlen beurteilt. Unserer, mein Pflegedienst schreibt seit Jahren die besten Zahlen. Aber jetzt kann ich nicht mehr. Ich
mag meine Leute nie mehr Auto fahren lassen. ... Und deswegen sag ich ja, ich
halt meine Klappe net. Ich hab das auch zum Personalchef gesagt, der soll mir mal
meine Abfindung ausrechnen. Wäre noch nä Möglichkeit, da junges Blut einzustellen. Ich bin so richtig gefrustet nach den Jahren, muss ich ihnen ganz ehrlich
sagen und zwar wegen den Strukturen. Keiner guckt hier draußen, egal ob die
Politik, egal was. Es geht um's Geld.

Auch in diesem Fall drängt sich ein struktureller Konflikt zwischen ökonomischen und pflegerischen Anforderungen von Beginn an als dominierendes Thema des Gesprächs auf. Auch diesmal wird der Konflikt selbstständig und ohne
entsprechende Gesprächsimpulse seitens des Interviewers entwickelt. In der
Handlungsbeschreibung und Rechtfertigung des Konflikts mit den Vorgesetzten
wird deutlich, dass der akute Personalmangel offenbar einen neuerlichen Höhepunkt in einer ganzen Reihe von ökonomisch bedingten Veränderungen im Pflegedienst zu sein scheint und insofern einen Auslöser für das offensive Herantreten an die Vorgesetzten darstellt. Das der E-mail zu Grunde liegende Motiv liegt
nämlich nicht allein in der Durchsetzung einer Personalaufstockung. Handlungs-
hintergrund ist vielmehr ein tiefer liegender und grundlegender Konfliktzusam-
menhang, der nunmehr per E-mail und vor allem im Gespräch mit dem Geschäftsführer zur Sprache gebracht wurde. Darin dechiffriert *Pdl Koch* die
grundlegende Perspektive ihrer Vorgesetzten als primär ökonomisch („da brauche ich mir gar nichts vor zu machen, ich werde nach Zahlen beurteilt") und
verweigert gleichfalls eine Anpassung an diese rollenförmige Handlungsrationalität, da sie die steigende Arbeitsbelastung ihrer Mitarbeiter als Folge des Perso-
nalmangels nicht mehr verantworten möchte („Ich mag meine Leute nie mehr
Auto fahren lassen."). Die Offenheit gegenüber einer Kündigungsoption im Falle
der Nichtaufstockung beim Personal dient dabei nicht nur zur persönlichen Ent-
lastung angesichts der ansonsten steigenden Probleme in der Pflegeversorgung,
sondern wird, gekoppelt an die dann anfallenden Abfindungsansprüche an den
Arbeitgeber, offensiv als Kampfmittel gegen weiteren Personalabbau in ihrem
Pflegedienst ins Feld geführt. Insofern dokumentiert sich im neuerlichen Vorgehen von *Pdl Koch* ihr Selbstverständnis, demnach sie sich nicht bloß ökonomischen Leistungskriterien verpflichtet sieht und sehen will. Sie distanziert sich
gegenüber einem Berufsverständnis, das einseitig nur an wirtschaftlichen Vorgaben und Zwängen orientiert ist und entwirft mit der Kündigungsoption zugleich
eine autonome Handlungsstrategie, um sich gegen weitere ökonomische Zugriffe
seitens der Vorgesetzten zur Wehr setzen zu können.
    Obschon diese Passage also ganz im Kontext der offensiven Widerständig-
keit gegenüber einer ökonomischen Handlungsanforderung steht, enthält die Se-

quenz bereits auch – wenn auch nur implizit – Hinweise darauf, dass die Widerständigkeit durchaus ihre sachlogischen Grenzen zu haben scheint. So ist ihre Gegenwehr gegenüber dem Geschäftsführer legitimatorisch an eine betriebswirtschaftliche Bedingung geknüpft: Wenn sich die wirtschaftliche Lage des Pflegediensts verschlechtern sollte – der Pflegedienst von Pdl Koch bewegt sich seit Jahren kontinuierlich in der Gewinnzone, während alle anderen Pflegedienste im Träger-Verbund wirtschaftlich hinterher hinken –, dann würde die Befragte weitere Maßnahmen zur Kostensenkung durchaus mittragen („Und wenn unsere Zahlen in den Keller gehen, bin ich auch bereit-"). In dieser Bedingung an ihren Geschäftsführer dokumentiert sich insofern die Relevanz ökonomischer Anforderungen in ihrer eigenen Handlungspraxis als Pdl. Der Versuch der Standpunktnahme wider dem Personalabbau seitens Pdl Koch erfolgte nicht *allein* auf der Grundlage pflegefachlicher Argumente (z.B. Arbeitsbelastung, Zeitdruck und Qualitätsproblematik in der Versorgung), sondern wurde explizit an die Bedingung der wirtschaftlichen Stabilität des Pflegedienstes gekoppelt.

Auch in der nächsten Sequenz wird die Gleichzeitigkeit der offensiv vertretenen Widerständigkeit gegenüber finanziellen Restriktionen einerseits und die Berücksichtigung von ökonomischen Interessen in der eigenen Handlungspraxis andererseits deutlich sichtbar. Nach Beendigung eines Telefonats (während des Interviews ist das Gespräch durch einen Telefonanruf für kurze Zeit unterbrochen worden) nimmt Pdl Koch unmittelbar Bezug darauf und gibt an, dass eine ihrer Mitarbeiterinnen, mit der sie soeben telefonisch gesprochen habe, eine Fortbildung im Bereich des Wundmanagements absolviert habe. Sie schildert, wie schwierig es aufgrund der knappen Kassenlage beim Träger gewesen sei, ihre Vorgesetzten von einer finanziellen Unterstützung dieser Fortbildungsmaßnahme zu überzeugen:

360	Pdl Koch:
	Das ist jetzt zum Beispiel nä Mitarbeiterin, die top ist [bezieht sich auf den eben getätigten Telefonanruf], die macht jetzt weil meine Stellvertretung. ... Das ist auch so was, da muss ich mich durchkämpfen, die hat jetzt eine Zusatzausbildung gemacht, in Wundmanagement. Dann stehe ich hier ... und muss kämpfen, dass ich so was durchsetze, weil's um die Kosten geht. ... Dann habe ich noch drei Kollegen in den Sozialstationen. Ah ja, wir haben doch nä Externe, die Frau Blume [Stimme verstellt: tief und dümmlich anmutend; Name der Person hier anonymisiert]. Ja Leute, wenn ich mich aber so verkaufe, dass ich nä Externe hab- hab ich keine Mitarbeiter, die das können? Und da ist so der Punkt wo ich einfach denke, ich glaube, dass meine Mitarbeiter viel machen, ich glaube, dass man auch nur durch solche Sachen wieder irgendwo dran kommt. Und deswegen läuft es bei uns auch manchmal mit den Zahlen. Weil das ist, ja wie soll ich das sagen, manchmal muss man Stunden kürzen. Und das hat nichts mit der Qualität zu tun. Das sagt mein Kollege übrigens zu mir, meinst du, wenn deine Leute so schnell sind, dass die

> auch richtig waschen [Stimme verstellt: laut und anklagend]. Sag ich, Heinz [Name eines Pflegedienstleiters vom benachbarten Pflegedienst, hier anonymisiert], gleich kriegst du eine rein [Stimme verstellt: leise und sanft]. Hab ich gesagt, du hast zwei von meinen Mitarbeitern. Das heißt für mich, dass diese beiden keine ordentliche Pflege machen? Denk dran. Da war er natürlich sofort ruhig. Das heißt Sie müssen schon ab und zu mal irgendwo Grenzen setzen. Aber net bei den Patienten. Sondern das sind die einzelnen Mitarbeiter.

Obschon die Befragte bereits zu Beginn des Interviews ihre Distanz gegenüber der ökonomischen Handlungssphäre zum Ausdruck gebracht hat, indem sie sich als widerständig gegenüber einer Personalkürzungsmaßnahme ihres Vorgesetzten positionierte, dokumentiert sich in dieser Gesprächspassage wiederholt, dass jene Distanz gegenüber der ökonomischen Sphäre einen relativen Charakter hat. So haben die Beschreibungen und Argumentationen bezogen auf die Durchsetzung der Fortbildungsmaßnahme einerseits und der Zeitverknappung in der direkten Pflege andererseits gemeinsam, dass sich in ihnen stets eine doppelte Orientierungsstruktur widerspiegelt. Es sind Maßnahmen, mit denen die Befragte eben sowohl aus einer ökonomischen als auch aus einer pflegerischen Perspektive positive, zumindest aber ausdrücklich keine negativen Effekte verbindet. Beim Beispiel der Fortbildungsmaßnahme, die eine immanent pflegefachliche Maßnahme ist, dokumentiert sich die ökonomische Perspektive in ihrer Rechtfertigung: Die Qualifizierung soll ein Ausweis der Qualität sein und dem Pflegedienst zur besseren Marktpositionierung verhelfen. Im Rahmen der Maßnahme Zeitverknappung nimmt sich die Befragte aktiv des Kostensenkungsmotivs an – trotz pflegefachlicher Bedenken der Kollegen. Hier stützt sich Pdl Koch auf ihre subjektive Handlungstheorie, demnach die von ihr angeordnete Zeitverknappung allein Mitarbeiter treffen soll, die, aus pflegefachlicher Perspektive betrachtet, sehr viel mehr Zeit für die Pflege benötigen, als eigentlich nötig (Wie aus einem anderen Interviewabschnitt hervorgeht, sollen die Zeitvorgaben von Pdl Koch im Einzelfall verhandelbar bleiben. Demnach berücksichtige Pdl Koch längere Patienteneinsätze, wenn diese seitens des betreffenden Pflegenden sachlich begründet werden.). Anders gesagt, in den Erläuterungen in Bezug auf die einzelnen Maßnahmen wird schnell eine integrative Handlungsintention der Befragten in ihrer Position als Pflegedienstleiterin erkennbar: Als Pflegedienstleiterin sei sie der Berücksichtigung pflegerischer *und* wirtschaftlicher Anforderungen verpflichtet. Weder würde sie im Rahmen der Durchsetzung einer pflegerischen Maßnahme dem ökonomischen Widerstand weichen, der seitens ihrer Vorgesetzen aufgebracht werde, noch sich etwaigen Kostensenkungsprogrammen in ihrem Pflegedienst verweigern, so lange diese nicht auf Kosten der Pflegequalität zu gehen drohen. Die im Widerstand gegenüber ihren Vorgesetzen sichtbar gewordene Distanz zur ökonomischen Handlungssphäre ist insofern relativ. Zwar widersetzt sich Pdl Koch einer Reduzierung ihres beruflichen Selbstverständnisses auf die Dimension einer primär ökonomischen Handlungsrationalität, als Pflegedienstleiterin setzt sie sich aber durchaus für Kostensenkungsprogramme ein, um die Pflege so kostengünstig wie nur möglich zu gestalten.

Grundsätzlich zeigt sich in der Sequenz wiederholt auch, dass die ökonomischen Steuerungsversuche im Pflegedienst von Pdl Koch, genauso aber auch die finanziell motivierten Eingriffsversuche ihrer Vorgesetzen, offenbar stets kritisch auf ihre pflegefachlichen Konsequenzen überprüft werden, und zwar in Form einer kollegialen Selbstkontrolle. Ob es die Verweigerung einer Stellenaufstockung seitens der Vorgesetzten oder deren zögerliche Haltung im Rahmen der Genehmigung einer Fortbildungsmaßnahme ist, in deren Folge sich die Widerständigkeit der Befragten zeigt, oder die Maßnahme der Zeitverknappung, die nunmehr Pdl Koch selbst angeordnet hat und gegenüber der nunmehr ihre Kollegen aus anderen Pflegediensten ganz offen eine kritische Haltung an den Tag legten – die Umsetzung etwaiger Pläne zur ökonomischen Rationalisierung der Pflegedienste scheint, von welcher Instanz diese auch immer entworfen wurden, stets von einer pflegefachlichen Prüfung begleitet zu sein, die trägerintern von den Pflegenden selbst organisiert wird.

Zusammenfassung

Auch im Fall Pdl Koch scheint eine doppelte Orientierungsstruktur handlungsleitend zu sein, die den ökonomisch motivierten Entscheidungen der Befragten vorgelagert ist. Einerseits trägt die Befragte wirtschaftliche Verantwortung für den Betrieb und bezieht genau daraus die normative Anforderung, den Pflegedienst in den schwarzen Zahlen zu halten. Andererseits stellt sie sich gegen ihre Geschäftsführung, die aus Kostengründen eine frei gewordene Stelle nicht wieder besetzen will. Der von ihr initiierte Konflikt geht sogar soweit, dass sie androht, ihr Arbeitsverhältnis zu beenden, falls die Geschäftsführung im besagten Fall nicht einlenken will. Ihre handlungspraktische Distanz gegenüber der ökonomischen Sphäre dokumentiert sich besonders darin. Sie ist nicht länger gewillt, den Kostendruck, der seitens der Geschäftsführung aufgebaut wird, zu unterstützen und setzt sich mit ihrer antithetischen Position gegenüber dem Arbeitgeber gezielt dafür ein, das eigentliche Sachproblem mittels der Androhung ihrer Kündigung zu lösen.

5.3 Gestalt und Grenzen der ökonomischen Rationalisierung – eine vorläufige Bilanz

Die untersuchten Fälle dokumentieren, dass die Einhaltung ökonomischer Zielvorgaben längst zum beruflichen Alltag der Pflegenden in den ambulanten Pflegediensten dazu gehört. Die gesetzlichen Finanzierungsbedingungen stellen eine nur unzureichende Grundlage dar, um die wirtschaftliche Existenz der Pflegedienste nachhaltig sicherzustellen. Die Vermeidung von wirtschaftlichen Verlusten gehört daher zu einer der vordringlichsten Aufgaben, mit der sich die Pflegeakteure permanent konfrontiert sehen. Der Kostendruck in der ambulanten Pflege wird zudem dadurch erhöht, dass der Wettbewerb auf dem Anbietermarkt vorwiegend als ein *Preis*wettbewerb geführt wird. Die Pflegebedürftigen scheinen offenbar nur zögerlich bereit, für ambulante Pflege regelmäßig Zuzahlungen zu leisten. Dieser Marktkonstellation zufolge scheint eher der Trend zu niedrigen Kosten und geringen Preisen vorgezeichnet, als dass ein „Qualitätswettbewerb" in Gang kommt.

Vor diesem Hintergrund ist besonders das Leitungspersonal in den Pflegediensten gefordert, die wirtschaftliche Existenz ihrer Betriebe sicherzustellen. Sie sind dafür qua ihrer Leitungsposition exponiert und in ihrem beruflichen Alltag deshalb bemüht, die teilweise sehr umfangreichen Rationalisierungsmaßnahmen in den Pflegediensten umzusetzen. Eine deskriptive Auflistung der prominentesten Rationalisierungsmaßnahmen zeigt dabei bereits, dass ökonomische Bedingungen die Leistungsstrukturen und -angebote der Pflegedienste in einem hohen Maß zu prägen scheinen. Zu beobachten sind Schritte zum Abbau der Personalkapazitäten und Senkung der Gehälter einerseits und zu einer Arbeitsverdichtung bei versorgungsnahen Tätigkeiten – insbesondere ist hierbei die Senkung der Pflegezeiten zu nennen – andererseits. Darüber hinaus machen die Befragungsergebnisse einen Trend zur Etablierung einer Verkaufskultur zwischen dem Pflegedienst und den Pflegebedürftigen sichtbar. Nach dem Motto „Leistung folgt Geld" gehen einige der Pflegedienste explizit dazu über, den Anspruch an eine bedarfsgerechte Pflege zugunsten eines ökonomischen Vertragsverhältnisses aufzugeben. Unterstützt werden all diese Rationalisierungsstrategien seitens einer externen Beratungsindustrie, die ihre Angebote an der aktuellen wirtschaftlichen Lage der Pflegedienste ausgerichtet hat und differenzierte betriebswirtschaftliche Methoden und Instrumente zur ökonomischen Optimierung anbietet.

Obschon damit die enorme Intensität der ökonomischen Rationalisierung in den Pflegediensten abgebildet wird, zeigen die Befragungsergebnisse auch, dass auf der Umsetzungsebene sehr große Unterschiede zwischen den Pflegediensten existieren. Innerhalb der Gruppe der Leitungsakteure konnten unterschiedliche Handlungsstrategien im Umgang mit dem ökonomischen Druck rekonstruiert werden, die insgesamt darauf schließen lassen, dass die Anpassung an die wirtschaftlichen Anforderungen in der Praxis als ein vielschichtiger und widersprüchlicher Vorgang eingeordnet werden muss. So konnten auf der Ebene der Leitungsakteure zwei kontrastierende Praxistypen festgehalten werden, die sich anhand bestimmter Merkmale deutlich voneinander unterscheiden und daher mit unterschiedlichen Konsequenzen auf den Ebenen der Leistungsangebote und Strukturen einhergehen. Diese werden im Folgenden zusammenfassend vorgestellt.

Handlungspraktische Nähe zu ökonomischen Gesetzen und Normen

Die erste Gruppe der Leitungsakteure (Pdl Meier, Pdl Lenz und Sbst Dietz) kennzeichnet zunächst einmal das Merkmal der aktiven Aneignung und Anwendung des extern angebotenen betriebswirtschaftlichen Know-hows zur ökonomischen Steuerung der Pflegedienste. Dieses umfasst beispielsweise die regelmäßige Inanspruchnahme von externen Unternehmensberatungen, die Teilnahme an ökonomischen Fortbildungsprogrammen oder das Studium aktueller betriebswirtschaftlicher Lektüre. Die stark ausgeprägte Fokussierung auf das Ökonomische avanciert dabei immer stärker auch zum Bestandteil des eigenen beruflichen Selbstverständnisses. Ganz selbstbewusst stehen die Leitungsakteure für den Weg der wirtschaftlichen Modernisierung und sprechen sich selbst dabei eine aktive Rolle zu. Ökonomische Fachbegriffe, wie „Cashflow", „Benchmarking" oder „Gewinnbeteiligung", haben – in den Interviews mit dem Forscher und genau so auch gegenüber Kollegen beziehungsweise Vorgesetzten – längst Eingang in die Alltagssprache der Befragten gefunden. Auch mit Blick auf die persönlichen Berufspläne kommt ihre hohe Identifikation mit dem Ökonomischen deutlich zum Ausdruck. Wenn noch nicht geschehen, wird eine berufliche Tätigkeit in der direkten Pflege immer mehr ausgeschlossen und statt dessen eine Position in wirtschaftlicher Verantwortung angestrebt – ob nun innerhalb oder auch außerhalb der ambulanten Pflege.

Entsprechend dem ökonomischen Fokus bemühen sich die Leitungsakteure in ihrer Berufspraxis hauptsächlich um die Planung und Umsetzung von unterschiedlichen wirtschaftlichen Maßnahmen und tragen dadurch im erheblichen Maße zu einer Neustrukturierung der Pflegedienste bei. Dazu gehören gezielte Einschnitte in den Bereichen Personalstruktur (Gehaltssenkung und -flexibilisierung, Dequalifizierung), Versorgungsorganisation (differenziertes Tour- und Zeitmanagement bei den Pflegeeinsätzen), der Einsatz von Benchmarking-Instrumenten zur Kostenkontrolle, verstärktes Marketing und nicht zuletzt auch die Etablierung einer Verkaufskultur zwischen Pflegedienst und Pflegebedürftigem. Nach und nach geraten so alle betrieblichen Strukturen und Prozesse unter eine Rentabilitätsprüfung und werden dementsprechend angepasst. Darin sehen die Befragten letztlich den einzig gangbaren Weg, um angesichts eines steigenden Kosten- und Konkurrenzdrucks auf dem ambulanten Pflegemarkt die wirtschaftliche Existenz des Pflegediensts auch in der Zukunft sichern zu können.

Die betriebswirtschaftliche Rationalisierung der pflegerischen Leistungsstrukturen erfolgt jedoch keineswegs reibungslos. Mit Blick auf die Handlungsbeschreibungen der Befragten wird sichtbar, dass die so geartete voranschreitende Modernisierung der Pflegedienste von einem wachsenden Widerstand aus der Mitarbeiterschaft begleitet wird. Offene Kritik gegenüber dem Sparkurs wird seitens der Pflegenden dabei nicht nur vorgebracht, weil sich viele der umgesetzten Maßnahmen dezidiert gegen die Beschäftigteninteressen richten (dies betrifft vor allem Gehaltssenkung und Personalabbau). Die empirischen Daten geben viele Hinweise darauf, dass betriebsinterne Widerständigkeiten gegen die Rationalisierungspläne des Leitungspersonals häufig vor dem Hintergrund von Versorgungsproblemen als Folge der wirtschaftlichen Modernisierung aufkommen. Besonders treten die Konflikte dabei im Zusammenhang mit den Maßnahmen Zeitverknappung, Personalabbau und Dequalifizierung auf.

Allerdings wird der hier eingeschlagene Kurs der wirtschaftlichen Modernisierung – so ein weiterer zentraler Befund der Studie – trotz der offen vorgebrachten pflegefachlichen Kritik unvermindert fortgesetzt. In der konkreten Praxis kommt es zwar zu regelmäßigen Konflikten zwischen der Leitungsebene und den Beschäftigen. Anstelle einer rationalen Aufarbeitung der vorgebrachten pflegefachlichen Einwände seitens des Leitungspersonals werden diese jedoch kategorisch abgestritten; die mitunter auch in der eigenen Berufspraxis unmittelbar erlebte Versorgungsproblematik als Konsequenz des Sparkurses wird ignoriert und individualisiert. Dies dokumentiert sich am deutlichsten im Fall Pdl Meier. Dort hat insbesondere die Einrichtung der rigiden Zeitkontingente erhebliche Kritik innerhalb der Mitarbeiterschaft ausgelöst. Beklagt wird, dass die Zeitkorridore viel zu knapp seien und infolge dessen eine qualitativ angemessene Pflege oftmals nicht mehr gewährleistet werden könne. Und auch Pdl Meier selbst kommt im Rahmen ihrer Tätigkeit in der direkten Pflege mit den engen Zeitkorridoren nicht zurecht und leistet unbezahlte Überstunden. Trotz alldem: Jeder offizielle Widerstand gegenüber der Leitungsebene erweist sich als chancenlos und die organisatorisch erzwungene Zeitnot in der Pflege demzufolge als unhinterfragbarer Bestandteil des Versorgungshandelns der Pflegenden.

Parallel zu den umittelbaren Konflikten zwischen Leitungspersonal und Pflegepersonal, die sich auf der Grundlage der auseinander driftenden Verantwortungssphären für „Ökonomisches" einerseits und für „Pflegerisches" anderseits ausbilden, manifestiert sich der Prozess der ökonomischen Rationalisierung auch in neuen berufsethischen Spielregeln, die im Prozess der Verbetriebswirtschaftlichung aufschimmern. Dies äußert sich nicht nur darin, dass die Befragten im

Zusammenhang mit dem pflegerischen Leistungsverständnis Analogien zu typischen Konsumbereichen, wie Auto- oder Lebensmittelkauf, suchen, darauf aufbauend verschiedene Preis- und Qualitätsniveaus in die Praxis einführen und damit kaufkraftabhängige Leistungsunterschiede in der Versorgung legitimieren. Der berufsethische Umwälzungsprozess äußert sich darüber hinaus auch darin, dass die grundsätzliche Thematisierung von bestehenden Versorgungsmängeln in der Pflege seitens des Leitungspersonals überhaupt nur noch im Horizont der Kaufkraftabhängigkeit von Pflegeleistungen statt findet und als Folge einer fehlenden Zuzahlungsbereitschaft auf Seiten der Pflegeempfänger diskutiert wird. Pflegerisches Leistungsverständnis umfasst hier nicht mehr den normativen Anspruch, jedem Pflegebedürftigen eine möglichst bedarfsgerechte Pflege zukommen zu lassen, sondern wird implizit auf eine Verantwortlichkeit innerhalb der Grenzen eines erkauften Leistungsanspruchs reduziert. Mit anderen Worten, parallel zur betriebswirtschaftlichen Rationalisierung der Leistungsstrukturen in den Pflegediensten scheint ein berufsethischer Transformationsprozess in Gang gesetzt, bei dem der normative Leistungsanspruch der Bedarfsgerechtigkeit zur Disposition gestellt und durch markttypische Leistungsregeln bei der Verteilung von Leistungen ersetzt wird.

Handlungspraktische Distanz zu ökonomischen Gesetzen und Normen

Kontrastierend zum ersten Praxistyp der Affirmation von ökonomischen Leistungsprinzipien konnte aus dem Datenmaterial eine zweite Form von Praxishandeln rekonstruiert werden. Diese zeichnet sich durch aktive Distanznahme gegenüber dem Rationalisierungsschub im Bereich des ökonomischen Orientierungswissens aus.

Obschon auch in diesen Fällen (Gf Ludwig, Gf Karl, Pdl Schmidt, Pdl Koch) die Einhaltung wirtschaftlicher Zielvorgaben längst zum beruflichen Alltag des Leitungspersonals dazugehört und vor dem Hintergrund der restriktiven Finanzierungsbedingungen umfängliche Sparmaßnahmen geplant beziehungsweise von ihnen umzusetzen sind, zeichnet als wesentliches Merkmal der hier eingeschlossenen Befragten zunächst einmal ihre aktive Distanznahme gegenüber einer Unterstützung durch die betriebswirtschaftliche Beratungsindustrie, auf welche die erste Gruppe der Leitungsakteure noch aktiv zurückgegriffen hat. Regelmäßige Anfragen seitens externer Unternehmensberater werden beispielsweise kategorisch abgelehnt, in persönlichen Gesprächen mit entsprechenden Akteuren die eigene Skepsis gegenüber diesem Expertenkreis zum Ausdruck gebracht und im Kontakt mit Kollegen aus anderen Pflegediensten um die Deutungshoheit in Fragen der wirtschaftlichen Führung von Pflegediensten gerungen. Darüber hinaus wird ganz offen auf die negativen Folgen einer solchen betriebswirtschaften Rationalisierung für die Versorgungsqualität hingewiesen – nicht allein in den Interviews, sondern vor allem in der beruflichen Handlungspraxis. Es wird gegenüber den Vorgesetzten kritisch Stellung gegen drohende betriebswirtschaftliche Maßnahmen zur Kostensenkung genommen oder der berufliche Aus- und Umstieg erwogen, sollte der Trend zur wirtschaftlichen Modernisierung auf Kosten der Pflegequalität weiter fortgesetzt werden.

Die Distanz gegenüber der ökonomischen Sphäre dokumentiert sich darüber hinaus auch in der beruflichen Laufbahn der Befragten. Sie identifizieren sich – trotz der gegenwärtigen Leitungsposition – sehr stark mit dem Tätigkeitsbereich der direkten Pflege, lassen sich, teilweise ohne jede formale Notwendigkeit, auch als Geschäftsführer oder Pflegedienstleitung in die praktische Pflege einbinden und streben mitunter auch eine vollständige Rückkehr in eine versorgungsnahe Stellung an. Ein rein ökonomisch motiviertes Tätigkeitsprofil lässt sich in der beruflichen Laufbahn dieser Befragten nicht erkennen. Ökonomische Kontroll- und Steuerungsaufgaben gelten als ein nicht attraktives Tätigkeitsfeld und eine Vollzeitstelle in wirtschaftlicher Verantwortung als nicht erstrebenswert.

Das Merkmal der aktiven Distanznahme gegenüber betriebswirtschaftlicher Expertise soll allerdings nicht bedeuten, dass wirtschaftliche Erwägungen für die Leitungsakteure grundsätzlich keine Bedeutung hätten. Sehr wohl haben die Befragten die Rentabilität der Pflegedienste fest im Blick – alle hier eingeschlossenen Pflegedienste befinden sich stabil in der Gewinnzone – und versuchen, die Leistungsstrukturen und Abläufe im Pflegedienst in den oben genannten Bereichen (Personalstruktur, Zeit- und Tourenmanagement, Marketing und Verkaufsstrategien) möglichst kostengünstig zu organisieren. Ihre wirtschaftliche Kompetenz besteht hierbei darin, immer wieder auf ein Gleichgewicht zwischen rentablen und nicht rentablen Patienteneinsätzen zu achten. Die Versorgungsqualität im Blick, verweigern sie sich allerdings ausdrücklich einer einzelwirtschaftlichen Optimierung ihrer Pflegedienste und bestehen auf einem Erhalt von autonomen Handlungsspielräumen in den häuslichen Pflegesituationen. Nur so könne den besonderen Versorgungsituationen qualitativ angemessen Rechnung getragen werden, da diese eben nicht immer vollständig planbar seien und eine gewisse Entscheidungsfreiheit auf Seiten der Pflegenden erfordern.

Im Kontrast zur ersten Fallgruppe kommt es in den Pflegediensten letztendlich zu keiner fortschreitenden Ausdifferenzierung der Verantwortungssphären „Ökonomie" und „Pflege" entlang betrieblicher Positionen und Hierarchien. Auf Grundlage der hohen Identifikation mit der direkten Pflegetätigkeit versuchen die Befragten vielmehr, bei ihren täglichen Entscheidungen, die sie in der Position als Leitungskraft zu treffen haben, stets zwischen dem ökonomisch und dem pflegerisch Nötigen auszuloten. Am prominentesten Praxisbeispiel, nämlich der Definition von Versorgungszeiten für die Pflege, dokumentiert sich dieser Balanceakt in der Bereitschaft der Befragten, auch eng gestrickte Zeitvorgaben zu machen. Diese dürften dann allerdings – und hier liegt der zentrale Kontrastpunkt zur ersten Fallgruppe – von der zuständigen Pflegekraft durchaus überschritten werden, nämlich dann, wenn dies die Versorgungsituation im Einzelfall erforderlich macht. Darüber hinaus zeigen die Leitungsakteure eine Sensibilität für die Versorgungsperspektive, aus der die engen Zeitvorgaben grundsätzlich als problematisch eingestuft werden müssen. Der Spagat zwischen Kostensenkung auf der einen Seite und Bedarfsgerechtigkeit auf der anderen Seite wird daneben auch in den täglichen Kämpfen sichtbar, die die Befragten mit den zuständigen Kassen im Fall einer eklatanten Unterfinanzierung führen, gegenüber ihren Vorgesetzten, wenn sie bestimmmte Kostensenkungsmaßnahmen nicht mitzutragen bereit sind oder auch wenn sie sich gegen den allseits sichtbaren Trend im Feld wehren, nur noch bezahlte Pflegeleistungen zu erbringen.

6 Diskussion der Ergebnisse

„Das ökonomische Ziel verwandelt sich vom Instrument zur Effizienzsteigerung zum primären Zweck, der sich hinter dem Rücken der Patienten das medizinisch pflegerische Handeln unterwirft. Das Tempo des Wandels und seine Undurchschaubarkeit, die neu entstehenden Aufgaben, die Entwertung von Qualifikationen und Erfahrungen, neue Arbeitsteiligkeiten, Verluste von Autonomie gepaart mit neuen Verantwortungen, denen man sich nicht gewachsen glaubt, Lockungen neuer beruflicher Perspektiven und Einkommensmöglichkeiten usw. stellen zur Selbstverständlichkeit gewordene moralische Orientierungen vor Zerreißproben."

HAGEN KÜHN (2003)

Anliegen der empirischen Analyse war es, die handlungspraktische Relevanz der ökonomischen Rationalität in der ambulanten Pflege zu rekonstruieren. Über diesen Weg wurden Antworten auf die Fragen gegeben, inwiefern die Versorgungspraxis von ambulanten Pflegediensten von einer ökonomischen Steuerungs- und Leistungslogik determiniert ist und welche Konsequenzen dies für die häusliche Pflegeversorgung haben kann. Im Folgenden sollen die wichtigsten Befunde abschließend vorgestellt und einer Diskussion unterzogen werden. Dabei wird zunächst die Frage zu beantworten sein, in welchem Ausmaß ambulante Pflegedienste von ökonomischen Anforderungen abhängig sind und mit welchen Folgen dies für den Arbeitsalltag der Pflegenden und die praktische Versorgung einhergeht (Kapitel 6.1). Davon ausgehend sollen die gewonnenen empirischen Befunde in den verhältnismäßig noch sehr jungen Ökonomisierungsdiskurs eingeführt werden. Ziel wird es sein, im Rahmen einer feldtheoretischen Perspektive einen konzeptioneller Kontrapunkt in die Diskussion einzubringen, von dem aus Ökonomisierung nicht als ein linear-kausaler Prozess der Affirmation einzuordnen ist, sondern die Vielschichtigkeit und die Ambivalenzen der Vermarktlichung unterstrichen werden (Kapitel 6.2).

6.1 Ambulante Pflegedienste im Spannungsfeld zwischen wirtschaftlichen Anforderungen und Versorgungsqualität

Die Ergebnisse der empirischen Untersuchung bestätigen eine enorme Relevanz der ökonomischen Handlungsrationalität innerhalb der Versorgungspraxis von ambulanten Pflegediensten und liefern damit wichtige Erkenntnisse für Erklärungsansätze über die Auswirkungen eines wachsenden ökonomischen Drucks in der häuslichen Pflegeversorgung, die vor dem Hintergrund völlig unzureichender empirischer Untersuchungen in den Pflege- und Gesundheitswissenschaften weitere Forschungsaktivitäten nötig machen. Längst ist der ökonomische Druck als Konsequenz der gesetzlichen Finanzierungsbedingungen in der Versorgungspraxis der Pflegenden angekommen. Seine Bewältigung avanciert dabei besonders auf der Ebene des Leitungspersonals zur beruflichen Schlüsselanforderung (Kapitel 6.1.1). Zur ökonomischen Rationalisierung und Kostensenkung in den ambulanten Pflegediensten bieten sich den Leitungsakteuren verschiedene Handlungsoptionen an, angefangen von Anpassungen bei den Tourenplänen, über Veränderungen in der Personalstruktur bis hin zur Arbeitsverdichtung in der direkten Pflegeversorgung. Dem Bedarf an betriebswirtschaftlichem Know-how wird zusehends auch seitens einer externen Beratungsindustrie entsprochen, die sich auf die betriebswirtschaftliche Rationalisierung der ambulanten Pflegedienste spezialisiert hat und den Akteuren entsprechende Unterstützungsleistungen anbietet (Kapitel 6.1.2). Die aus ökonomischer Perspektive als notwendig erachteten Sparmaßnahmen laufen allerdings Gefahr, die Qualität der pflegerischen Versorgung im häuslichen Umfeld nachhaltig zu beschädigen. Vor dem Hintergrund eines wachsenden Spannungsverhältnisses zwischen ökonomischen und pflegerischen Anforderungen lassen sich beim Leitungspersonal allerdings völlig unterschiedliche Strategien im Umgang mit dem Kostendruck erkennen (Kapitel 6.1.3).

6.1.1   Ökonomischer Druck und die ökonomisch-integrative Selbstpräsentation der Leitungsakteure

Alle befragten Pflegeakteure berichten von mehr oder minder starken Kostenzwängen im Rahmen der Sozialversicherungssysteme, unter denen professionelle häusliche Pflegeleistungen refinanziert werden. Diese Befunde korrespondieren mit anderen empirischen Untersuchungsergebnissen, welche die ökonomischen Implikationen der Finanzierungsbedingungen auf die häusliche Pflegepraxis nachgezeichnet haben (vgl. Boes 2003; Dobke/Köhlen/Beier 2001; Ewers/ Schaeffer 1999; Geller/Gabriel 2004; Isfort et al. 2004; Ludwig 2002), und zeigen eindrücklich, dass von den herrschenden gesetzlichen Finanzierungsbedingungen ein enormer Kostendruck ausgeht und die ambulanten Pflegedienste damit vor erhebliche „finanzielle und betriebliche Turbulenzen" (Ewers/Schaeffer 1999) gestellt sind.

Die hohe Bedeutung ökonomischer Anforderungen in der ambulanten Pflegepraxis geht insbesondere auf die Konzeption der sozialen Pflegeversicherung, die eigens zur Finanzierung pflegerischer Leistungen geschaffen wurde und inzwischen die wichtigste Einnahmequelle für Pflegedienste darstellt, zurück. Diese hat – im Unterschied zur gesetzlichen Krankenversicherung – lediglich

Grundsicherungscharakter und ist nicht auf die Finanzierung einer bedarfsdeckenden Pflegeversorgung ausgelegt (Gerlinger/Röber 2009; Rothgang 2006;
Simon 2003a). Aber auch die ökonomische Situation bei Leistungen der häuslichen Krankenpflege, die im Rahmen des SGB V geregelt sind, dürfte inzwischen
als nicht minder restriktiv eingestuft werden (vgl. auch Geller/Gabriel 2004; Isfoert et al. 2004). So beklagten die Befragten nicht nur, dass Leistungen der
häuslichen Krankenpflege, wie beispielsweise Verbandswechsel oder Insulinga-
ben, aufgrund der festgelegten Budgethöhen oftmals kaum noch kostendeckend
erbracht werden können. Als ebenso problematisch hat sich die allgemeine Genehmigungspraxis seitens der Krankenkassen für Leistungen der häuslichen
Krankenpflege erwiesen, die von den Pflegeakteuren uni sono als zusehends zögerlich beschrieben wurde.

Neben dem befinden sich ambulante Pflegedienste in einem wachsenden
regionalen Wettbewerb, welcher sich um die beiden großen Pole von Trägerschaften organisiert und entsprechend vor allem zwischen privaten und konfessionellen Träger ausgetragen wird. Auch hierbei kommt ökonomischen Aspekten
eine entscheidende Rolle zu. Um sich gegen die Konkurrenz durchzusetzen – so
das Erfahrungswissen der Befragten – müssen sich Pflegedienste gegenüber den
potentiellen Leistungsempfängern als möglichst preisgünstig profilieren. In diesem Zusammenhang gelten bereits monatliche Preisdifferenzen, die im Bereich
von kleinen Euro-Beträgen liegen, als entscheidend. Die Befragten wissen zwar
auch um die Marktvorteile von gut vernetzen Pflegediensten, die Leistungen
„aus einer Hand" anbieten können. Ihre Erfahrungsberichte dokumentieren allerdings eindrücklich, dass für die Mehrzahl der Pflegebedürftigen im Zweifel die
Frage der Zuzahlungshöhe und weniger qualitative Versorgungsunterschiede
ausschlaggebend sind. Ein nachfrageorientierter Qualitätswettbewerb zwischen
den Pflegediensten, wie er seitens der Gesundheitspolitik intendiert war (vgl.
BMG 2001), entpuppt sich demnach als sekundär und die notwendige qualitative
Weiterentwicklung sowie bedarfsorientierte Ausdifferenzierung der Versorgungsangebote (Schaeffer 2002) scheinen aufgrund des herrschenden Kostendrucks insgesamt ausgebremst.

Indes avanciert die Lösung rein *ökonomischer* Probleme zur beruflichen
Schlüsselanforderung insbesondere bei der Gruppe der Pflegenden in Leitungspositionen. Längst zählt dieser Aufgabenschwerpunkt zum Bestandteil ihrer *offi-*
ziellen Selbstbeschreibung. So dokumentierte sich in den Stellungnahmen der
Befragten – jenseits einer denkbaren Verschleierung von ökonomischen Interessen in der eigenen Handlungspraxis – ein hoher Legitimationsdruck, der von der
aktiven Übernahme der Verantwortung für Ökonomisches auszugehen scheint.
Auf dem Spiel stünde ansonsten – so die scheinbar alles durchdringende Recht-
fertigungslogik in der Praxis – die wirtschaftliche Existenz des Pflegedienstes.
Dieser Befund korrespondiert nicht zuletzt auch mit der Ökonomisierungsdyna-

mik im Krankenhausbereich: Ökonomische Anforderungen werden auf der Ebene von einzelnen Versorgungseinrichtungen in Form von „Standortinteressen" vermittelt. Ihre Erfüllung erscheint den Betroffenen als alternativlos und in der Konsequenz institutionell mehr und mehr prioritär (vgl. ex. Kühn 2003: 16ff).

Die wahrgenommene Alternativlosigkeit einer Anpassung an betriebswirtschaftliche Anforderungen soll gleichzeitig nicht mit negativen Konsequenzen für die Pflegequalität einhergehen – so die zweite selbstreflexive Schlüsselanforderung der Pflegenden. So repräsentierten die Befragten in Leitungspositionen, die aufgrund ihrer innerbetrieblichen Positionen für die Umsetzung wirtschaftlicher Aufgaben exponiert sind, fallübergreifend einen zweckrationalen Handlungsentwurf, nach dem die von ihnen vertretenen und durchgesetzten Restrukturierungs- und Sparmaßnahmen im Pflegedienst dezidiert nicht auf Kosten der pflegerischen Versorgungsaspekte gehen *sollen*. Wirtschaftlich motiviertes Handeln zielt hiernach auf eine bewusst kontrollierte Kostenoptimierung im Pflegedienst; die Kosten für Personal, Material etc. werden zwar auf ein Minimum gebracht, allerdings nur unter der offiziellen Auflage, dass die Sparmaßnahmen nicht zu einer Beschädigung des Qualitätsniveaus in der Pflege führen dürfen. In diesem Doppelanspruch dokumentiert sich gleichfalls der berufsbiographische Erfahrungshintergrund aller Befragten, die, als examinierte Pflegende auf mehrjährige Berufserfahrung zurückblickend, sich trotz des ökonomischen Drucks im Rahmen ihrer Leitungsfunktion im Pflegedienst auch weiterhin dem pflegerischen Anspruch verpflichtet sehen, primär zum Wohle des Patienten zu handeln.

Das empirische Datum, welches eine hohe Sensibilität des Leitungspersonals gegenüber pflegerischen Anforderungen – trotz des ökonomischen Handlungsdrucks – im Rahmen der an sich selbst gerichteten, zweckrationalen Handlungsrepräsentationen ausweist, lässt im Vergleich zu bisherigen Forschungsbefunden ein differenziertes Bild bei der Bestimmung der Ökonomisierungstendenz in diesem Versorgungssektor erkennen. Zum einen liefern die Befunde deutliche Hinweise auf die hohe Bedeutung wirtschaftlicher Anforderungen, mit welchen – wie gleich noch zu diskutieren sein wird – erhebliche Umbrüche in den Pflegediensten verbunden sind. Zum anderen dokumentieren sie aber auch, dass pflegerische Interessen den ökonomischen Interessen in der pflegerischen Handlungspraxis zumindest symbolisch nicht untergeordnet werden. Pflegende verstehen „Pflege" immer noch als etwas Eigenes, und sehen darin nicht einen x-beliebigen Wirtschaftszweig, bei dem Profite und betriebswirtschaftliche Kennzahlen das alleinige Maß aller Dinge sind. Im Rahmen der konzeptionellen Perspektive von Schimank/Volkmann (2008: 386) ließe sich also der fünfte und damit der höchste Ökonomisierungsgrad ausschließen, demgemäß „Marktgängigkeit … zur obersten Prämisse, Gewinnmaximierung … [zur] ‚Muss-Erwartung'" avancieren und „teilsystemische Autonomie nicht mehr gegeben" ist.

6.1.2 Verbetrieblichung der pflegerischen Arbeit

Unter den Pflegeakteuren herrscht – unabhängig von der Trägerschaft – allerdings Einvernehmen darüber, dass wirtschaftliche Verluste absolut gemieden werden sollten. Gemäß der Kategorisierung von Schimank/Volkmann (2008: 386) kann dabei also von der „dritten Stufe der Ökonomisierung" gesprochen werden, im Rahmen derer Kostenbewusstsein bereits eine „Muss-Erwartung" darstellt und fachliche Anforderungen dem ökonomischen Interesse der Verlustvermeidung gegebenenfalls untergeordnet werden müssen.

Um dem erheblichem ökonomischen Druck in der Praxis standzuhalten – so zeigen die vorliegenden Befunde –, werden alle Organisationsstrukturen und Leistungsprozesse in den Pflegediensten auf den Prüfstand gestellt. Zu den wichtigsten Ansatzpunkten zur Kostensenkung in der Praxis zählt beispielsweise die effiziente *Organisation der Einsatzwege,* also die kontinuierliche Sicherstellung von möglichst kurzen Wegezeiten für das Pflegepersonal. Als mindestens ebenso prominent hat sich daneben die Gestaltung der *Pflegezeiten* im Rahmen der Versorgung der Pflegebedürftigen heraus kristallisiert. Für die Befragten erscheint es in diesem Zusammenhang oftmals bereits als nicht hinterfragbar, die Pflegezeitvorgaben für ihre Kollegen an die regelmäßig für zu knapp befundenen Zeitrichtwerte beziehungsweise Budgets im Rahmen der Pflege- und Krankenversicherung anzupassen. Ein weiterer Ansatzpunkt zur Kostenminimierung betrifft die Senkung der *direkten Personalkosten* durch gezielten Personalabbau, Maßnahmen zur Gehaltssenkung beziehungsweise durch Dequalifizierung. Neben der gezielten Kostensenkung im Pflegedienst sehen die Pflegeakteure auch in einer Erweiterung der Einnahmebasis des Pflegediensts einen wichtigen Hebel der wirtschaftlichen Einflussnahme. Zentrale Handlungsfelder in diesem Zusammenhang sind, eine Steigerung bei den *Fallzahlen* innerhalb des regionalen Einzugsgebietes zu erreichen oder die Anteile der *privaten Zuzahlungen* der Pflegebedürftigen im Einzelfall zu erhöhen. Mitunter wird großer bürokratischer Aufwand eingesetzt: Nach dem Motto „Was nicht dokumentiert wird, wird nicht bezahlt" soll möglichst jeder vorliegende Pflegefall daraufhin beleuchtet werden, inwiefern alle gesetzlich möglichen Finanzierungsmöglichkeiten schon ausgeschöpft wurden, beziehungsweise sollen gegebenenfalls auch Verhandlungen mit den zuständigen Kassen aufgenommen werden, um im Einzelfall zusätzliches Geld von den Kostenträgern zu erhalten.

In dem Zusammenhang wenig überraschend wird das ambulante Pflegefeld zum Expansionsgebiet einer Beratungsindustrie, die sich auf die fachgerechte Unterstützung der Pflegedienste im Prozess der wirtschaftlichen Modernisierung spezialisiert hat. Dazu gehören insbesondere:

- Unternehmensberater (externes Angebot einer umfassenden ökonomischen Beratung der Pflegedienste durch betriebswirtschaftlich qualifiziertes Personal)
- ökonomische Fortbildungsprogramme, Tagungen und Zeitschriftenaufsätze (Themen sind v. a. Betriebskalkulationen, Organisationsberatung, Verkaufsanleitungen beziehungsweise Verkaufstrainings)
- betriebswirtschaftlich orientiertes Instrumentenangebot (Einsatz v. a. von Benchmarking-Instrumenten zum trägerinternen Betriebsvergleich; Software zur kosteneffizienten Zeitplanung und Zeiterfassung)
- Marketing-Programme (Einsatz von Werbestrategien zur Kundengewinnung und -bindung)

Hierbei handelt sich in der Regel um Expertisen mit einem betriebswirtschaftlichen Schwerpunkt, die auf eine einzelwirtschaftliche Verbesserung der Leistungssituation in den Pflegediensten abzielen. Durch den Einsatz speziell dafür entwickelter Instrumente und Methoden sollen alle Strukturen und Prozesse einer differenzierten ökonomischen Analyse unterzogen und in Hinblick auf ihre Rentabilität entsprechend modifiziert werden. Damit werden die individuellen Erfahrungswerte und subjektiven Einschätzungen der Leitungspersonen im Rahmen ihrer ökonomischen Kompetenzen um externes Fachwissen erweitert und wirtschaftliche Entscheidungen damit auf eine neue und methodisch-systematische Grundlage gestellt. Beispielsweise wird es dem Leitungspersonal mittels einer speziell dafür hergestellten Computer-Software ermöglicht, die Zeitbudgets für die Pflege exakt an der individuellen Kosten-Erlös-Situation auszurichten. Betriebswirtschaftliche Benchmarking-Instrumente ermöglichen trägerinterne Vergleiche zwischen den Pflegediensten beziehungsweise zwischen einzelnen Abteilungen, liefern differenzierte ökonomische Daten und geben den verantwortlichen Akteuren wichtige Entscheidungskriterien für etwaigen Handlungsbedarf an die Hand. Das externe Angebot ökonomischer Expertise zielt darüber hinaus auch auf diverse Modifikationen auf der Ebene der Beziehung zwischen Pflegedienst und Leistungsempfänger. Exemplarisch dafür steht der Einsatz von Marketing-Verfahren zur Gewinnung neuer Patienten beziehungsweise zur Patientenbindung, genauso aber auch Fortbildungen, Fachliteratur und Berater, die eine grundsätzlich stärkere Verkaufsorientierung des Pflegepersonals einfordern und hierfür Handlungsempfehlungen anbieten.

Zwischenfazit: Der Import ökonomischer Expertise in das ambulante Pflegefeld ist Ausdruck einer allgemein gestiegenen Relevanz der ökonomischen Rationalität in diesem Versorgungssektor. Auf der Grundlage des in der Untersuchung eingeschlossenen Samples lässt sich zudem sagen, dass dieser Import offenbar unabhängig von der jeweiligen Trägerschaft verläuft – er betrifft private Pflegedienste genauso wie konfessionelle Anbieter. Zugleich bedeutet dies einen enormen Rationalisierungsschub für den Bereich der wirtschaftlichen Steuerung und Kontrolle der Pflegedienste. An die Stelle von individuellen Erfahrungswerten der Pflegeakteure treten mehr und mehr systematisch-überprüfbare Methoden und Instrumente aus der Ökonomie, die den Entscheidungsträgern in der Praxis helfen sollen, den wirtschaftlichen Erfolg der Pflegedienste – gerade angesichts des zunehmenden Kosten- und Konkurrenzdrucks auf dem Pflegemarkt – sicherzustellen. Was für den Krankenhausbereich im Zuge der DRGs-Umstellung als Trend zur „Verbetrieblichung der medizinischen Arbeit" (Kühn 2003: 8; ex. auch Kühn/Simon 2001; Braun et al. 2009) bereits gezeigt werden konnte, wird damit auch in der ambulanten Pflege erkennbar. Alle Organisationsstrukturen und Leistungsprozesse der Pflegedienste, Patientenmerkmale und die täglichen Versorgungsentscheidungen können einer permanenten betrieblichen Prüfung unterzogen werden. Es wird mehr und mehr gerechnet, geprüft, quantifiziert und standardisiert. Die wirtschaftliche Führung von Pflegediensten erfährt nach und nach eine Anpassung an jene Form der ökonomischen Steuerung, die in Wirtschaftsunternehmen außerhalb der Pflege- und Gesundheitsversorgung längst etabliert ist: Unterordnung aller Funktionsbereiche unter das Maß der Rentabilität, permanente betriebswirtschaftliche Kontrolle und Reorganisation der Leistungsstrukturen zur einzelwirtschaftlichen Optimierung.

Allerdings erweist sich die konkrete Umsetzung der Maßnahmen auf der Ebene der einzelnen Pflegedienste – darüber sollte der Rationalisierungtrend im Bereich der ökonomischen Handlungsexpertise nicht hinwegtäuschen – weder als einheitlich noch als unproblematisch. Vielmehr erfolgt die „Verbetrieblichung der pflegerischen Arbeit" von Pflegedienst zu Pflegedienst mal mehr, mal weniger intensiv. Zentralen Stellenwert hinsichtlich der Intensität der Verbetrieblichung kommt dabei den Leitungsakteuren zu, die einen massiven Einfluss auf zentrale Struktur- und Leistungsfragen ausüben und über Gestalt und Grenzen der ökonomischen Rationalisierung in den Pflegediensten maßgeblich entscheiden können. Dabei entpuppen sich bereits eingetretene oder antizipierte pflegefachliche Probleme der Verbetrieblichung als Hauptursache für gegenläufige Entwicklungen.

6.1.3 „Darf's ein bisschen mehr sein?" – Heterogene Handlungspraxis im Spiegel von Zielkonflikten

Die vorliegenden Befunde zeigen, dass die konkreten Anpassungsmaßnahmen der Pflegedienste an die ökonomischen Anforderungen oftmals zu Lasten der Pflegequalität zu gehen drohen. Gemessen am Anspruch einer bedarfsdeckenden und professionellen Pflege trifft das Versorgungsrisiko besonders für folgende Schritte zu: Personalabbau, Dequalifizierung, Erhöhung des Zeitdrucks in der

direkten Versorgung oder der Etablierung kaufkraftabhängiger Pflegearrangements. Alleine für den Bereich Personalabbau/Dequalifizierung zeigen erste internationale Befunde, die sich den Zusammenhängen zwischen Kosteneinsparungsstrategien in der Pflege und der Versorgungsqualität gewidmet haben,
signifikante Zusammenhänge zwischen quantitativ und qualitativ niedriger Stellenbesetzung und höheren Komplikations- und Mortalitätsraten bei Patienten (ex.
Aiken et al. 2001; Aiken/Clarke/Sloane 2002; Aiken et al. 2002; Cho 2001;
Clarke/Sloane/Aiken 2002; Schubert/Schaffert-Witvliet/De Geest, 2005). Eine
kontinuierliche Erhöhung des Zeitdrucks in der direkten Pflege dürfte ebenfalls
als ein Indikator für schleichende Qualitätsverluste interpretiert werden. Den
Pflegenden bleibt aufgrund der dadurch zunehmenden Arbeitsverdichtung immer
weniger Raum für Unterstützungs- und Betreuungsaufgaben, Gespräche sowie
Beratungsaufgaben (vgl. Braun/Klinke/Müller 2010; Kleina/Wingenfeld 2007).
Der Trend zur Etablierung von kaufkraftabhängigen Pflegearrangements dürfte
indes als eine logische Konsequenz des Grundsicherungscharakters der Pflegeversicherung abgeleitet werden. Die Gefahr, dass eigentlich notwendige Pflegeleistungen aus Kostengründen dann regelmäßig verwehrt bleiben, liegt jedoch
auf der Hand (Güntert/Thiele 2008).

Das Risiko für Versorgungsprobleme infolge der umfänglichen Sparmaßnahmen wird auch von den in der Praxis tätigen Pflegeakteuren erkannt. Innerhalb der Pflegeteams kommt es im Zuge der Planung beziehungsweise der konkreten Umsetzung der Rationalisierungsmaßnahmen immer wieder zu Unruhen
und Konflikten, die auf der Grundlage pflegefachlicher Kritik und Einwände
formuliert werden. Aber auch auf der Leitungsebene selbst sind innere Widerstände zu beobachten. Pflegedienstleiter oder Geschäftsführer setzen sich mitunter aktiv gegen die Durchsetzung bestimmter Maßnahmen ein, wenn diese ihrer
Ansicht nach negative Auswirkungen auf die Versorgungsqualität haben.

Besonders für Akteure in Leitungspositionen gilt insofern, dass die von ihnen zu bewältigenden ökonomischen Steuerungs- und Kontrollentscheidungen
mehr und mehr auf der Grundlage eines dauerhaften Spannungsverhältnisses
zwischen dem ökonomischen Interesse nach niedrigen Kosten einerseits und den
pflegerischen Anforderungen, jedem Pflegebedürftigen eine bedarfsgerechte
Versorgung zukommen zu lassen, andererseits getroffen werden müssen. Mit
dem Begriff des „Interessenkonflikts" (Kühn 2003), mit dem die Folgen der Ö-
konomisierung in der ärztlichen Praxis im Krankenhaus kategorisiert wurden,
lässt sich dieses Spannungsverhältnis im pflegerischen Handeln weiter spezifizieren. Permanente Interessenkonflikte sind hiernach als eine objektive Grundlage des Pflegehandelns zu verstehen. Wenngleich diese im konkreten Handeln
erst noch entschieden werden müssen, bergen sie ein hohes Risiko dafür, dass es
im Alltagshandeln der Akteure zu pflegefachlichen oder institutionellen beziehungsweise betriebswirtschaftlichen Pflichtverletzungen kommt.

Allerdings würde die vermeintlich nahe liegende Formel „Je restriktiver der allgemeine Kostendruck, desto alternativloser der radikale Sparkurs" an dieser Stelle überaus simplifizieren und entspräche nicht der empirischen Realität. Ob – oder besser, in welcher Form – sich die Pflegedienste an die bestehenden wirtschaftlichen Bedingungen anpassen, erweist sich innerhalb der Gruppe der befragten Leitungsakteure nämlich als hoch umstritten. So zeigt die komparative Analyse trotz der allseits wahrgenommenen Kostenzwänge ein denkbar kontrastreiches Spektrum an Handlungsstrategien, mit denen das Leitungspersonal jeweils versucht, die pflegerische Versorgungspraxis an die wirtschaftlichen Bedingungen anzupassen. Im Rahmen der fallvergleichenden Analyse konnten diesbezüglich zwei kontrastierende Handlungstypen des ökonomischen Steuerungshandelns rekonstruiert werden.

Auf der einen Seite sind es Leitungsakteure, die eine ausgeprägte Nähe zur ökonomischen Sphäre aufweisen (Typ I). Diese greifen systematisch auf die vorliegenden betriebswirtschaftlichen Beratungs- und Bildungsangebote zurück, leiten hieraus umfangreiche ökonomische Rationalisierungsmaßnahmen für die Pflegedienste ab, setzen diese um und arbeiten insgesamt auf eine einzelwirtschaftliche Rentabilität der Pflegeversorgung hin. Sie verstehen sich ganz bewusst als wirtschaftliche Modernisierer und betrachten die wirtschaftliche Profilbildung darüber hinaus als eine persönliche Chance für den beruflichen Aufstieg. Auf der anderen Seite konnte ein kontrastierendes Handlungsmuster der ökonomischen Steuerung identifiziert werden, das die ausgeprägte Distanz zur ökonomischen Sphäre kennzeichnet (Typ II). Hier wird bewusst auf die systematische betriebswirtschaftliche Rationalisierung verzichtet. Diese Gruppe von Leitungsakteuren lässt sich den Expertenstatus in Sachen wirtschaftliche Führung nicht absprechen und sieht keinen Bedarf an externer Beratung. Unter den Befragten ist die Auffassung verbreitet, dass das einzelwirtschaftliche Kalkül prinzipiell nicht mit dem Alltag der häuslichen Pflege in Übereinstimmung gebracht werden könne und stattdessen eine Mischkalkulation anzuwenden sei. Wirtschaftliche Aufgaben werden soweit nötig und zumutbar erfüllt, im Berufsalltag zugleich aber immer wieder die Nähe zur praktischen Pflege gesucht, in der im Einzelfall ökonomisches Kalkül nicht akzeptiert wird.

In der folgenden tabellarischen Darstellung werden die kontrastierenden Merkmale der beiden Praxistypen zusammenfassend dargestellt:

Tabelle 11: Typen der Handlungspraxis von Leitungsakteuren im Kontext des
ökonomischen Steuerungshandelns

	Typ I Handlungspraktische Nähe zur ökonomischen Sphäre	Typ II Handlungspraktische Distanz zur ökonomischen Sphäre
Positionierung gegenüber dem externen Angebot an betriebswirtschaftlicher Expertise	- systematisches Studium und Übernahme von betriebswirtschaftlicher Expertise - aktive Zusammenarbeit mit Akteuren aus der Ökonomie - systematische Anwendung betriebswirtschaftlicher Instrumente und Methoden (Benchmarking, Controlling etc.)	- aktive Abgrenzung gegenüber der betriebswirtschaftlichen Expertise - Abwehr jeder Zusammenarbeit mit wirtschaftlichen Akteuren - Verzicht auf standardisierte ökonomische Instrumente und Methoden
Berufsbiographischer Stellenwert des ökonomischen Tätigkeitsprofils	- kompletter Ausstieg aus der direkten Pflege zu Gunsten einer Leitungsposition in wirtschaftlicher Verantwortung	- Festhalten an einer Tätigkeit in der direkten Pflege parallel zur Leitungsfunktion
Relevanz von ökonomischen Zielen in der Handlungspraxis	- Orientierung am Ziel der einzelwirtschaftlichen Rentabilität - radikale Anpassung der Leistungsstrukturen und Abläufe am Maßstab der Rentabilität	- kontrollierte Kostensenkung im Pflegedienst im Rahmen einer Mischkalkulation - Gewährleistung nicht-rentabler Handlungsspielräume - aktiver Widerstand gegen ökonomische Zumutungen

Durch den Blick auf das strukturelle Spannungsverhältnis zwischen dem Ökonomischen und dem Pflegerischen wird anhand der Unterschiede in der Handlungspraxis der Leitungsakteure von ambulanten Pflegediensten zugleich eine Paradoxie sichtbar. In den Pflegediensten nämlich, in denen die pflegefachlichen Probleme infolge der dort durchgesetzten wirtschaftlichen Sparmaßnahmen am größten ausgeprägt scheinen, werden diese seitens des Leitungspersonal (Typ I) am wenigsten wahrgenommenen und bei ihren Entscheidungen berücksichtigt. Im Gegensatz dazu zeigt sich in den Pflegediensten, in denen das Ausmaß der Pflegeprobleme infolge eines weitaus weniger restriktiven Sparkurses verhältnismäßig geringer ausgeprägt scheint, dass die dort beschäftigten Leitungsakteure (Typ II) etwaige drohende oder bereits eingetroffene pflegefachliche Probleme sehr viel stärker wahrnehmen und berücksichtigen. Das Paradoxon der pflege-ökonomischen Zielkonflikte soll anhand folgender Beispiele aus dem Datenmaterial veranschaulicht werden:

(1) In einem privaten Pflegedienst (Typ I, Fall Pdl Meier) werden auf Anraten einer Unternehmensberatung vielfältige Sparmaßnahmen umgesetzt. Dazu gehören unter anderem rigide Zeitbudgets für die praktische Pflege, die an den schnellsten 20 Prozent der Mitarbeiter ausgerichtet sind. Diese überaus strenge Zeitnormierung zum einen, die offene Kritik aus der Mitarbeiterschaft an diesem Instrument zum zweiten, sowie die Tatsache, dass die befragte Pflegedienstleiterin selbst mit den engen Zeitkorridoren nicht auskommt und unbezahlte Überstunden anhäuft (!) zum dritten – all diesen Tatbeständen zum Trotz hält die Befragte etwaige pflegefachliche Bedenken für sachlich unbegründet (!) und setzt sich für die kompromisslose Anwendung der Zeitbudgets ein. Im Gegensatz dazu sind die Zeitvorgaben des Leitungspersonals, die hier dem zweiten Handlungstyp zugeordnet sind, verhältnismäßig flexibel geregelt. Sie orientierten sich an den Einnahmehöhen aus den gesetzlichen Finanzierungsquellen, wobei den Pflegenden zugleich ausdrücklich Handlungsspielräume für längere Patienteneinsätze gewahrt werden. Parallel dazu wird der bestehende Praxiszwang zur Budgetierung der Pflegezeiten grundsätzlich beklagt, weil dies oftmals nicht mit dem wahren Versorgungsbedarf in der häuslichen Pflege in Übereinstimmung gebracht werden könne.

(2) Der Pflegedienstleiter eines konfessionellen Pflegedienstes (Typ I, Fall Pdl Lenz) setzt sich im Rahmen seiner wirtschaftlichen Modernisierungsstrategie unter anderem für die radikale Dequalifizierung des Pflegepersonals ein – trotz der pflegefachlichen Kritik, mit der sich die Pflegenden im Team in Stellung gegen diese Strategie bringen. Mehr noch, er wertet die Dequalifizierung als unproblematisch und widersetzt sich zugleich einer entsprechenden sachlichen Auseinandersetzung im Pflegedienst. Demgegenüber verhalten sich die Leitungsakteure der zweiten Fallgruppe, in denen entweder gar nicht oder nicht in einem vergleichbaren Maße gering qualifiziertes Pflegepersonal in der direkten Pflege arbeitet, deutlich kritischer gegenüber dem Thema Personalqualifizierung im Allgemeinen und der Idee der Dequalifizierung im Besonderen. Hier wird der Einsatz gering Qualifizierter aus qualitativen Gründen kategorisch abgelehnt, examiniertes Pflegepersonal – eben trotz der unmittelbaren Kostenvorteile einer Dequalifizierung – überhaupt erst als Voraussetzung für eine „professionelle" und „fachliche" Pflege betrachtet und gegebenenfalls auch mit den Vorgesetzten um die Finanzierung von Weiterbildungsmaßnahmen gerungen.

(3) Im dritten Beispiel erscheinen die Paradoxien grundsätzlicher Art. Alle Leitungsakteure der ersten Fallgruppe setzen sich im Rahmen ihrer Leitungsfunktion für die schrittweise Etablierung einer Verkaufskultur in der Beziehung

zwischen Pflegekraft und Pflegebedürftigen ein. Gemäß dem Motto einer dafür beispielhaften Fortbildungsveranstaltung mit dem Titel *„Darf's ein bisschen mehr sein?"*, die von einer der Befragten aus dieser Fallgruppe besucht wurde, sollen Pflegekräfte verkaufen lernen und in diesem Zusammenhang das Erbringen von unbezahlten Leistungen gegenüber dem Pflegebedürftigen ausdrücklich verweigern. Gerade dieser Trend stellt für die befragten Leitungsakteure der zweiten Fallgruppe in gewisser Weise ein rotes Tuch dar. Sie verweigern sich explizit der Haltung, Pflegeleistungen kaufkraftabhängig zu verteilen und versuchen, am Leistungsprinzip der bedarfsgerechten Pflege – so weit es ihnen im Rahmen der pauschalen Vergütungssätze für Pflegeleistungen einerseits und den privaten Zuzahlungsmöglichkeiten der Pflegebedürftigen andererseits möglich ist – festzuhalten. Mit anderen Worten, im Zuge der Etablierung einer Verkaufskultur im ambulanten Pflegefeld werden berufsethische Umwälzungsprozesse sichtbar. Objektive Versorgungsmängel, die sich aus der Leistungsnorm der bedarfs- und fachgerechten Pflege ableiten lassen, erfahren in einigen Fällen eine enorme Umdeutung. Sie sollen von den Pflegenden als solche nicht problematisiert, sondern nunmehr als ein gewöhnliches Marktphänomen verstanden und in der Konsequenz auch hingenommen werden.

6.2 Affirmation und Widerborstigkeit – feldtheoretische Schlussfolgerungen

Die konzeptionellen Vorüberlegungen zum Gegenstand Ökonomisierung werden mit den empirischen Untersuchungsergebnissen bestätigt. Zunehmender Kostendruck und wachsende marktförmige Anforderungen lassen sich anhand der betriebswirtschaftlichen Zielgrößen „Verlustvermeidung" und „Gewinnerzielung" markieren und im Zusammenhang mit den erheblich scheinenden Qualitätsverlusten in der pflegerischen Versorgung diskutieren (Kapitel 6.2.1). Ausgehend davon werden im Rahmen der feldtheoretischen Überlegungen Pierre Bourdieus die gleichfalls sichtbar gewordene Vielschichtigkeit und die Widersprüchlichkeit der Ökonomisierung in der ambulanten Pflege diskutiert und damit ein differenziertes Analyseraster aufgespannt (Kapitel 6.2.2 und 6.2.3).

6.2.1 Kernannahmen vorliegender Ökonomisierungsansätze

Ökonomisierung als Phänomen kann, dies haben die Ergebnisse der vorliegenden Studie gezeigt, nicht alleine auf eine gesundheitsökonomische Analysedimension reduziert werden. Konzeptionelle Ansätze, die für eine Interpretation der Vermarktlichung von Gesundheit und Pflege alleine eine utilitaristische Perspektive anbieten und auf der Grundlage von Modellannahmen von einer Funktionalität der Marktsteuerung im Gesundheitswesen ausgehen (ex. Mühlenkamp 2003; Oberender 2007), stehen im Widerspruch zu den vorgefundenen empirischen Ergebnissen. Diese liefern beispielsweise deutliche Hinweise darauf, wie die Zielgrößen „Versorgungsqualität" und „ökonomischer Erfolg" auf der betrieblichen Ebene auseinander driften können. Die kritische Bewertung einer kategorischen Funktionalitätsannahme der Marktsteuerung im Gesundheitswesen korrespondiert auch mit anderen empirischen Befunden, die sich mit den Folgen einer zunehmenden Vermarktlichung in anderen Bereichen der gesundheitlichen Versorgung beschäftigt haben:

> „Die Logik dieser Anreizsysteme und bisherige Erfahrungen mit dem Wettbewerb in der gesetzlichen Krankenversicherung geben ... eher Anlass zu der Befürchtung, dass sie die Erwartungen an eine hochwertige und effiziente Versorgung überwiegend nicht erfüllt und mit einer Reihe von unerwünschten, kontraproduktiven Wirkungen verbunden sind. Das Mittel – der wirtschaftliche Anreiz – droht sich gegenüber dem Zweck – der Steigerung von Effizienz und Qualität – zu verselbstständigen und dürfte eine Erosion des Solidarprinzips nach sich ziehen." (Gerlinger/Stegmüller 2009: 157)

Darüber hinaus zeigen die gewonnen Resultate der vorliegenden Untersuchung, dass jeder Versuch der Etablierung von geldbasierten Handlungsanreizen in der Pflegepraxis schnell mit qualitativen Handlungsmotiven der Pflegeakteure zu kollidieren droht. Pflegerisches Handeln ist im hohen Maße von der berufsethischen Leitvorstellung geprägt, jedem Heil- und Hilfsbedürftigen die jeweils nötige Pflege zukommen zu lassen. Dieses empirische Faktum, das sich nicht nur in der Kritik und dem offenen Widerstand der Pflegenden an den ökonomischen Zumutungen dokumentiert, sondern auch in ihrer Bereitschaft, unbezahlte Überstunden in Kauf zu nehmen, steht unverbunden einem theoretischen Handlungsmodell gegenüber, das den Pflegeakteur als egoistisch-nutzenmaximierenden Akteur begreift und seinen wahren Antrieb an Geldeinheiten festzumachen versucht.

Ein demgegenüber weitaus kritischeres Verständnis vom ökonomischen Wandel bieten die ersten sozial- und gesundheitswissenschaftlichen Ökonomisierungskonzepte an, die sich mit den Folgen einer zunehmenden Vermarktlichung des Gesundheitswesens für die Versorgungsorganisation, das Gesundheitspersonal und die Versorgungsqualität beschäftigten. Die zunehmende Vermarktlichung wird hiernach als ein enormer Strukturwandel eingeordnet, dem der Versuch zugrunde liegt, die Institutionen des Gesundheitswesens, wie auch das Handeln des Gesundheitspersonals, systematisch über Geldanreize zu steuern (vgl. Kühn 1990, 2004, 2006; Schimank/Volkmann 2008; Volkmann/Schimank 2006).

Diese theoretischen Vorüberlegungen haben sich für die vorliegende Untersuchung als geeignet erwiesen. Mit der Vorstrukturierung der Analyseperspektive auf etwaige Autonomiebrüche in diesem Versorgungssektor konnte gezeigt werden, in welchem Ausmaß sich die handelten Akteure in den ambulanten Pflegediensten in einer Abhängigkeit von wirtschaftlichen Anforderungen befinden. Gemäß der „Ökonomisierungsstufen" von Schimank/Volkmann (2008) sind die Autonomieverluste bereits als erheblich zu bewerten. Wesentliche Gründe dafür liegen in den gesetzlichen Finanzierungsbedingungen, von denen ein systematischer Kostendruck auf die Pflegedienste ausgeht und – besonders im Fall der sozialen Pflegeversicherung – im Rahmen derer die finanzielle Absicherung der Pflegebedürftigkeit teilweise den freien Marktkräften überlassen wird.

Die Affirmation der Versorgungspraxis an kapitalwirtschaftliche Gesetze und Normen scheint dadurch in vollem Gange. Längst kann nicht mehr die Rede davon sein, dass die Finanzierung pflegerischer Leistungen problemlos gegeben ist und die Versorgungspraxis in Folge dessen ihren autonomen Gesetzen und Werten folgen kann. Im Gegenteil, die betriebswirtschaftliche Maßgabe der Verlustvermeidung hat sich bereits als selbstverständliche Schlüsselanforderung etabliert. Die konkreten Umstrukturierungsmaßnahmen im Zuge der Autonomiebrüche sind entsprechend umfangreich und betreffen sowohl die Struktur und Organisation der Pflegedienste, als auch die direkten Pflegearrangements in der häuslichen Versorgung. An ihrer Umsetzung hängen die gesamte wirtschaftliche Existenz und damit die Arbeitsplatzsicherheit der Pflegenden. In einem Fall geht die Ökonomisierungsdynamik noch einen Schritt weiter. Die betriebswirtschaftlichen Maßgaben beschränken sich hier nicht mehr alleine auf eine ökonomische Rationalisierung zum Zweck der Verlustvermeidung, sondern erstrecken sich davon ausgehend auch auf die Etablierung einer Anreizstruktur zur Gewinnerzielung.

Die vorgelegten Untersuchungsergebnisse zeigen aber auch, dass die ökonomische Reorganisation in den Pflegediensten keineswegs reibungslos und auch nicht konsequent nach ökonomisch-rationalen Maßstäben abläuft. Obschon alle befragten Pflegedienste unter vergleichbaren wirtschaftlichen Strukturbedingungen arbeiten, konnten innerhalb der Gruppe des Leitungspersonals zum Teil erhebliche Unterschiede im Umgang mit dem ökonomischen Handlungsdruck festgestellt werden. Während die Handlungspraxis einiger Leitungsakteure bereits deutlich an die ökonomische Logik angepasst scheint, grenzen sich andere Leitungskräfte wiederum ebenso deutlich von einer solchen streng an betriebswirtschaftlichen Maßstäben orientierten Handlungspraxis ab. Darüber hinaus zeigen die empirischen Ergebnisse, dass die Ankündigung und Umsetzung von radikalen betriebswirtschaftlichen Rationalisierungsmaßnahmen in den Pflegediensten – unabhängig von der Positionierung des Leitungspersonals – erhebliche Unruhen und Konflikte in den Pflegeteams hervorrufen. Mit anderen Worten, die Rekonstruktion der Anpassungsprozesse der Pflegedienste an die ökonomischen Anforderungen legt offen, dass die Ökonomisierung im Feld der ambulanten Pflegedienste, im Sinne eines strukturellen Autonomieverlustes gegenüber der ökonomischen Steuerungslogik, zwar deutlich ausgeprägt ist, dieser Vorgang zugleich aber mit vielfältigen Konflikten und Widersprüchlichkeiten behaftet zu sein scheint.

Gemäß der rekonstruierten Handlungspraxis der Pflegeakteure ist davon auszugehen, dass der Vorgang des Autonomieverlusts gegenüber der ökonomischen Logik im ambulanten Pflegefeld nicht linear verläuft. Einen zentralen Ausgangspunkt für die auftretenden Widerstände gegenüber der ökonomischen Logik im ambulanten Pflegefeld stellen fachliche Risiken dar, die infolge der geplanten oder bereits durchgeführten ökonomischen Rationalisierungsmaßnahmen in den Pflegediensten auftreten beziehungsweise von den beteiligten Pflegeakteuren antizipiert werden. Für viele der Pflegenden steht fest, dass Schritte wie Personalabbau, Dequalifizierung, Erhöhung des Zeitdrucks oder die Etablierung einer kaufkraftabhängigen Rationierung der Pflegeleistungen zu einer erheblichen Verschlechterung der Pflegequalität führen. Sie sehen ihren Versorgungsauftrag dadurch verletzt, leisten, um den Zeitdruck zu kompensieren, oft unbezahlte Überstunden oder riskieren Konflikte mit Vorgesetzten, um die Umsetzung drohender Kostensenkungsmaßnahmen doch noch aufzuhalten.

Die unterschiedliche Intensität der betriebswirtschaftlichen Rationalisierung der Pflegedienste stellt einen wichtigen Befund der empirischen Untersuchung dar. Damit ist ein Phänomen markiert, das innerhalb der aktuellen Public-Health-Diskussion bislang nicht hinreichend berücksichtigt wurde. Zwar können Tendenzen der ökonomischen Anpassung im Feld Pflege durchaus in Form einer „Mittel-Zweck-Verkehrung" (Kühn 2004) abgebildet werden. Allerdings wird in einem solchen Erkenntnisrahmen der Analysefokus gerade für entgegengesetzte Effekte möglicherweise verstellt. Ausgestattet mit dem Bourdieus feldtheoretischen Interpretationsrahmen, demzufolge „Ökonomisierung" nicht als deterministisch, sondern als ein offener Prozess zu verstehen ist, und bei dem der Analysefokus nicht alleine auf strukturelle Veränderungen, sondern zugleich auch auf die soziale Praxis der Akteure gerichtet werden muss, werden im Folgenden die vorliegenden empirischen Ergebnisse deshalb einer abschließenden Diskussion unterzogen.

6.2.2 Heteronome Positionen im ökonomischen Strukturwandel

Die Analyseresultate legen einen umfassenden ökonomischen Strukturwandel im Feld der ambulanten Pflege offen, der innerhalb der zurückliegenden Jahre vonstatten gegangen ist und eine enorme Intensivierung der ökonomischen Anforderungen in der Pflegepraxis zur Folge hat. Ein permanenter Kostendruck wird dabei besonders durch folgende Faktoren erzeugt:

- „Teilkasko-Charakter" der Pflegeversicherung
- nachfrageinduzierter Preisdruck
- unzureichende Kostenerstattung für Leistungen der häuslichen Krankenpflege
- Konkurrenz- und Kostendruck im regionalen Wettbewerb der Pflegedienste

Der strukturelle Autonomieverlust des pflegerischen Feldes gegenüber der ökonomischen Logik ist insofern evident. Auf der Ebene des Alltagshandelns der Pflegeakteure in Pflegediensten wird, jenseits einer denkbaren Zurückweisung des Ökonomischen, über Geld, Kosten und Erlöse längst gesprochen und danach gehandelt. Der Umgang mit dem permanenten Kostendruck gehört bereits zum Selbstverständlichen. Auf dem Spiel stehen ansonsten – so die alles durchdringende Rechtfertigung von Sparmaßnahmen – die wirtschaftliche Existenz der Pflegedienste und damit auch die Arbeitsplätze der Pflegenden. Hierin wird also auch die symbolische Kraft der ökonomischen Logik, die in einen institutionellen Sachzwang der Pflegedienste übersetzt ist, sichtbar: Die Anwendung betriebswirtschaftlicher Gesetze und Normen auf die pflegerische Praxis erscheint alternativlos. Ihre Durchsetzung in den Pflegeteams erfolgt damit mit Hilfe der *„strukturale[n] Gewalt* der Arbeitslosigkeit, der Verunsicherung, der *Angst* vor Entlassung." (Bourdieu 1998b: 112f)

Die Rekonstruktion von autonomen und heteronomen Positionen im Feld der ambulanten Pflege zeigt, dass besonders Akteure in Leitungsfunktionen von der heteronomen Affirmation in den Pflegediensten betroffen sind. Sie sind qua ihrer Funktion den externen ökonomischen Zwängen am stärksten ausgesetzt, weil sie per se für den wirtschaftlichen Erfolg der Pflegedienste verantwortlich sind und dementsprechend über Entscheidungsbefugnisse verfügen, um bei Bedarf Veränderungen in den Bereichen Personal und Organisation herbeizuführen. Vor diesem Hintergrund setzen sie vielfältige Rationalisierungsmaßnahmen um, achten auf die Einhaltung bestimmter finanzieller Vorgaben oder sind damit beschäftigt, in Aushandlungen der Pflegearrangements mit den Pflegebedürftigen stets auf ein positives Verhältnis zwischen den Einnahmen und den Ausgaben hinzuwirken. Nicht selten verfügen die Leitungsakteure in diesem Zusammenhang bereits über differenzierte betriebswirtschaftliche Wissensbestände und haben sich mit Unternehmensberatern, einschlägigen betriebswirtschaftlichen Fortbildungsprogrammen oder der entsprechenden Fachliteratur intensiv auseinander gesetzt.

Es scheint sich darüber hinaus abzuzeichnen, dass der gesamte Aufgabenkomplex der ökonomischen Steuerung und Kontrolle bereits einen neuen und attraktiven Karriereweg im Pflegefeld darstellt. Im Zuge der Intensivierung des Kostendrucks für ambulante Pflegedienste wächst der Bedarf an Personal mit

Schlüsselkompetenzen im wirtschaftlichen Bereich rasant. Einige der Pflegeakteure setzen bereits ganz bewusst auf diese Karte und sehen darin – gerade auch vor dem Hintergrund einer akademischen Laufbahn – einen legitimen Weg, aus der direkten Pflegeversorgung auszusteigen und eine höhere Position sowie Gehaltsstufe einzunehmen. Korrespondierend damit ist die externe ökonomische Beratungsindustrie zu sehen, die innerhalb von nur wenigen Jahren enorm gewachsen ist und sich auf die betriebswirtschaftliche Beratung, das Angebot von Instrumenten und Methoden zur wirtschaftlichen Rationalisierung der Pflegedienste, Betriebskalkulationen, Marketingstrategien etc. spezialisiert hat. Darin dokumentiert sich insgesamt ein enormer Spezialisierungsschub im Bereich ökonomische Handlungsexpertise. Dabei nehmen Pflegeakteure, die mit einem ökonomischen Kompetenzprofil aufwarten, mehr und mehr eine bevorzugte und beherrschende Position auf dem Portfolio der internen Hierarchiestrukturen im Pflegefeld ein. Das ökonomische Handeln kann damit Stück um Stück an seinen konstitutiven Interessen und Motiven offen – und nicht im Verborgenen – ausgerichtet werden.

Die Auswirkungen des Machtzugewinns der ökonomischen Logik im Pflegefeld verlaufen allerdings von Pflegedienst zu Pflegedienst sehr unterschiedlich – darüber sollte der übergeordnete ökonomische Strukturwandel nicht hinwegtäuschen. Obschon alle Befragten einhellig von einem wachsenden Kostendruck berichten, gestaltet sich die Intensität der ökonomischen Rationalisierung je nach Pflegedienst mal mehr, mal weniger intensiv. Dies verrät jedoch erst der empirische Blick auf der Mikroebene. Im kontrastierenden Fallvergleich konnte rekonstruiert werden, dass die Handlungsstrategien des Leitungspersonals im Umgang mit dem strukturellen Kostendruck an einem bedeutsamen Punkt variieren. Während sich einige der Befragten nämlich offensiv mit der wirtschaftlichen Handlungssphäre identifiziert haben und ihre Pflegedienste zu rentablen Unternehmen umzubauen beabsichtigen – hier wird die Intrusion des Ökonomischen also unvermindert fortgesetzt und die Beziehung zum Pflegebedürftigen auf das Maß eines ökonomischen Tauschverhältnisses reduziert –, setzen andere Leitungsakteure mit ihrem Handeln einer ökonomischen Heteronomie Grenzen und lehnen eine streng betriebswirtschaftliche Zurichtung der Pflegedienste wie eine utilitaristische Ethik im Verhältnis zu den Pflegebedürftigen ab.

Betrachtet man die pflegefachlichen Folgen der unterschiedlichen Handlungstypen im Umgang mit dem Kostendruck, so führt dies zu einem überaus paradoxen Kontrast. In den Pflegediensten, in denen die pflegefachlichen Probleme infolge der dort durchgesetzten, restriktiven wirtschaftlichen Sparmaßnahmen *objektiv* am größten ausgeprägt scheinen – sei dies, weil dort Personal radikal abgebaut oder dequalifiziert wird oder weil Pflegeleistungen entlang der Kaufkraft der Pflegeempfänger rationiert werden –, werden diese seitens des

Leitungspersonal kaum als solche wahrgenommenen und berücksichtigt (Praxistyp I). Im Gegensatz dazu zeigt sich in den Pflegediensten, in denen das *objektive* Ausmaß der Pflegeprobleme infolge eines weitaus weniger restriktiven ökonomischen Rationalisierungskurses verhältnismäßig geringer ausgeprägt scheint – sei dies, weil sich die Beteiligten dort gegen Personalabbau, Dequalifizierung oder eine Rationierung von Pflegeleistungen von den Beteiligten dezidiert wehren –, dass die dort beschäftigten Leitungsakteure etwaige drohende oder bereits eingetroffene pflegefachliche Probleme sehr viel stärker wahrnehmen und berücksichtigen (Praxistyp II).

Der unterschiedliche Umgang mit dem Kostendruck sowie die damit einhergehenden paradoxen Effekte in der Praxis legen folgende Schlussfolgerungen nahe. Es dokumentiert sich gerade dort, wo der Widerspruch zwischen den subjektiven Selbstrepräsentationen und der wahren Handlungspraxis am größten ausgeprägt ist (Praxistyp I), eine neue Form der „Doppelbödigkeit" (Bongaerts 2008) der Akteure. Während auf der einen Seite die Abhängigkeit der Pflegepraxis vom Ökonomischen offensiv eingestanden wird (Verlustvermeidung als Muss-Anforderung beziehungsweise Gewinnerzielen als Kann-Erwartung), werden andererseits die negativen Folgen für die Pflegequalität und die Arbeitsbedingungen in der Pflege, die aus den umfänglichen Rationalisierungsmaßnahmen resultieren, mehr und mehr aus dem offiziellen Deutungsangebot verdrängt. Kurz, die sozialen Kosten von Rationalisierungsmaßnahmen drohen, von den Protagonisten des ökonomischen Wandels ausgeblendet zu werden.

6.2.3 Feldinterne Kämpfe um die legitime Versorgungsgestaltung

Die Intrusion des Ökonomischen in das Feld der ambulanten Pflegedienste ist in vollem Gange. Dazu leisten nicht nur die restriktiven wirtschaftlichen Rahmenbedingungen, die einen radikalen Sparkurs von den Pflegediensten abfordern, einen zentralen Beitrag, sondern ebenso die feldinternen Hierarchiestrukturen, die gerade diejenigen begünstigen, die sich auf ökonomisches Handeln spezialisieren. Dennoch stoßen die ökonomischen Umbrüche auch auf erheblichen Widerstand innerhalb des Feldes, sei es, weil einige der Leitungsakteure selbst den rigiden Rationalisierungskurs nicht mittragen wollen, oder weil die Pflegenden, die in der direkten Pflegeversorgung arbeiten, den verordneten Umbau nicht tolerieren.

In der Markierung der empirischen Widerstände gegen die ökonomische Ausrichtung der Pflegedienste wird zugleich der autonome Pol im Feld sichtbar, der diejenigen einschließt, die sich für bestimmte Standards in der pflegerischen Versorgung einsetzen. Pflegende, die dieser Haltung verbunden sind, haben primär an der Gewährleistung einer bedarfsgerechten Pflege Interesse. Das pflegerische Handeln wird hier offensiv an seinen konstitutiven Motiven und Normen ausgerichtet und eben nicht etwaigen ökonomischen Zumutungen untergeordnet. Dieser Pol ist also von einer realen Distanz zwischen den Sphären „Ökonomie" und „Pflege" bestimmt (vgl. dazu auch Kreutzer 2005). Dies äußert sich auch in den beruflichen Laufbahnen der Akteure, die keine ökonomische Qualifizierung durchlaufen haben beziehungsweise, wie im Fall einiger Leitungsakteure, lieber auf ihr „Gespür" vertrauen, als sich einem betriebswirtschaftlichen Bildungs- oder Beratungsangebot zu unterziehen. Darüber hinaus legen die Akteure auf die berufsethische Haltung großen Wert, nach der eine kaufkraftabhängige Rationierung von Pflegeleistung, wie sie seitens der ökonomischen Welt für das Pflegefeld inzwischen offensiv propagiert wird, kategorisch abgelehnt wird.

Ein weiterer Unterschied zwischen diesen beiden Polen betrifft die Positionierung im Verhältnis zum Tätigkeitsbereich der *direkten* Pflegeversorgung. Zwar haben alle befragten Leitungsakteure eine pflegerische Ausbildung durchlaufen und sind über viele Jahre in der direkten Pflege tätig gewesen. Alle diejenigen Befragten, die sich für eine restriktive Rationalisierung der Pflegedienste einsetzten (Praxistyp I), haben sich inzwischen jedoch vom Tätigkeitsbereich der direkten Versorgung distanziert und streben – wenn nicht schon geschehen – aktiv eine gehobene Stellung fernab von patientennahen Versorgungsaufgaben an. Stattdessen ist das Verhältnis zwischen versorgungsnahen und versorgungsfernen Aufgaben in der zweiten Gruppe der Leitungsakteure ein umgekehrtes. Die Betroffenen hier (Praxistyp II) identifizieren sich aktiv mit einer praktischen Pflegeexpertise, lassen sich systematisch in die direkte Pflege einbinden und planen mitunter den beruflichen Rückzug in die direkte Pflege.

Darin wird ein Trend sichtbar, der weitere wichtige Rückschlüsse auf die Genese von autonomen und heteronomen Positionen im Prozess der Ökonomisierung zulässt. So könnte einer kontinuierlichen Tätigkeit des Leitungspersonals in der direkten Pflege die Funktion eines Seismographen zukommen. Die Auswirkungen von Rationalisierungsmaßnahmen für die praktische Pflege können seitens der Geschäftsführer und Pflegedienstleiter, die immer häufiger eine akademische Qualifizierung durchlaufen haben (Gerlach 2008), unmittelbar wahrgenommen und damit auch die pflegefachlichen Grenzen einer wirtschaftlichen Ausrichtung von Abläufen und personellen Strukturen leichter bestimmt werden. Werden auf der Leitungsebene Aufgaben der direkten Pflege hingegen mehr und mehr gemieden, scheinen dadurch den Betroffenen wichtige Kausalketten verborgen zu bleiben. Sie sind dann von den Folgen ihrer eigenen Entscheidungen im Bereich der Patientenversorgung kaum betroffen und verlieren dadurch womöglich den Blick für entstehende Risiken. Hier scheint also ein dringender Diskussionsbedarf geboten, wobei die Frage zu erörtern wäre, inwiefern eine solche Ausdifferenzierung in der Aufgabenverteilung, gerade vor dem Hintergrund wachsender Anforderungen im ökonomischen Bereich, produktiv ist. Es droht ansonsten die Gefahr, dass sich die Praxis der ökonomischen Steuerung und Kontrolle, die aus dem heutigen Versorgungsalltag zweifelsohne nicht wegzudenken ist, verselbstständigt und nur noch ihre eigenen Normen und Sanktionen akzeptiert, anstatt an die spezifischen Erfordernisse der Pflege rückgekoppelt zu werden. Dann würde auch die berufsinterne Selbstkontrolle in den Bereichen der Versorgungsorganisation und praktischen Pflege, die nichts anderes als eine professionelle Form der Qualitätssicherung darstellt (Bollinger/Gerlach 2008), schlicht an Relevanz einbüßen. Öffentliche Debatten über Pflegemängel, fachfremde Kontrolle und externe Qualitätssicherung wären dafür die Vorboten.

Allerdings erweist sich der autonome Pol selbst oftmals als brüchig – ein abschließender Diskussionspunkt. Obschon viele Pflegende in den Pflegediensten Kritik gegen Zeitdruck, Personalabbau etc. äußern, sind ihre Widerstände gegen jene ökonomisch motivierten Maßnahmen von Unsicherheiten und Diffusität gekennzeichnet. Im ambulanten Pflegefeld fehlt es in vielen Bereichen an klaren pflegefachlichen Standards, um gegen die ökonomischen Zumutungen ins Feld zu ziehen und „die Grenzen des Feldes deutlich [zu] markieren" (Bourdieu 1998a: 116). Dies betrifft insbesondere den Bereich der Versorgungsorganisation: Die Betroffenen können oftmals nicht klar bestimmen, wo die Grenzen eines anwachsenden Zeitdrucks für die direkte Pflege aus pflegefachlicher Sicht liegen sollten, inwiefern Dequalifizierung des Pflegepersonals mit den pflegerischen Anforderungen nicht überein gebracht werden kann oder welches Leistungsniveau im individuellem Fall nicht unterschritten werden dürfe.

Die sich in den empirischen Befunden dokumentierenden Unsicherheiten der Pflegenden bei der Bestimmung pflegefachlicher Standards lassen unzweifelhaft einen dringenden Handlungsbedarf erkennen. Nötig sind pflegewissenschaftlich anerkannte Qualitätskriterien, die sowohl bei den organisatorischen Strukturen als auch bei den Leistungsprozessen ansetzen und der Pflegepraxis damit einen normativen Rahmen an die Hand geben, um etwaige Veränderungsmaßnahmen – gerade angesichts eines wachsenden ökonomischen Kostendrucks und den damit einhergehenden Anpassungsanforderungen – auf ihre pflegefachlichen Folgen besser überprüfen zu können. Hiermit ist ein Monitoring-System angesprochen, das mit bestimmten Mindestanforderungen unterlegt sein muss: Welche Mindeststandards müssen in den Bereichen Personalquantität und -qualität erfüllt werden, um eine qualitativ angemessene Pflege zu gewährleisten? Welche organisatorischen Anforderungen in den Bereichen Arbeitsbedingungen/Versorgungszeiten müssen eingehalten werden, um eine individuelle und adäquate Pflege sicherzustellen? Welche sind die Versorgungsinhalte einer bedarfsorientierten Pflege, unter die kein Patient – jenseits von gesetzlichen Rahmenbedingungen oder der individuellen Kaufkraft der Betroffenen – fallen darf?

7 Schluss

„Inzwischen müssen wir nun lernen, unseren Freiraum der Zwischenmenschlichkeit des Gebens und Nehmens von Person zu Person gegen eine dominierende Ökonomie zu schützen, die uns direkt oder indirekt auf vielfältige Weise in ihren Dienst nimmt. Diese Einvernahme von außen und die Unterwerfung von innen geschehen heute meist so mechanisch und geräuschlos, dass die Vergewaltigung beziehungsweise Unterwerfung wie höhere Notwendigkeit hingenommen oder verinnerlicht werden. Aber wir haben in uns eine Orientierungshilfe, das ist einfach die alles überstrahlende Verantwortung im Dienst an dem Patienten, deren unbedingte Wahrnehmung mit einer Befriedigung belohnt wird, für die es keinen anderweitigen Ersatz gibt. Diese Überzeugung mag Ihnen naiv klingen. Ist sie auch, aber mir hat sie immer geholfen."

HORST-EBERHARD RICHTER (2008)

Das deutsche Gesundheitswesen effektiver und effizienter zu gestalten, bildet seit geraumer Zeit das zentrale Motiv gesundheitspolitischer Reformbemühungen. Eine stärkere Ambulantisierung der Versorgungsstrukturen zählt in diesem Zusammenhang genauso zu einem der prominentesten Lösungsansätze wie der sektorenübergreifende Ausbau marktkonformer Instrumente zur Steuerung der Krankenversorgung. Am Fall der häuslichen Pflege werden diese Entwicklungen ganz besonders gut sichtbar. Zum einen hatte der jüngst erfolgte Aufbau der ambulanten Pflegeinfrastruktur zum Ziel, Pflegebedürftigen einen möglichst langen Verbleib im häuslichen Umfeld zu ermöglichen, um im Gegenzug die Inanspruchnahme der kostenintensiveren, stationären Versorgungsangebote möglichst gering zu halten. Zum anderen wurde der Umfang der staatlich-solidarischen Absicherung von Pflegebedürftigkeit weit unterhalb eines bedarfs-*deckenden* Leistungsanspruchs limitiert und die gesellschaftliche Aufgabe der Bewältigung des Pflegebedarfs damit den typischen Marktmechanismen von Angebot und Nachfrage überlassen.

Obgleich Letzteres einen massiven Eingriff in die Strukturbedingungen des Gesundheitssystems bedeutet, ist die Frage nach den Auswirkungen der Vermarktlichung auf die professionellen Versorgungsangebote und die -qualität immer noch völlig offen. Die mit der Pflegeversicherung geschaffene Kaufkraftabhängigkeit beim Zugang zur professionellen Pflege einerseits und der institutionalisierte Anbieterwettbewerb zwischen den Pflegediensten andererseits gleichen damit einem Steuerungsexperiment mit ungewissem Ausgang. Bislang wurde das Thema Ökonomisierung kaum in das Programm der gesundheits- und pflegewissenschaftlichen Versorgungsforschung aufgenommen. Das Desiderat betrifft allerdings nicht nur die Veränderungen in der ambulanten Pflege, sondern umfasst ebenso die Folgen der vielfältigen ökonomisch induzierten Transformationsprozesse in anderen Settings der gesundheitlichen Versorgung. Die vorliegende Untersuchung setzte an diesem Forschungsbedarf an. Die Befunde zeigen, dass die Versorgungspraxis von ambulanten Pflegediensten überaus deutlich durch die herrschenden wirtschaftlichen Bedingungen strukturiert wird. Pflegedienste passen ihr Leistungsportfolio an den sehr eng gehaltenen gesetzlichen Leistungsrahmen an und können dem oftmals sehr viel komplexeren Versorgungsbedarf der Pflegebedürftigen kaum gerecht werden. Ein Qualitätswettbewerb zwischen den ambulanten Pflegediensten kommt unter diesen Bedingungen kaum in Gang. Die Professionellen sehen sich mit einer fehlenden Zuzahlungsbereitschaft auf Seiten der Pflegebedürftigen konfrontiert und ringen primär um eine niedrige Kostenstruktur ihrer ambulanten Versorgungsangebote. Um die wirtschaftliche Existenz ihrer Betriebe überhaupt sicherstellen zu können, sehen sich viele der Entscheidungsträger in den Pflegediensten gezwungen, Personal abzubauen, die Arbeitsabläufe zu verdichten und alle Pflegeleistungen auf ihre Refinanzierbarkeit zu überprüfen. Der „Pflegemarkt" erweist sich zumindest in seiner jetzigen Ausgestaltung demnach kaum als ein Steuerungsmodell, das geeignet wäre, die Qualität in der ambulanten Pflegeversorgung positiv zu beeinflussen.

Im Gegenteil, die Kritik an einer zunehmenden Ökonomisierung des Gesundheitssystems, wie sie inzwischen in einigen gesundheits- und sozialwissenschaftlichen Beiträgen formuliert wird, lässt sich mit den vorliegenden Befunden für den Bereich der ambulanten Pflege nun empirisch unterlegen. Aufgrund der zunehmenden Vermarktlichung der Versorgungsstrukturen wächst in der Pflegepraxis die Diskrepanz zwischen dem real existierendem Pflegebedarf und dem institutionellen Interesse der Versorgungsanbieter nach wirtschaftlicher Sicherheit. Eine Autonomie der Pflege gegenüber der ökonomischen Logik ist damit konterkariert und Tür und Tor für eine Pflege geöffnet, die sich kommerziellen Anforderungen unterwirft, dabei zentrale Qualitätsstandards zur Disposition stellt und die Deutungshoheit im Bereich der Leistungssteuerung und -kontrolle Stück um Stück an die Ökonomie abgibt. Die vorgestellten Befunde lassen jedoch zugleich eine differenzierte Praxis erkennen. Sie zeigen, dass die ökonomische Rationalisierung der Pflegedienste keineswegs reibungslos erfolgt. Diese Diagnose berührt die unterschiedlichen Handlungsstrategien der Pflegeakteure in Leitungsfunktionen, die sich aus pflegefachlichen Gründen dem ökonomischen Druck hier mehr, dort weniger angepasst zeigen. Dies führt auf der Ebene der Versorgungsstrukturen und im Leistungsgeschehen durchaus zu höchst unterschiedlichen Konsequenzen und zu vielfältigen Kompromissvarianten bei der Verbetrieblichung der Pflegedienste. Innerhalb der Pflegeteams stoßen Maßnahmen wie Arbeitsverdichtung und Verknappung von Versorgungszeiten, Personalabbau oder Dequalifizierung auf enorme Kritik und Widerstand. Intern kommt es nicht selten zu Unruhen und Konflikten. Mitunter führt der innere Konflikt von Qualitätsstandards und wachsendem Zeitdruck auch zu einer mehr oder weniger reflektierten und ökonomisch widersinnigen Bereitschaft, Leistungen ohne finanzielle Gegenleistung zu erbringen.

Die heterogene Handlungspraxis der Pflegenden im Umgang mit dem ökonomischen Druck stellt einen weiteren innovativen Forschungsbefund dar. Obschon der ökonomisch induzierte Strukturwandel den Professionellen eine Marktkonformität abfordert, legt die Mikroperspektive vielfältige Brüche und Widerstände bei der Anpassung an die ökonomischen Gesetze und Normen offen. Die hier vorgeschlagene Erklärung von Ökonomisierungsprozessen setzt in Verknüpfung mit einer feldtheoretischen Perspektive Pierre Bourdieus an zwei widerstreitenden Interessen in der Pflegepraxis an. Die Ökonomisierung der ambulanten Pflegedienste erweist sich als ein Prozess fortwährender Konflikte, die zwischen zwei Grundlogiken und Werteprinzipien ausgetragen werden: Dem heteronomen Pol, demgemäß betriebswirtschaftliche Kriterien als entscheidungsrelevanter Maßstab für die Rationalisierung der Pflegedienste angelegt werden, und dem autonomen Pol, demgemäß qualitativ-pflegerische Standards als Norm die pflegerische Versorgung definieren. Aus dieser Perspektive wird plausibilisiert, dass die Ökonomisierung nur unvollständig allein als ein Prozess der Unterwerfung der Praxis unter ökonomische Gesetze beschrieben und erklärt werden kann. Die vorgenommene Ergänzung der bestehenden konzeptionellen Ökonomisierungsansätze bestätigt zwar die Annahme einer Tendenz zu ökonomisch verursachten Qualitätsproblemen in der Versorgung, unterstreicht gleichzeitig aber die autonomen Feldkräfte und die Trägheit der Akteure in diesem Transformationsprozess. Der Anpassungspraxis an restriktive ökonomische Vorgaben liegt gleichrangig ein „berufsinterner Mechanismus der Qualitätssicherung" zu Grunde. Dieser orientiert sich an der berufsethischen Norm der Pflegeversorgung, jedem Kranken und Hilfsbedürftigem eine bedarfsgerechte Versorgung zukommen zu lassen.

Die pflegeorientierte Versorgungsforschung muss insofern reflektieren, dass häusliche Pflege längst von einem Spannungsverhältnis zwischen ökonomischen und pflegerischen Anforderungen geprägt ist. Die in der Öffentlichkeit immer häufiger aufflammenden Debatten über „Pflegemissstände", die jüngsten Versuche, Versorgungsmängel mittels externer Qualitätstests in den Griff zu bekommen oder die Einführung eines Mindestlohns zur Eindämmung von Dumpinggehältern in der Pflege dokumentieren die Problematik und lassen einen dringenden Bedarf an verlässlichen, wissenschaftlich geprüften Daten um so mehr erkennen. Nötig sind weitergehende Forschungsprojekte sowie institutionalisierte Monitoringverfahren, welche die Folgen des ökonomisch induzierten Wandels in den einzelnen Versorgungssettings der Pflege systematisch beobachten können. Daran anzuschließen ist eine stärkere Rückkoppelung pflegewissenschaftlicher Befunde an die politischen Entscheidungsebenen. Die Diskussion rund um die längst überfällige Erweiterung des Pflegebedürftigkeitsbegriffs im SBG XI ist ein wichtiger Beitrag in dieser Richtung. Dringend geboten ist darüber hinaus eine Auseinandersetzung bezogen auf den *Umfang* der staatlich-solidarischen Finanzierung einer professionellen Pflege insgesamt. Wird das volkswirtschaftliche Ziel der Ausgabenbegrenzung dem Versorgungsziel der Bedarfsdeckung in der Pflegeversicherung – trotz des wachsenden Pflegebedarfs in der Bevölkerung – auch weiterhin vorgezogen, steigt das Risiko für Versorgungsmängel zukünftig weiter an und der Zugang zu den notwendigen Versorgungsleistungen wird sehr stark von einem sozialen Gradienten bestimmt werden.

Die vorgestellte mikrologische Perspektive, bei welcher die strukturelle Konstellation widerstreitender Interessen in den Mittelpunkt der Analyse rückt, unterstreicht allerdings auch vorhandene Gestaltungsräume der Akteure im Prozess der Ökonomisierung. An diesem Punkt ansetzend ergeben sich durchaus praxisrelevante Verbindungen. Mit den vorliegenden Forschungsergebnissen wird ein breiter Diskussionsbedarf hinsichtlich des Zuschnitts von Qualifikationsprofilen und Handlungsfeldern einer modernen Pflege eröffnet, die zweifelsohne auch zukünftig mit ökonomischen Anforderungen konfrontiert sein wird. In dem Maße, in dem aufgrund der veränderten ökonomischen Rahmenbedingungen der Handlungsdruck auf Seiten der Pflegeakteure steigt, Pflegedienste zu rentablen Betrieben umzubauen, wächst nicht nur der Bedarf an wirtschaftlicher Handlungsexpertise, sondern ebenso der Bedarf an berufsinternen Qualitätssicherungsmechanismen, die auf pflegefachlich hergeleiteten Erfordernissen und Normen gründen und in deren Rahmen etwaige Risiken von Rationalisierungsprogrammen für die Pflegequalität markiert sowie entsprechende Korrekturen durchgesetzt werden können. Ansätze einer entsprechenden beruflichen Qualitätssicherung im Zuge der Ökonomisierung lassen die vorgestellten Befunde deutlich erkennen. Die „andere Seite der Medaille" ist allerdings, dass jener Mechanismus nur unsystematisch ausgebildet ist. Radikale Sparmaßnahmen, wie Personalabbau, Arbeitsverdichtung oder die Etablierung kaufkraftabhängiger Pflegearrangements werden keineswegs von allen Entscheidungsträgern aus der Pflege als problematisch eingestuft. Einer effektiven berufsinternen Selbstkontrolle fehlt insofern ein einheitlich ausgebildeter Handlungs- und Orientierungsrahmen in Bezug auf pflegefachliche Standards. Inwiefern Dequalifizierung beim Pflegepersonal angesichts der Versorgungsherausforderungen angemessen ist, welche Bedeutung dem Zeitfaktor in der Pflege zukommt und inwieweit das Bedarfsdeckungsprinzip – und nicht das ökonomische Tauschprinzip – die Norm des pflegerischen Handelns sein soll, gilt innerhalb der Pflegeberufe scheinbar keineswegs als klar definiert. Diese Diffusität sollte als Anlass verstanden werden, bestehende Aus- und Weiterbildungsprogramme auf allen Ebenen in den

Pflegeberufen auf den Prüfstand zu stellen. Eine Pflegepraxis, der kein kollektiv geteiltes Selbstverständnis in Bezug auf pflegefachliche Standards auf Seiten der Pflegenden zu Grunde liegt, läuft ansonten Gefahr, zentrale Qualitätsstandards aufgeben zu müssen. Dies hätte nicht nur negative Folgen für die Versorgungspraxis insgesamt, die Pflege würde damit zwangsläufig und unwiederbringlich hinter den selbstgesteckten Anspruch an „Professionalität" zurückfallen und auch als Gesundheitsberuf unwiderlegbar an Attraktivität verlieren.

Ökonomisierung der Pflege erhöht das Risiko für Qualitätsprobleme und eine sozial ungleich verteilte Versorgung. Hier kann allerdings – so das abschließende Resümee – nicht von einem unveränderlichen Zusammenhang gesprochen werden. Der sparsame Umgang mit Ressourcen ist eine berechtigte gesellschaftliche Forderung an die Health Professionals, die ihnen Kostenbewusstsein und ökonomischen Sachverstand abverlangt. Hier heißt es, nach Wegen zu suchen, um den Kostenaufwand für die Versorgung gering zu halten, ohne dadurch den gesundheitlichen Outcome zu schmälern. Wirtschaftliches Handeln muss nicht zwangsläufig zu einem Qualitätsverlust bei der pflegerischen Versorgung führen. Ebenso unzulänglich ist es allerdings anzunehmen, dass anonyme Marktkräfte allein ein verlässliches Steuerungsprinzip der Qualitätssicherung darstellen, hinter das die Bedeutung der Health Professionals zurücktreten kann. Am Beispiel der wachsenden Abhängigkeit ambulanter Pflegedienste von marktwirtschaftlichen Anreiz- und Sanktionsmechanismen wird vielmehr der immense Bedarf an beruflichen Qualitätssicherungsmechanismen im Umgang mit ökonomischen Anforderungen unverkennbar. Eine professionelle, von ökonomischen Zwängen unabhängige Selbstkontrolle der Pflege sollte sich dabei stets am Anspruch messen lassen können, jedem Pflegebedürftigen unabhängig von seinem sozialen und ökonomischen Status eine bedarfsgerechte Pflege zu garantieren – dies auch und gerade wider ökonomischen Anforderungen.

Literaturverzeichnis

Aiken, L.H./Clarke, S.P./Sloane, D.M. (2002): Hospital staffing, organization, and quality of care: cross-national findings. International Journal for Quality in Health Care, 14 (1), S. 5-13.

Aiken, L.H./Clarke, S.P./Sloane, D.M./Sochalski, J.A./Busse, R./Clarke, H./Giovannetti, P./Hunt, J./Rafferty, A.M./Shamian, J. (2001): Nurses` reports on hospital care in five countries. Health Affairs (Millwood), 20 (3), S. 43-53.

Aiken, L.H./Clarke, S.P./Sloane, D.M./Sochalski, J.A./Silber, J.H. (2002): Hospital nurse stuffing and patient mortality, nurse bornout, and job dissatisfaction. Journal of the American Medical Association, 288 (16), S. 1987-1993.

Arntz, M./Spermann, A. (2004): Wie lässt sich die gesetzliche Pflegeversicherung mit Hilfe personenbezogener Budgets reformieren? Sozialer Fortschritt, Jg. 53, S. 11-22.

Augurzky, B./Budde, R./Krolop, S./Schmidt, Ch. M./Schmidt, H./Schmitz, H./Schwierz, Ch./Terkatz, St. (2008), Krankenhaus Rating Report 2008 – Qualität und Wirtschaftlichkeit. RWI : Materialien 41. Essen.

Augurzky, B./Tauchmann, H./Werblow, A./Felder, S. (2009): Effizienzreserven im Gesundheitswesen. Rheinisch-Westfälisches Institut für Wirtschaftsforschung: Materialien, Heft 49.

Backes, G./Amrhein, L./Wolfinger, M. (2008): Gender in der Pflege. Herausforderungen für die Politik. Bonn: Friedrich-Ebert-Stiftung.

Bartholomeyczik, S. (2006): Prävention und Gesundheitsförderung als Konzepte der Pflege. Zeitschrift für Pflegewissenschaft, Heft 3, Jg. 11, S. 210-222.

Bauer, U. (2006): Die sozialen Kosten der Ökonomisierung von Gesundheit. Aus Politik und Zeitgeschichte. Beilage zur Wochenzeitung Das Parlament, 8-9, S. 17-24.

Bauer, U. (2007): Gesundheit im ökonomisch-ethischen Spannungsfeld. In: Jahrbuch für Kritische Medizin 44: Geld als Steuerungsmedium im Gesundheitswesen. Hamburg: Argument-Verlag, S. 98-119.

Bauer, U. (2010): Analyse und Kritik des Neoliberalismus. Soziologische Revue, Jg. 33, S. 45-51.

Bauer, U./Bittlingmayer, U.H./Richter, M. (2008) (Hg.): Health Inequalities. Determinanten und Mechanismen gesundheitlicher Ungleichheit. Wiesbaden: VS.

Bauer, U./Büscher, A. (2008) (Hg.): Soziale Ungleichheit und Pflege. Beiträge sozialwissenschaftlich orientierter Pflegeforschung. Wiesbaden: VS.

Bauer, U./Rosenbrock, R./Schaeffer, D. (2005): Stärkung der Nutzerposition im Versorgungswesen – gesundheitspolitische Herausforderungen und Notwendigkeit. In: Iseringhausen, O./Badura, B. (Hg.): Wege aus der Krise der Versorgungsorganisation. Bern: Huber, S. 187-201.

Becker, K./Gertenbach, L./Laux, H./Reitz, T. (2010): Grenzverschiebungen des Kapitalismus. Umkämpfte Räume und Orte des Widerstands. Campus.

Behnke, C./Meuser, M. (2005): Vereinbarkeitsmanagement. Zuständigkeiten und Karrierechancen bei Doppelkarrierepaaren. In: Solga, H./Wimbauer, C. (Hg.): „Wenn zwei das Gleiche tun …" – Ideal und Realität sozialer (Un-)Gleichheit in Dual Career Couples. Opladen: Budrich, S. 123-139.

Beikirch, E. /Korporal, J. (2003): Ambulante Pflege: sozialrechtliche, strukturelle und ökonomische Rahmenbedingungen und Entwicklung. In: Rennen-Allhoff, B./Schaeffer, D. (Hg.): Handbuch Pflegewissenschaften. Weinheim/München: Juventa, 591-607.

Berg, H./Gansweid, B./Wingenfeld, K./Büscher, A./Meintrup, V./Eckardt, S./Büker, C./von Schwanenflügel, M. (2009): Weiterentwicklung des Begutachtungsverfahrens. In: Gaertner, T./Gansweid, B./Gerber, H./Schwegler, F./von Mittelstaedt, G. (Hg.) Die Pflegeversicherung. Handbuch zur Begutachtung, Qualitätsprüfung, Beratung und Fortbildung. Berlin, New York: de Gruyter, S. 139-160.

Bittlingmayer, U. (2005): „Wissensgesellschaft" als Wille und Vorstellung. Konstanz: UVK.

Blinkert, B. (2007): Bedarf und Chancen. Die Versorgungssituation pflegebedürftiger Menschen im Prozess des demographischen und sozialen Wandels. Pflege & Gesellschaft, 11, S. 227-239.

Blinkert, B./Klie, T. (2006): Pflegekulturelle Orientierungen. Die Annaberg-Unna-Studie. Freiburg.

Blinkert, B./Klie, T. (2008): Die Versorgungssituation pflegebedürftiger Menschen vor dem Hintergrund von Bedarf und Chancen. In: Bauer, U./Büscher, A. (Hg.): Soziale Ungleichheit und Pflege. Beiträge sozialwissenschaftlich orientierter Pflegeforschung. Wiesbaden: VS, S. 238-258.

BMA – Bundesministerium für Arbeit und Sozialordnung (1997): Erster Bericht über die Entwicklung der Pflegeversicherung seit ihrer Einführung am 01. Januar 1995. Bundesministerium für Arbeit und Sozialordnung.

BMFSFJ – Bundesministerium für Familie, Senioren, Frauen und Jugend (2001): Alter und Gesellschaft. Dritter Bericht zur Lage der älteren Generation in der Bundesrepublik Deutschland. Berlin: Bundesministerium für Familie, Frauen, Senioren und Jugend.

BMG – Bundesministerium für Gesundheit (2001): Zweiter Bericht über die Entwicklung der Pflegeversicherung. Unterrichtung durch die Bundesregierung. Deutscher Bundestag, Drucksache 14/5590.

BMG – Bundesministerium für Gesundheit (2009): Zahlen und Fakten zur Pflegeversicherung (07/09). Bonn: Bundesministerium für Gesundheit.

BMG – Bundesministerium für Gesundheit (2010a): Private Pflege-Zusatzversicherung. Website v. 18. Januar 2010 (http://www.bmg.bund.de/SharedDocs/Standardartikel/DE/AZ/P/Glossarbegriff-Private-Pflege-Zusatzversicherung.html).

BMG – Bundesministerium für Gesundheit (2010b): Geschäfts- und Rechnungsergebnisse der sozialen Pflegeversicherung. Bonn: Bundesministerium für Gesundheit.

Böckmann, R. (2009): Gesundheitsversorgung zwischen Solidarität und Wettbewerb. Wiesbaden: VS.

Boes, C. (2003): Der Beitrag von Pflegefachpersonen ambulanter Pflegedienste in häuslichen Pflegesituationen. Zeitschrift Pflege, 16, S. 349-356.

Bohnsack, R. (2001): Typenbildung, Generalisierung und komparative Analyse. Grundprinzipien der dokumentarischen Methode. In: Bohnsack, R./Nentwig-Gesemann, I./Nohl, A.-M. (2001): Die dokumentarische Methode und ihre Forschungspraxis. Opladen: Leske und Budrich, S. 225-252.

Bohnsack, R. (2003): Rekonstruktive Sozialforschung. Einführung in qualitative Methoden. 5 Aufl., Opladen: Leske & Budrich.

Bohnsack, R. (2007): Rekonstruktive Sozialforschung. Einführung in qualitative Methoden. Opladen/Farmington Hills: Budrich.

Bohnsack, R. (2009): Dokumentarische Methode. In: Buber, R./Holzmüller, H. (Hg.): Qualitative Marktforschung. Konzepte – Methoden – Analysen. Wiesbaden: Gabler, S. 319-330.

Bohnsack, R./Nentwig-Gesemann, I./Nohl, A.-M. (2007): Einleitung: Die dokumentarische Methode und ihre Forschungspraxis. In: Bohnsack, R./Nentwig-Gesemann, I./Nohl, A.-M. (Hg,): Die dokumentarische Methode und ihre Forschungspraxis: Grundlagen qualitativer Sozialforschung. Wiesbaden: VS, S. 9-27.

Bollinger, H./Gerlach, A. (2008): „Professionalität" als Kompetenz und Element der Qualitätssicherung in den Gesundheitsberufen. In: Matzig, S. (Hg.): Qualifizierung in den Gesundheitsberufen. München/Weinheim: Juventa, S. 139-158.

Bongaerts, G. (2008): Verdrängung des Ökonomischen. Bourdieus Theorie der Moderne. Bielefeld: Transcript.

Bourdieu, P. (1997): Der Tote packt den Lebenden. In: Bourdieu, P. (Hg.): Der Tote packt den Lebenden. Schriften zur Politik und Kultur 2. Hamburg: VSA, S. 18-58.

Bourdieu, P. (1998a): Über das Fernsehen. Frankfurt a.M.: Suhrkamp.

Bourdieu, P. (1998b): Gegenfeuer. Wortmeldungen im Dienste des Widerstands gegen die neoliberale Invasion. Konstanz: UVK.

Bourdieu, P. (1999): Die Regeln der Kunst. Frankfurt a. M.: Suhrkamp.

Bourdieu, P. (2001): Meditationen. Zur Kritik der scholastischen Vernunft. Frankfurt a. M.: Suhrkamp.

Braun, B. (2005): Wunsch und Wirklichkeit der Rollen von Versicherten- und Patientenwahrnehmungen in der Gesundheitspolitik. In: Helmert, U./Schumann, H./Jansen-Bitter, H. (Hg.): Souveräne Patienten? Hannover: Maro, S. 211-228.

Braun, B./Buhr, P./Klinke, S./Müller, R./Rosenbrock, R. (2009): Pauschalpatient, Kurzlieger und Draufzahler – Auswirkungen der DRGs auf Versorgungsqualität und Arbeitsbedingungen im Krankenhaus. Bern: Huber.

Braun, B./Klinke, S./Müller, R. (2010): Auswirkungen des DRG-Systems auf die Arbeitssituation im Pflegebereich von Akutkrankenhäusern. Pflege & Gesellschaft, 15, S. 5-19.

Braun, B./Kühn, H./Reiners, H. (1998) Das Märchen von der Kostenexplosion. Populäre Irrtümer zur Gesundheitspolitik. Frankfurt a. M.: Fischer.

Braun, B./Müller, R. (2003): Auswirkungen von Vergütungsformen auf die Qualität der stationären Versorgung. Ergebnisse einer Längsschnittanalyse von GKV-Routinedaten und einer Patientenbefragung. Schwäbisch Gmünd: Asgard-Verlag.

Braun, B./Müller, R. (2006): Versorgungsqualität im Krankenhaus aus der Perspektive der Patienten. Ergebnisse einer wiederholten Patientenbefragung und einer Längsschnittanalyse von GKV-Routinedaten. Schwäbisch Gmünd: Asgard-Verlag.

Breyer, F./Zweifel, P. S./Kifmann, M. (2003): Gesundheitsökonomie. Berlin/Heidelberg/ New York: Springer.

Brömme, N. (1999): Eine neue Kultur des Helfens und der menschlichen Zuwendung? Über die sozialen Auswirkungen des Pflegeversicherungsgesetzes. Veröffentlichungsreihe des Instituts für Pflegewissenschaft an der Universität Bielefeld, P99-106. Bielefeld: IPW.

Buhr, P./Klinke, S. (2006) Versorgungsqualität im DRG-Zeitalter. Erste Ergebnisse einer qualitativen Studie in vier Krankenhäusern. Bremen: Zentrum für Sozialpolitik, Universität Bremen, ZeS-Arbeitspapier Nr. 6.

Büker, C. (2008): Familien mit einem pflegebedürftigen Kind – Herausforderungen und Unterstützungserfordernisse. Zeitschrift für Pflegewissenschaft, Heft 1, Jg. 13, S. 77-88.

Büscher, A./Boes, C./Budroni, H./Hartenstein, A./Holle, B. (2005): Finanzierungsfragen der häuslichen Pflege. Eine qualitative Untersuchung zur Einführung personenbezogener Budgets. Abschlussbereich. Witten: Private Universität Witten/Herdecke gGmbH, Institut für Pflegewissenschaft.

Büscher, A./Budroni, H./Hartenstein, A./Holle, B./Vossler, B. (2007): Auswirkungen von Vergütungsregelungen in der häuslichen Pflege. Ein Modellprojekt zur Einführung personenbezogener Budgets. Zeitschrift für Pflegewissenschaft, Heft 4, Jg. 12, S. 343-359.

Büscher, A./Holle, B./Emmert, S./Fringer, A. (2010): Häusliche Pflegeberatung für Geldleistungsbezieher in der Pflegeversicherung. Zeitschrift für Gerontologie und Geriatrie, Vol. 43, Nr. 2, S. 103-110.

Büssing, A./Glaser, J./Höge, Th. (2005): Belastungsscreening in der ambulanten Pflege. Dortmund/Berlin/Dresden: Schriftenreihe der Bundesanstalt für Arbeitsschutz und Arbeitsmedizin.

Cassel, D./Wilke, T. (2001): Das saysche Gesetz im Gesundheitswesen: Schafft sich das ärzliche Leistungsangebot seine eigene Nachfrage? Journal of Public Health, 9 (4), S. 331-348.

Cho, S.H. (2001): Nurse staffing and adverse patient outcomes: a systems approach. Nursing Outlook 49 (2), S. 78-85.

Clarke, S.P./Sloane, D.M./Aiken, L.H. (2002): Effects of hospital staffing and organizational climate on needlestick injuries to nurses. American Journal of Public Health 92 (7), S. 1115-1119.

Cotroneo, M./Zimmer, M./Zegelin-Abt, A. (1999): Vorschläge für das Gesundheitssystem der Zukunft: Familienorientierte Primary Health Care. Zeitschrift Pflege, 12, Heft 3, S. 163-171.

Czerwick, E. (2007): Die Ökonomisierung des öffentlichen Dienstes. Dienstrechtsreformen und Beschäftigungsstrukturen seit 1991. Wiesbaden: VS.

DAK-BGW (2006): DAK-BGW Gesundheitsreport 2006. Ambulante Pflege. Arbeitsbedingungen und Gesundheit in ambulanten Pflegediensten. Hamburg.

Dammert, M. (2009): Angehörige im Visier der Pflegepolitik. Wie zukunftsfähig ist die subsidiäre Logik der deutschen Pflegeversicherung? Wiesbaden: VS.

Deppe, H.-U. (1999): Vor einer Kulturwende in der Medizin. Soziale Sicherheit, H. 5, S. 183-185.

Deppe, H-U. (2002): Kommerzialisierung oder Solidarität? In: Deppe, H-U./Burkhardt, W. (Hg.): Solidarische Gesundheitspolitik. Alternativen zu Privatisierung und Zwei-Klassen-Medizin. Hamburg: VSA, S. 10-23.

Deppe, H-U. (2005): Zur sozialen Anatomie des Gesundheitssystems. Neoliberalismus und Gesundheitspolitik in Deutschland. Frankfurt: VAS.

Deutscher Altenpflege-Monitor (2007): Presseinformation. Deutscher Altenpflege-Monitor 2007/2008. Generation 50plus: Einstellungen zur Altenpflege. Was erwartet der Kunde von morgen? Frankfurt, 24. Oktober 2007.

Dibelius, O. (2003): Altersrationierung: Gerechtigkeit und Fairness im Gesundheitswesen? Eine Studie zum ethischen Führungshandeln von Pflegemanager/innen in der stationären und teilstationären Altenpflege. In: Dibelius, O./Arndt, M. (Hg): Pflegemanagement zwischen Ethik und Ökonomie: Eine europäische Perspektive. Hannover: Schlütersche, S. 23-36.

Dobke, J./Köhlen, C./Beier, J. (2001): Die häusliche Kinderkrankenpflege in Deutschland – Eine quantitative Erhebung zur Situation von Anbietern häuslicher Kinderkrankenpflege. Zeitschrift Pflege, 14, Heft 3, 183-190.

Dörre, K./Lessenich, S./Rosa, H. (2009): Soziologie – Kapitalismus – Kritik. Eine Debatte. Frankfurt a.m.: Suhrkamp.

Dräther, H./Rehbein, I. (2009): Die Soziale Pflegeversicherung zwischen Armutsvermeidung und Beitragssatzstabilität. In: Dräther, H./Jacobs, K./Rothgang, H. (Hg.): Fokus Pflegeversicherung. Nach der Reform ist vor der Reform. Berlin: Wissenschaftliches Institut der AOK, S. 283-299.

Eiff, W. v./Schüring, S./Niehues, C. (2011): REDIA: Auswirkungen der DRG-Einführung auf die medizinische Rehabilitation. Ergebnisse einer prospektiven und medizinökonomischen Langzeitstudie 2003 bis 2011. Berlin: Liet.

Elsner, G./Gerlinger, T./Stegmüller, K. (Hg.) (2004) Markt versus Solidarität. Gesundheitspolitik im deregulierten Kapitalismus, Hamburg: VSA.

Enquête-Kommission Demographischer Wandel (2002): Herausforderungen unserer älter werdenden Gesellschaft an den Einzelnen und die Politik. Berlin: Deutscher Bundestag, 14. Wahlperiode, Drucksache 14/8800.

Enuquête-Kommision des Landtags von Nordrhein-Westfalen (2005): Situation und Zukunft der Pflege in NRW. Bericht der Enuquête-Kommision des Landtags von Nordrhein-Westfalen. Düsseldorf.

Evers, A. (1997): Geld oder Dienste? Zur Wahl und Verwendung von Geldleistungen im Rahmen der Pflegeversicherung. WSI Mitteilungen, Nr. 7, S. 510-518.

Ewers, M. (2003): High-Tech Home Care. Optionen für die Pflege. Bern: Huber.

Ewers, M. (2006): Sichtweisen und Unterstützungsbedürfnisse von Mitarbeitern der ambulanten und stationären Altenhilfe und Altenpflege. Veröffentlichungsreihe des Instituts für Pflegewissenschaft an der Universität Bielefeld, P06-132. Bielefeld: IPW.

Ewers, M./Schaeffer, D. (1999): Herausforderungen für die ambulante Pflege Schwerstkranker. Eine Situationsanalyse nach Einführung der Pflegeversicherung. Veröffentlichungsreihe des Instituts für Pflegewissenschaft an der Universität Bielefeld, P99-107. Bielefeld: IPW.

Friesacher, H. (2008): Theorie und Praxis pflegerischen Handelns. Osnabrück: V&Runipress.

Flick, U. (1995): Qualitative Forschung – Theorien, Methoden, Anwendung in Psychologie und Sozialwissenschaft. Reinbeck bei Hamburg: Rowohlt.

Flick, U./Kardorff, E. v./Steinke, I. (2003): Was ist qualitative Forschung? Einleitung und Überblick. In: Flick, U./Kardorff, E. v./Steinke, I. (Hg.): Qualitative Forschung. Ein Handbuch. Reinbeck bei Hamburg: Rowohlt, S. 13-29.

Gansweid, B./Wingenfeld, K./Büscher, A. (2010): Definition der Pflegebedürftigkeit. Konzepte und Verfahren zur Neudefinition des Pflegebedürftigkeitsbegriffs im SGB XI und zur Entwicklung eines neuen Begutachtungsverfahrens. Sozialer Fortschritt, V. 59, Nr. 2, S. 53-60.

Garms-Homolová, V. (2004): Professionalisierung der Pflege im ambulanten Versorgungssektor. In: Hassler, M./Meyer, M. (Hg.): Ambulante Pflege: Neue Wege und Konzepte für die Zukunft. Schlütersche, S. 50-65.

Garms-Homolová, V./Schaeffer, D. (1992): Versorgung alter Menschen. Sozialstationen zwischen wachsendem Bedarf und Restriktionen. Freiburg: Lambertus.

Geller, H./Gabriel, K. (2004): Ambulante Pflege zwischen Familie, Staat und Markt. Freiburg i.B.: Lambertus.

Gerlach, A. (2008): Akademisierung ohne Professionalisierung? Die Berufswelt der ersten Pflegeakademikerinnen in Deutschland. In: Bolllinger, H./Gerlach, A./Pfadenhauer, M. (Hg.): Gesundheitsberufe im Wandel. Soziologische Beobachtungen und Interpretationen. Frankfurt a.M.: Mabuse, S. 71-102.

Gerlinger, T. (2004): Privatisierung – Liberalisierung – Re-Regulierung. Konturen des Umbaus des Gesundheitssystems. WSI- Mitteilungen, H. 9, S. 501-506.

Gerlinger, T./Röber, M. (2009): Die Pflegeversicherung. Bern: Huber.

Gerlinger, T./Stegmüller, K. (2009): Ökonomisch-rationales Handeln als normatives Leitbild der Gesundheitspolitik. In: Bittlingmayer, U./Sahrai, D./Schnabel, P.-E. (Hg.): Normativität und Public Health. Vergessene Dimensionen gesundheitlicher Ungleichheit. Wiesbaden: VS, S. 135-162.

Görres, S. (1993): Familienpflege und Angehörigenkarrieren. Entwicklung eines Forschungsparadigmas zur Belastung pflegender Angehöriger von chronisch kranken, älteren Menschen. Zeitschrift für Gerontologie, 26, S. 378-385

Gregersen, S. (2004): Gesundheitsrisiken in ambulanten Pflegediensten. In: Badura, B./Schellschmidt, H./Vetter, C. (Hg.): Fehlzeiten-Report 2004. Berlin/Heidelberg: Springer.

Gregersen, S./Ohlsen, S./Sattel, H. (2002): Gesundheitsrisiken in ambulanten Pflegediensten. BGW.

Greiner, W./Mittendorf, T. (2005): Pauschale versus risikoorientierte Prämien in der Krankenversicherung. Kommentar zu Farhauer et al: „Bürgerversicherung – Wie Wirkung von Kopfprämien auf den Arbeitsmarkt", ZVersWiss, 03 / 2004, S. 349 – 371. Zeitschrift für die gesamte Versicherungswissenschaft. Sonderdruck, Heft 3, S. 577-580.

Güntert, B.J./Thiele, G. (2008): Gibt es eine Unterfinanzierung in der Pflege? In: Bauer, U./Büscher, A. (Hg.): Soziale Ungleichheit und Pflege. Beiträge sozialwissenschaftlich orientierter Pflegeforschung. Wiesbaden: VS, S. 154-179.

Habermann, M./Biedermann, H. (2007): Die Pflegevisite als Instrument der Qualitätssicherung in der ambulanten Pflege. Frankfurt a.M.: Mabuse.

Hallensleben, J. (2004): 10 Jahre Pflegeversicherung – Ein Blick zurück in die Zukunft. Zeitschrift für Pflegewissenschaft, Heft 4, Jg. 9, S. 138-146.

Hasseler, M./Görres, S. (2005): Was Pflegebedürftige wirklich brauchen. Berliner Schriften, Reihe Pflegebibliothek. Berlin: Schlütersche.

Hassler, M. (2003): Auswirkungen gesundheitspolitischer Maßnahmen auf die ambulante Pflege in Deutschland. Pflege, 16, S. 222-229.

Hausner, E./Juchems, S./Richter, I./Schulze Geiping, A./Simon, M./Voß, K./Wiedemann, R./Donath, E./Bartholomeyczik, S. (2005): Arbeitsstrukturen in der Pflege im Krankenhaus und die Einführung der DRGs. Pflege & Gesellschaft, 10, S. 125-130.

Hausner, E./Juchems, S./Richter, I./Schulze Geiping, A./Simon, M./Voß, K./Wiedemann, R./Donath, E./Bartholomeyczik, S. (2005): Arbeitsstrukturen in der Pflege im Krankenhaus und die Einführung der DRGs. Pflege & Gesellschaft, 10, S. 125-130.

Henke, K.-D. (2005): Was ist uns die Gesundheit wert? Probleme der nächsten Gesundheitsreform und ihre Lösungsansätze. Perspektiven der Wirtschaftspolitik 6 (1), S. 95-111.

Heubel, F./Kettner, M./Manzeschke, A. (2010) (Hg.): Die Privatisierung von Krankenhäusern. Ethische Perspektiven. Wiesbaden: VS.

Holl-Manoharan, N./Rehbein, I. (2009): Das Vergütungsgeschehen in der ambulanten Pflege nach SGB XI. In: Dräther, H./Jacobs, K./Rothgang, H. (Hg.): Fokus Pflegeversicherung. Nach der Reform ist vor der Reform. Berlin: Wissenschaftliches Institut der AOK, S. 175-200.

Holst, J. (2008): Kostenbeteiligungen für Patienten – Reformansatz ohne Evidenz! Theoretische Betrachtungen und empirische Befunde aus Industrieländern. Berlin: Veröffentlichungsreihe der Forschungsgruppe Public Health Schwerpunkt Bildung, Arbeit und Lebenschancen Wissenschaftszentrum Berlin für Sozialforschung.

Hurrelmann, K./Laaser, U. (2003): Entwicklung und Perspektiven der Gesundheitswissenschaften. In: Hurrelmann, K./Laaser, U. (Hg): Handbuch Gesundheitswissenschaften; 3. Aufl., Weinheim und München: Juventa, S. 17-45.

Igl, G./Schiemann, D./Gerste, B./Klose, J. (2002): Qualität in der Pflege. Betreuung und Versorgung von pflegebedürftigen Menschen in der stationären und ambulanten Pflegehilfe. Stuttgart: Schattauer.

Igl, G/Welti, F. (1995): Die Leistungsinhalte der häuslichen Krankenpflege und ihre Abgrenzung von den Leistungen bei Pflegebedürftigkeit. In: Vierteljahreszeitschrift für Sozialrecht, Jg. 23, Heft 2, S. 117-148.

Isfort, M./Weidner, F./Messner, T./Zinn, W. (2004): Pflege-Thermometer 2004. Frühjahrsbefragung zur Personalsituation, zu Rahmenbedingungen und zum Leistungsspektrum der ambulanten Pflegedienste in Deutschland. Köln: Bermuthsein.

Kallfaß, H.H. (2004): Wettbewerb auf Märkten für Krankenhausdienstleistungen – eine kritische Bestandsaufnahme. Diskussionspapier Nr. 39, Institut für Volkswirtschaftslehre: Ilmenau.

Käppeli, S. (2006): Das therapeutische Bündnis in Medizin und Pflege – wie lange noch? In: Schweizerische Ärztezeitung, 87, S. 1221-1225.

Kelle, U. (2007): „Kundenorientierung" in der Altenpflege? Potemkinsche Dörfer sozialpolitischen Qualitätsmanagements. Zeitschrift für kritische Sozialwissenschaft, H. 146, Jg. 37, Nr. 1, S. 113-128.

Kirch, W./Kliemt, H. (1997): Rationierung im Gesundheitswesen, Regensburg: Roderer.

Kleina, T./Wingenfeld, K. (2007): Die Versorgung demenzkranker älterer Menschen im Krankenhaus. Veröffentlichungsreihe des Instituts für Pflegewissenschaft an der Universität Bielefeld, P07-135. Bielefeld: IPW.

Klie, T. (1998): Pflege im sozialen Wandel. Wirkungen der Pflegeversicherung auf die Situation Pflegebedürftiger. Zeitschrift für Gerontologie und Geriatrie, Vol. 31, Nr. 6, S. 387-391.

Klie, T. (2001): Pflegeversicherung. Einführung, Lexikon, Gesetzestext SGB XI mit Begründung und Rundschreiben der Pflegekassen, Nebengesetze, Materialien. 6. Aufl., Hannover: Vincentz.

Klie, T. (2008): Prüfsteine für eine nachhaltige Reform der Pflegeversicherung. Zeitschrift für Gerontologie und Geriatrie, V. 41, Nr. 2, S. 117-123.

Klie, T./Spermann (2004): Persönliche Budgets – Aufbruch oder Irrweg? Hannover: Vincentz.

Klinke, S./Kühn, H. (2006): Auswirkungen des DRG-Entgeltsystems auf Arbeitsbedingungen von Krankenhausärzten und die Versorgungsqualität in deutschen Krankenhäusern. Zusammenfassung der Ergebnisse und Dokumentation der Daten einer Befragung Hessischer Krankenhausärzte im Jahre 2004. Berlin: Wissenschaftszentrum Berlin für Sozialforschung.

Krampe, E.-V. (2003): Arbeit im Gesundheitswesen: „Reformen" auf Kosten der Beschaftigten?. Prokla, Heft 132, Jg. 33 (3), S. 389-410.

Krenn, M. (2004): „... und dann fall ich über den Menschen her." Die Gefährdung des doppelten Subjektcharakters interaktiver Arbeit in der mobilen Pflege durch Ökonomisierung und Standardisierung. Österreichische Zeitschrift für Soziologie, H. 2., S. 60-76.

Kreutzer, S. (2005): Vom „Liebesdienst" zum modernen Frauenberuf: die Reform der Krankenpflege nach 1945. Frankfurt a.M.: Campus Verlag.

Kreutzer, S. (2009): Freude und Last zugleich. Zur Arbeits- und Lebenswelt evangelischer Gemeindeschwestern in Westdeutschland. In: Hähner-Rombach, S. (Hg.): Alltag in der Krankenpflege: Geschichte und Gegenwart. Stuttgart: Franz Steiner Verlag, Sonderdruck, S. 81-99.

Krönig, F.K. (2007): Die Ökonomisierung der Gesellschaft. Systemtheoretische Perspektive. Flensburg.

Kruse, A. (1994): Die psychische und soziale Situation pflegender Frauen – Beträge aus empirischen Untersuchungen. Zeitschrift für Gerontologie, 20, S. 42-51

Kruse, A. (2004): Prävention und Gesundheitsförderung im Alter. In: Hurrelmann, K./Kotz, T./Haisch, J. (Hg): Lehrbuch Prävention und Gesundheitsförderung. Bern, Göttingen, Toronto, Seattle: Hans Huber.

Kuhlmann, E. (2000): Ärztliche Aufklärungspraxis im Spannungsfeld zwischen Patienteninteressen und Budget. Jahrbuch für Kritische Medizin, Band 33: Kostendruck im Krankenhaus. Hamburg: Argument, S. 37-52.

Kühn, H. (1990): Ökonomisierung der Gesundheit am Beispiel des US-amerikanischen Gesundheitswesens. Veröffentlichungsreihe der Forschungsgruppe Public Health, Wissenschaftszentrum Berlin für Sozialforschung, P90-206.

Kühn, H. (2003): Ethische Probleme der Ökonomisierung von Krankenhausarbeit. In: Büssing, A./Glaser, J. (Hg.): Dienstleistungsqualität und Qualität des Arbeitslebens im Krankenhaus, Schriftenreihe Organisation und Medizin. Göttingen/Bern/Toronto/ Seattle: Hogrefe, S. 77-98.

Kühn, H. (2004): Die Ökonomisierungstendenz in der medizinischen Versorgung. In: Elsner, G./Gerlinger, T./Stegmüller, K. (Hg.): Markt versus Solidarität. Gesundheitspolitik im deregulierten Kapitalismus. Hamburg: VSA, S. 25-41.

Kühn, H. (2006): Der Ethikbetrieb in der Medizin. Korrektur oder Schmiermittel der Kommerzialisierung. Berlin: Veröffentlichungsreihe der Forschungsgruppe Public Health, Wissenschaftszentrum Berlin für Sozialforschung, SP I 2006-303.

Kühn, H./Simon, M. (2001): Anpassungsprozesse der Krankenhäuser an die prospektive Finanzierung (Budgets, Fallpauschalen) und ihre Auswirkungen auf die Patientenorientierung. Abschlussbericht.

Laaser, U./Röttger-Liepmann, B./Breckenpamp, J./Bublitz, K. (2000): Der Einfluss von Fallpauschalen auf die stationäre Versorgung. Zeitschrift Pflege, 13, S. 9-15.

Lamnek, S. (1998): Qualitative Sozialforschung; Band 1.: Methodologie. Band 2.: Methoden und Techniken. Weinheim: Beltz.

Langer, A./Pfadenhauer, M. (2008): Die Folgen politischer Steuerung als Professionalisierung oder Deprofessionalisierung professionellen Handelns. Sozialer Fortschritt, Jg. 57 (1), S. 1-3.

Lankes, A. (2002): Die Besonderheiten in häuslichen Pflegearrangements isoliert lebender, pflegebedürftiger, alter Menschen aus der Sicht von ambulant tätigen Pflegekräften. Witten: Masterarbeit.

Liebig, R. (2005): Wohlfahrtsverbände im Ökonomisierungsdilemma. Freiburg i.B.: Lambertus.

Liebold, R./Trinczek, R. (2009): Experteninterview. In: Kühl, S./Strodtholz, P./Taffertshofer, A. (Hg.): Handbuch Methoden der Organisationsforschung. Wiesbaden: VS, S. 32-56.

Ludwig, A./Schaeffer, D. (2004): Die Pflege wird ambulant – Auswirkungen der Krankenhauspauschalen auf ambulante Dienste. Zeitschrift Blätter der Wohlfahrtspflege 151 (5), S. 163-168.

Lüngen, M. (2009): Ökonomie und Medizin: Überschreitung einer Grenze? In: Lauterbach, K.L./Stock, S./Brunner, H. (Hg.): Gesundheitsökonomie. Bern: Huber, S. 35-54.

Manzei, A. (2011): Zur gesellschaftlichen Konstruktion medizinischen Körperwissens. Die elektronische Patientenakte als wirkmächtiges und handlungsrelevantes Steuerungsinstrument in der (Intensiv-)Medizin. In: Keller, R./Meuser, M. (Hg.): Körperwissen. Wiesbaden: VS, S. 207-228.

Manzeschke, A. (2006): Diakonie und Ökonomie. Die Auswirkungen von DRG und fallpauschaliertem Medizin- und Qualitätsmanagement auf das Handeln in Krankenhäusern. Eine sozialwissenschaftliche Untersuchung und sozialethische Bewertung, Thesen zum Forschungsprojekt „Diakonie und Ökonomie". Hannover.

Marrs, K. (2008): Arbeit unter Marktdruck. Die Logik der ökonomischen Steuerung in der Dienstleistungsarbeit. Berlin: sigma.

Mayring, P. (1990): Einführung in die qualitative Sozialforschung. München.

Metze, I. (1993): Möglichkeiten einer marktwirtschaftlichen Steuerung des Gesundheitssektors. In: Kantzenbach, E. (Hg.): Hamburger Jahrbuch für Wirtschafts- und Gesellschaftspolitik. 38. Jahr. Tübingen: Mohr und Siebeck, S. 173-187.

Meuser, M./Nagel, U. (1991): Experteninterviews – vielfach erprobt, wenig bedacht. In: Garz, D./Kraimer, K. (Hg.): Qualitativ – empirische Sozialforschung: Konzepte, Methoden, Analysen. Opladen: Budrich, S. 441-471.

Meuser, M./Nagel, U. (1994): Expertenwissen und Experteninterviews; In: Hitzler, R./Honer, A./Maeder, C. (Hg.): Expertenwissen: Die institutionalisierte Kompetenz zur Konstruktion von Wirklichkeit. Opladen: Budrich, S. 180-192.

Meuser, M./Nagel, U. (2009): Das Experteninterview – konzeptionelle Grundlagen und methodische Anlagen. In: Pickel, S./Pickel, G./Lauth, H.-J./Jahn, D. (Hg.): Methoden der vergleichenden Politik- und Sozialwissenschaft. Wiesbaden: VS, S. 465-470.

Michaelis, J./Arntz, M./Spermann, A. (2005): Die Reform der Pflegeversicherung: weniger Kostendruck durch flexiblere Pflegearrangements? Volkswirtschaftliche Diskussionsbeträge, Universität Kassel.

Moers, M./Schaeffer, D. (2002): Patientenerwartungen an die häusliche Pflege bei schwerer Krankheit. In: Schaeffer, D./Ewers, M. (Hg.) (2002): Ambulant vor stationär. Perspektiven für eine integrierte ambulante Pflege Schwerkranker. Bern: Huber, S. 218-232.

Mosebach, K. (2003): Gesundheit als Ware? Managed Care, GATS und die „Amerikanisierung"' des deutschen Gesundheitssystems. Prokla, Heft 132, Jg. 33 (3), S. 411-432.

Mühlenkamp, H. (2003): Zum grundlegenden Verständnis einer Ökonomisierung des öffentlichen Sektors. – Die Sicht eines Ökonomen –. In: Harms, J./Reichard, C. (Hg.): Die Ökonomisierung des öffentlichen Sektors. Instrumente und Trends, Baden-Baden: Nomos, S. 47-73.

Müller-Mundt, B. (2008): Bewältigungsherausforderungen des Lebens mit chronischem Schmerz – Anforderungen an die Patientenedukation. Zeitschrift für Pflegewissenschaft, Heft 1, Jg. 13, S. 32-47.

Müller-Mundt, B./Schaeffer, D. (2001): Patientenschulung in der Pflege. In: von Reibnitz, C./Schnabel, P.-E./Hurrelmann, K. (Hg.): Der mündige Patient. Konzepte zur Patientenberatung und Konsumentensouveränität im Gesundheitswesen. Weinheim/München: Juventa, S. 225-235.

Müller-Mundt, G. (2002): Experteninterviews oder die Kunst der Entlockung „funktionaler Erzählungen"; In: Schaeffer, D./Müller-Mundt. G. (Hg.): Qualitative Gesundheits- und Pflegeforschung. Bern, Göttingen, Toronto, Seattle: Huber, S. 269-283.

Nohl, A.-M. (2006): Interview und dokumentarische Methode. Wiesbaden: VS.

Oberender, P. (1996): Medizin zwischen Rationierung und Rationalisierung. In: Oberender, P. (Hg): Rationalisierung und Rationierung. Gräfelfing: Socio-medico.

Oberender, P./Ecker, T. (2001): Grundelemente der Gesundheitsökonomie. Bayreuth: P.C.O.

Oberender, P./Hebborn, A./Zerth, J. (2004): Wachstumsmarkt Gesundheit. Stuttgart: Lucius & Lucius.

Oberender, P. (2007): Gesundheitswirtschaft im Umbruch. Zeitschrift F&W, 24. Jg., H. 6, 650–651.

Oberender, P./Zerth, J. (2004): Nur der Markt kann uns noch retten: ein Plädoyer für eine marktwirtschaftliche Ordnungspolitik. In: Ulshöfer, G./Bartmann, P./Segbers, F./Schmidt, K.W. (Hg.): Ökonomisierung der Diakonie. Kulturwende im Krankenhaus und bei sozialen Einrichtungen. Frankfurt a.M.: Haag/Herchen, S. 22-38.

Oberender, P./Zerth, J. (2006): Gesundheitsökonomie im Spannungsfeld von Steuerung und normativer Forderung. In: Rebscher, H. (Hg.): Gesundheitsökonomie und Gesundheitspolitik. Heidelberg: Economica, S. 68-60.

Pfaff, M. (2006): Zur Effizienz und Effektivität eines solidarischen Gesundheitswesens. In: Rebscher, H. (Hg.): Gesundheitsökonomie und Gesundheitspolitik im Spannungsfeld zwischen Wissenschaft und Politikberatung. Heidelberg: Economica, S. 84-100.

Ptak, R. (2008): Soziale Marktwirtschaft und Neoliberalismus: ein deutscher Sonderweg. In: Butterwegge, C./Lösch, B./Prak, R. (Hg.): Neoliberalismus. Analysen und Alternativen. Wiesbaden: VS, S. 69-89.

Reiners, H. (2006): Der Homo oeconomicus im Gesundheitswesen. Veröffentlichungsreihe der Forschungsgruppe Public Health, Wissenschaftszentrum Berlin für Sozialforschung, 2006-305.

Remmers, H. (2010): Transformationen pflegerischen Handelns. Entwurf einer theoretischen Erklärungsskizze. In: Kreutzer, S. (Hg.): Transformationen im Verhältnis Pflegende-Patienten. Konzepte – Praxis – Erfahrungen vom 19. bis 21. Jahrhundert. Göttingen: V&R unipress, S. 33-66.

Richter, H.E. (2008): Geleitwort. In: Gerhardt, M./Stephan K. u. a. (Hg.): Medizin und Gewissen. Im Streit zwischen Markt und Solidarität. Kongressdokumentation Nürnberg 20.–22. Oktober 2006. Frankfurt a. M.: Mabuse, S. 7-12.

Richter, P. (2009): Ökonomisierung als gesellschaftliche Entdifferenzierung: Eine Soziologie zum Wandel des öffentlichen Sektors. Konstanz: UVK.

RKI – Robert Koch Institut (2004): Pflege. Schwerpunktbericht der Gesundheitsberichterstattung des Bundes. Berlin: Robert Koch Institut.

Rosenbrock, R. (2001): Verbraucher, Versicherte und Patienten als handelnde Subjekte. In: von Reibnitz, C./Schnabel, P.-E./Hurrelmann, K. (Hg.): Der mündige Patient. Konzepte zur Patientenberatung und Konsumentensouveränität. Weinheim/München: Juventa, S. 25-34.

Rosenbrock, R. (2002a): Für eine bessere Versorgung. Chronisch Kranke – die Verlierer des Systems? In: WZB-Mitteilungen 96, Juni 2002. Berlin: Wissenschaftszentrum Berlin für Sozialforschung, S. 15-18.

Rosenbrock, R. (2002b): Das GKV-System – Mehr Effizienz durch noch mehr Wettbewerb? Entgegnung auf Jürgen Wasem und die Autoren des FES-Papiers. In: SPW, 3, S. 24-26.

Rosenbrock, R./Gerlinger, T. (2006): Gesundheitspolitik. Eine systematische Einführung. Bern: Huber.

Roth, G. (2007): Dilemmata der Altenpflege. Die Logik eines prekären sozialen Feldes. Berliner Journal für Soziologie, 17, (1), S. 77–96.

Rothgang, H. (1997): Ziele und Wirkungen der Pflegeversicherung. Eine ökonomische Analyse. Frankfurt, New York: Campus.

Rothgang, H. (2001): Finanzwirtschaftliche und strukturelle Entwicklung in der Pflege-versicherung bis 2040 und mögliche alternative Konzepte. Gutachten für die Enqu-ête-Kommission „Demographischer Wandel".

Rothgang, H. (2004): Ökonomische Rahmenbedingungen der ambulanten Pflege. In: Hassler, M./Meyer, M. (Hg.): Ambulante Pflege: Neue Wege und Konzepte für die Zukunft. Schlütersche, S. 36-47.

Rothgang, H. (2006): Finanzierungsalternativen der Pflegeversicherung zwischen Eigen-verantwortung und Solidarität. WSI-Mitteilungen, 4, S. 221-219.

Rüsing, D./Herder, K./Müller-Hergl, C./Riesner, C. (2008): Der Umgang mit Menschen mit Demenz in der (teil)stationären, ambulanten und Akutversorgung. Problemati-sche Situationen, Wissensbedarfe und Selbsteinschätzungen. Eine deskriptive Stu-die. Zeitschrift für Pflegewissenschaft, Heft 4, Jg. 13, S. 306-320.

Schaeffer, D. (1998): Neugestaltung der Pflege: Innovations- und Professionalisierungs-chancen in einem sich ökonomisierenden Gesundheitswesen. Pflege & Gesellschaft, 3. Jg., H. 4, S. 6-10.

Schaeffer, D. (2000): Bruchstellen in der Versorgung chronisch kranker alter Menschen. Die Entlassung aus dem Krankenhaus. In: Seidl, E./Stanková, M./Walter, I. (Hg.): Autonomie im Alter. Wien: Wilhelm Maudrich, S. 11-35.

Schaeffer, D. (2002): Ambulante Schwerkrankenpflege: Entwicklungen und Herausforde-rungen in Deutschland. In: Schaeffer, D./Ewers, M. (Hg.): Ambulant vor stationär. Perspektiven für eine integrierte ambulante Pflege Schwerkranker. Bern: Huber, S. 17-44.

Schaeffer, D. (2004): Der Patient als Nutzer. Krankheitsbewältigung und Versorgungs-nutzung im Verlauf chronischer Krankheit. Bern: Huber.

Schaeffer, D./Büscher, A./Ewers, M. (2008): Ambulante pflegerische Versorgung alter Menschen. In: Kuhlmey, A./Schaeffer, D. (Hg.): Alter, Gesundheit und Krankheit. Bern: Huber, S. 352-369.

Schaeffer, D./Ewers, M. (2006): Integrierte Versorgung nach deutschem Muster. Zeit-schrift für Pflegewissenschaft, Heft 3, Jg. 11, S. 197-209.

Schaeffer, D./Wingenfeld, K. (2008): Qualität der Versorgung Demenzkranker: Struktu-relle Probleme und Herausforderungen. Zeitschrift für Pflegewissenschaft, Heft 4, Jg. 13, S. 293-305.

Schimank, U./Volkmann, U. (2008): Ökonomisierung der Gesellschaft. In: Maurer, A. (Hg.): Handbuch der Wirtschaftssoziologie. Wiesbaden: VS, S. 382-393.

Schmidt, V. H. (2004): Models of Health Care Rationing. Current Sociology, Vol. 52, No. 6, S. 969-988.

Schneekloth, U. (2006): Entwicklungstrends und Perspektiven in der häuslichen Pflege. Zeitschrift für Gerontologie und Geriatrie, Vol. 39, Nr. 6, S. 405-412.

Schneider, U. (2003): Kostenfalle Gesundheitswesen? Ökonomische Herausforderung und Perspektiven der Gesundheitssicherung. Universität Bayreuth: Diskussionspa-pier 08-03.

Schroeter, K. R. (2006): Das soziale Feld der Pflege. Weinheim/München: Juventa.

Schroeter, K. R. (2008): Pflege in Figurationen. Ein theoriegeleiteter Zugang zum ‚sozia-len Feld der Pflege'. In: Bauer, U./ Büscher, A. (Hg.): Soziale Ungleichheit und Pflege. Beiträge sozialwissenschaftlich orientierter Pflegeforschung. Wiesbaden: VS, S. 49-77.

Schubert, M./Schaffert-Witvliet, B./De Geest, S. (2005): Auswirkungen von Kosteneinsparungsstrategien und Stellenbesetzung auf die Ergebnisse von Patienten und Pflegefachpersonen. Eine Literaturübersicht. Pflege, Heft 18., S. 320-328.

Schultheis, F./Schulz, K. (2005) (Hg.): Gesellschaft mit beschränkter Haftung – Zumutungen und Leiden im deutschen Alltag. Konstanz: Universitätsverlag.

Schulz-Nieswandt, F. (2007): Public-Private-Partnership im Sozialsektor. Kontexte einer Theorie-Praxis-Entwicklung im engeren und im weiteren Sinne. Sozialer Fortschritt 3, S. 51-72.

Schwartz, F.W./Walter, U. (2003): Altsein – Kranksein? In: Schwartz, F.W./Badura, B./Busse, R./Leidl, R./Raspe, H.H./Siegrist, J./Walter, U. (Hg.): Das Public Health Buch. 2. Aufl., München: Urban & Fischer, S. 163-180.

Seitz, F./Terschüren, C./Fendrich, K./ van den Berg, N./Hoffmann, W./Elkeles, T. (2008): Das Konzept der Familiengesundheitspflege in Europa. Eine Literaturstudie zur Implementierung. Zeitschrift für Pflegewissenschaft, Heft 3, 13. Jg., S. 260-278.

Siering, U./Staender, J./Berger, E. (2002): Leitfadenorientierte Interviews – eine geeignete Methode zur Ergründung der Handlungsrelevanz von Therapiestandards in der kardiologischen Versorgung?; In: Schaeffer, D./Müller-Mundt, M. (Hg.): Qualitative Gesundheits- und Pflegeforschung; Bern, Göttingen, Toronto, Seattle: Huber, S. 285-304.

Simon, M. (2001): Die Ökonomisierung des Krankenhauses. Der wachsende Einfluss ökonomischer Ziele auf patientenbezogene Entscheidungen. Berlin: Wissenschaftszentrum Berlin für Sozialforschung, Veröffentlichungsreiche der Arbeitsgruppe Public Health, P01-205.

Simon, M. (2003a): Pflegeversicherung und Pflegebedürftigkeit: Eine Analyse der Leistungsentwicklung in den Jahren 1997 bis 2001. Veröffentlichungsreihe der Evangelischen Fachhochschule Hannover, P03-001. Hannover: Blumhardt.

Simon, M. (2003b): Ökonomische Rahmenbedingungen der Pflege. In: Rennen-Allhoff, B./Schaeffer, D. (Hg.): Handbuch Pflegewissenschaften. Weinheim/München: Juventa, 243-270.

Simon, M. (2005): Das Gesundheitssystem in Deutschland. Eine Einführung in Struktur und Funktionsweise. Bern, Göttingen, Toronto, Seattle: Huber.

Simon, M. (2009): Personalabbau im Pflegedienst der Krankenhäuser: Hintergründe, Ursachen, Perspektiven. Pflege & Gesellschaft, H. 2, S. 101-123.

Simon, M./Kühn, H. (2001): Rationierung und Ökonomisierung. In: Public Health Forum, 9. Jg., H. 32, S. 8-9.

Slotala, L./Bauer, U./Lottmann, K. (2008): Pflege unter Bedingungen des ökonomischen Wandels. In: Gerhardt, M./Stephan K. u. a. (Hg.): Medizin und Gewissen. Im Streit zwischen Markt und Solidarität. Kongressdokumentation Nürnberg 20.–22. Oktober 2006. Frankfurt a. M.: Mabuse, S. 383–396.

Spöhring, W. (1989): Qualitative Sozialforschung. Stuttgart: Teubner.

Statistisches Bundesamt (1996): Sozialhilfe – Hilfe in besonderen Lebenslagen. Fachserie 13, Reihe 2, Stuttgart.

Statistisches Bundesamt (1998): Gesundheitsbericht für Deutschland 1998.

Statistisches Bundesamt (2002): Statistisches Jahrbuch 2002. Für die Bundesrepublik Deutschland. Wiesbaden.

Statistisches Bundesamt (2006b): Grunddaten 2006. Fachserie 12 Reihe 6.1.1.

Statistisches Bundesamt (2007): Krankenhausstatistik – Grunddaten. Vollkräfte in Krankenhäusern und Vorsorge- oder Rehabilitationseinrichtungen (absolut und je Bett), Belastung nach Betten und Fällen.

Statistisches Bundesamt (2009a): Pflegestatistik. Ambulante und stationäre Pflegeeinrichtungen. Grunddaten.

Statistisches Bundesamt (2009b): Pflegestatistik. Ambulante Pflegeeinrichtungen und Personal. Grunddaten.

Statistisches Bundesamt (2009c): Sozialleistungen. Sozialhilfe. Fachserie 13, Reihe 2. Wiesbaden.

Statistisches Bundesamt (2010a): Häusliche Krankenpflege/Behandlungspflege der Versicherten der gesetzlichen Krankenversicherung, Leistungstage, Leistungsfälle und Tage je Fall.

Statistisches Bundesamt (2010b): Statistisches Jahrbuch 2010. Für die Bundesrepublik Deutschland mit »Internationalen Übersichten«. Wiesbaden.

Statistisches Bundesamt (2010c): Gesundheitsausgaben: Deutschland, Jahre, Ausgabenträger, Leistungsarten, Einrichtungen.

Statistisches Bundesamt (2010d): 263 Milliarden Euro für Gesundheit ausgegeben. Wiesbaden: Pressemitteilung Nr. 126 vom 06.04.2010.

Statistisches Bundesamt (2010e): Sozialleistungen – Sozialhilfe. Einnahmen – Ausgaben nach SGB XII.

Statistisches Bundesamt (2011): Pflegestatistik 2009. Wiesbaden.

Stemmer, R. (2002): Die Zukunft der Pflege zwischen Ökonomisierung und (De-)Professionalisierung. PR-Internet, H. 4, S. 82-88.

Sünderkamp, S. (2011): Häusliche Pflege zwischen Ökonomie und Menschenwürde. In: Hensen, P./Kölzer, C. (Hg.): Die gesunde Gesellschaft. Wiesbaden: VS, S. 121-148.

Thomas, T. (2008): Marktlogiken im Lifestyle-TV und Lebensführung. Herausforderungen einer gesellschaftskritischen Medienanalyse. In: Butterwegge, C./Lösch, B./Prak, R. (Hg.): Neoliberalismus. Analysen und Alternativen. Wiesbaden: VS, S. 147-163.

Tiemann, J./Schreyögg, J. (2009): Effects of Ownership on Hospital Efficiency in Germany. BuR – Business Research Official Open Access Journal of VHB, Volume 2, Issue 2, S. 115-146.

Tiesmeyer, K. (2003): Selbstverständnis uns Stellenwert der Pflege in der Lebensbegleitung von Menschen mit schwerer Behinderung. Veröffentlichungsreihe des Instituts für Pflegewissenschaft an der Universität Bielefeld, P03-123. Bielefeld: IPW.

Uhlmann, B./Bartel, W./Kunstmann, W./Sieger, M. (2005): Versorgungskontinuität durch Pflegeüberleitung – die Perspektive von Patienten und Angehörigen. In: Zeitschrift Pflege, Heft 2, 18. Jahrgang. Bern: Huber, S. 105-111.

Ulshöfer, G./Bartmann, P./Segbers, F./Schmidt, K.W. (2004): Ökonomisierung der Diakonie. Kulturwende im Krankenhaus und bei sozialen Einrichtungen. Frankfurt a.M.: Haag/Herchen.

Vogd, W. (2004a): Ärztliche Entscheidungsprozesse des Krankenhauses im Spannungsfeld von System- und Zweckrationalität. Eine qualitativ rekonstruktive Studie unter dem besonderen Blickwinkel von Rahmen (frames) und Rahmungsprozessen, Berlin: Verlag für Wissenschaft und Forschung.

Vogt, W. (2004b): Evidence-based Medicine und Leitlinienmedizin. Feindliche Übernahme durch die Ökonomie oder wissenschaftliche Professionalisierung der Medizin. In: MMW-Fortschritte der Medizin, Nr. 1, 146. Jg., S. 11–14.

Vogt, W. (2005): Führt die Evolution moderner Organisationen zu einem Bedeutungsver-
lust der Professionen? Untersuchungen zum medizinischen Feld. In: Bollinger,
H./Gerlach, A./Pfadenhauer, M. (Hg.): Gesundheitsberufe im Wandel. Soziologische
Beobachtungen und Interpretationen. Frankfurt a.M.: Mabuse, S. 189-206.

Volkmann, U./Schimank, U. (2006): Kapitalistische Gesellschaft: Denkfiguren bei Pierre
Bourdieu. In: Michael, F./Hillebrandt, F. (Hg.): Pierre Bourdieu: Neue Perspektiven
für die Soziologie der Wirtschaft. Wiesbaden: VS, S. 221-242.

Winter, T. v. (2003): Demographischer Wandel und Pflegebedürftigkeit, in: Klie, T./Buhl,
A./Entzian, H./Schmidt, R. (Hg.): Entwicklungslinien im Gesundheits- und Pflege-
wesen. Die Pflege älterer Menschen aus system- und sektorenübergreifender Perspektive. Frankfurt a.M.: Mabuse, S. 7-25.

WHO – World Health Organisation (Hg) (1999): Das Rahmenkonzept „Gesundheit für
Alle" für die Europäische Region der WHO. Kopenhagen: World Health Organization, Regionalbüro für Europa.

WHO – World Health Organisation (Hg) (2000): Die Familiengesundheitsschwester.
Kontext, Rahmenkonzept und Curriculum. Kopenhagen: World Health Organization, Regionalbüro für Europa.

Wingenfeld, K./Büscher, A./Schaeffer, D. (2007): Recherche und Analyse von Pflegebe-
dürftigkeitsbegriffen und Einschätzungsinstrumenten. Bielefeld: Institut für Pflegewissenschaft an der Universität Bielefeld, Überarbeitete Fassung.

Berliner Journal für Soziologie

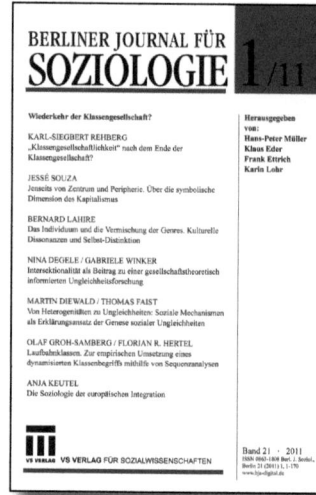

Fachzeitschrift für Soziologie und ihre Randgebiete mit Beiträgen zum aktuellen Diskurs und zu Klassikern der Soziologie

Das *Berliner Journal für Soziologie*, herausgegeben vom Institut für Sozialwissenschaften der Humboldt-Universität zu Berlin, veröffentlicht Beiträge zu allgemeinen Themen und Forschungsbereichen der Soziologie sowie Schwerpunkthefte zu Klassikern der Soziologie und zu aktuellen Problemfeldern des soziologischen Diskurses.

Umfassende Review-Essays greifen innovative Entwicklungen innerhalb der deutschen und internationalen Sozialwissenschaften auf und informieren über den Stand der Forschung in zentralen Bereichen der Soziologie.

21. Jahrgang 2011 – 4 Hefte jährlich

www.bjs-digital.de

Erhältlich im Buchhandel oder beim Verlag.
Änderungen vorbehalten. Stand: Juli 2011.

VS-JOURNALS.DE

Abraham-Lincoln-Straße 46
65189 Wiesbaden
tel +49 (0)6221.345 - 4303
fax +49 (0)6221.345 - 4229